Coulommiers. — Imp. P. Brodard

LES MARIAGES
DU PÈRE OLIFUS

—

LES MÉDICIS

LES

MARIAGES DU PÈRE OLIFUS

LES MÉDICIS

PAR

ALEXANDRE DUMAS

ÉDITION ILLUSTRÉE PAR J.-A. BEAUGÉ, ED. COPPIN, ETC., ETC.

PARIS

CALMANN LÉVY, ÉDITEUR

ANCIENNE MAISON MICHEL LÉVY FRÈRES

3, RUE AUBER, 3

ED.COPPIN — H.DELAVILLE

LES MARIAGES DU PÈRE OLIFUS

PAR

ALEXANDRE DUMAS

—o◆o—

I

L'AUBERGE DU BONHOMME TROPIQUE.

L a Hollande est la patrie des chemins de fer; de la Haye à Amsterdam, les ingénieurs hollandais n'ont pas eu un ravin à combler, pas une taupinière à fendre.

Au reste, le pays est toujours le même : une vaste prairie toute cou-pée de cours d'eaux, des bouquets de bois du vert le plus frais, des moutons ensevelis dans leur laine, des vaches avec des paletots.

Rien n'est plus scrupuleusement vrai que les paysages des maîtres hollandais. Quand on a vu Hobbema et Paul Potter, on a vu la Hollande.

Quand on a vu Teniers et Terburg, on a vu les Hollandais.

Et cependant que ceux qui n'ont pas été en

Hollande y aillent : même après Hobbema et Paul Potter, la Hollande est belle à voir ; même après Teniers et Terburg, les Hollandais sont bons à connaître.

En deux heures nous fûmes à Amsterdam.

Un quart d'heure après, nous montions le perron d'une charmante maison située sur le Keisergratz ; et, signalés par le domestique qui nous attendait, nous voyions accourir au-devant de nous madame Wittering, MM. Wittering, Jacobson et Gudin.

Madame Wittering était bien toujours la charmante femme que j'avais déjà eu l'honneur de voir trois fois, belle, modeste, rougissant comme une enfant, gracieux mélange de la Parisienne et de l'Anglaise.

Sa sœur, madame Jacobson, était à Londres.

Ce fut, pendant cinq minutes, un cliquetis d'embrassades et une gymnastique de poignées de main.

Gudin était là, je l'ai dit, arrivant d'Écosse.

La table était mise.

Je viens de parler avec mes habitudes françaises, en disant la table était mise.

En Hollande, la table est toujours mise : c'est là que la maison est hospitalière dans toute l'acception du mot.

Chacun de nous avait sa chambre toute préparée dans cette charmante maison, qui tenait à la fois du château et du chalet.

C'était plaisir de voir ces vitres transparentes, ces boutons de portes reluisants, ces tapis dans les salles, dans les corridors, dans les escaliers ; ces domestiques qu'on ne voit jamais, et qu'on devine toujours, occupés de propreté, d'élégance et de bien-être.

Tout en nous conduisant à la table, madame Wittering nous rappela que le roi faisait son entrée à trois heures, et que nous avions, chez une de ses amies, une fenêtre pour assister à cette entrée.

Nous mîmes les morceaux doubles, et à trois heures moins un quart, nous nous acheminâmes vers la maison où nous étions attendus.

Nous étions arrivés au 11 mai. Il y avait sept jours que j'avais vu à Paris la fête du 4 mai. A sept jours de date et à cent cinquante lieues de distance, je voyais une seconde fête qui, au premier aspect, semblait une continuation de la première. A Amsterdam comme à Paris, à Paris comme à Amsterdam, nous passions sous une voûte de drapeaux tricolores, au milieu des cris de la population. Seulement les drapeaux français portent les trois couleurs *en pal*, les drapeaux hollandais portent les trois couleurs *en fasce* ; seulement à Paris, on criait : *A bas la royauté !* et à Amsterdam : *Vive le roi !*

Nous fûmes présentés à nos hôtes d'un instant. C'était un nouvel échantillon d'une maison hollandaise : elle était un peu plus grande que celle de Wittering, était située, comme la sienne, entre un canal et un jardin, la façade sur le canal, le derrière sur le jardin.

Le plafond était orné de belles peintures.

Je m'attendais à rencontrer à chaque pas en Hollande les meubles de laque, les vases de porcelaine, la Chine et le Japon, entassés dans les salles à manger et dans les salons ; mais les Hollandais sont comme ces propriétaires dédaigneux qui n'estiment pas ce qu'ils ont. Je vis force étagères françaises, quelques figurines de Saxe, mais peu de paravents, peu de potiches, peu de chinoiseries.

A trois heures un quart, nous entendîmes un grand bruit qui nous fit courir aux fenêtres. C'était le commencement du cortége. Nous vîmes déboucher d'abord la musique, puis la cavalerie, puis du peuple et des voitures mêlés ensemble, puis enfin une garde nationale à cheval, vêtue en habits bourgeois, sans autre arme qu'une cravache, sans autre distinction qu'un grand cordon de velours cramoisi.

Le tout était précédé de deux ou trois cents ouvriers et gamins qui jetaient leurs casquettes en l'air et chantaient l'hymne national de la Hollande.

Seulement, il y a cela de remarquable, que l'hymne national des Hollandais, c'est-à-dire du peuple le plus républicain de la terre, est un hymne monarchique.

Pendant que je rêvais à toutes les entrées royales que j'avais déjà vues dans ma vie, le cortége défilait, et le roi venait à nous au milieu d'une douzaine d'officiers généraux ou de grands officiers de son palais.

C'était un homme de trente à trente-deux ans, blond, avec des yeux bleus, auxquels il sait donner tour à tour une grande expression de douceur et de fermeté, et une barbe qui lui couvre le bas du visage.

L'ensemble de la physionomie était sympathique, les saluts étaient affables et reconnaissants.

Je m'inclinai à son passage, et lui, se retournant, me salua particulièrement de l'œil et de la main.

Je ne pouvais croire que ce double salut s'adressât à moi ; aussi me retournai-je pour savoir qui venait de recevoir cet honneur royal.

Jacobson comprit mon mouvement.

— Non, non, me dit-il, c'est bien vous que le roi a salué.

— Moi que le roi a salué ? Impossible, il ne me connaît pas.

— Voilà justement pourquoi il vous a reconnu. Il sait toutes nos figures par cœur. Il a vu une figure étrangère, il a dit : - - C'est mon poëte.

Ce qu'il y a de curieux, c'est que c'était vrai, et que le lendemain le roi me le dit lui-même.

Le roi était à cheval et portait l'habit d'amiral.

Une grande voiture dorée venait ensuite ; elle était traînée par huit chevaux blancs, tenus chacun à la bride par un valet en livrée. Aux deux côtés de la voiture, en équilibre sur des marche-pieds, on reconnaissait les pages à leur uniforme rouge et or.

Une femme de vingt-cinq à vingt-six ans, deux enfants de six à huit ans, étaient dans la voiture et saluaient.

Les enfants, sans songer à rien, la femme en songeant trop peut-être.

Cette femme et ces deux enfants, c'étaient la reine, le prince d'Orange et le prince Maurice.

Il est impossible de voir une figure plus gracieuse et plus mélancolique à la fois que celle de la reine : c'est la femme dans toute sa grâce, la princesse dans toute sa majesté.

J'ai eu l'honneur d'être reçu trois fois par elle pendant les deux jours que je suis resté à Amsterdam ; pas un mot de ce qu'elle m'a dit, je ne l'ai oublié.

Que son peuple lui soit bon et fidèle, et que Dieu ne change jamais sa mélancolie en douleur !

Le cortège passa, s'éloigna et disparut.

Le cortège passé, je n'avais plus affaire à Amsterdam que le lendemain à onze heures. Je demandai donc congé à mes hôtes, en les priant de me donner des renseignements sur la façon dont je pouvais me rendre à Monnikendam.

Cette fantaisie leur parut étrange. Que pouvais-je avoir à faire à Monnikendam ?

Je me gardai bien de leur dire que j'étais à la recherche d'une femme marine.

J'insistai seulement pour aller à Monnikendam.

On me donna pour m'accompagner le frère de Wittering.

Alexandre se sépara de moi ; il voulait aller à Brock.

Biard demeura attaché à ma fortune, et déclara qu'il m'accompagnerait à Monnikendam.

Biard, je le crois, était un peu honteux d'avoir été au cap Nord, d'avoir, de l'extrémité la plus avancée de l'Europe, vu deux mers, et, dans ces deux mers, de n'avoir pas rencontré une seule femme marine.

Il comptait sur mon étoile, à défaut de la sienne.

Arrivé sur le port, je me mis, ou plutôt je priai mon guide de se mettre à la recherche du père Olifus.

La recherche fut longtemps infructueuse ; la barque était bien là, mais le patron n'y était pas.

Enfin on le découvrit dans une espèce d'affreuse taverne où il avait des habitudes. On le prévint qu'un voyageur qui partait pour Monnikendam ne voulait partir qu'avec lui.

Cette préférence le flatta ; il consentit à quitter son grog, et s'avança tout souriant vers moi.

— Voilà le père Olifus, me dit l'homme qui, sur la prière de Wittering, avait bien voulu se mettre à sa recherche.

Je donnai un florin à mon dénicheur d'homme.

Le père Olifus aperçut le florin, et, voyant le prix que je l'estimais, devint plus aimable que jamais.

Pendant ce temps, je l'examinais avec une curiosité proportionnée à son importance.

Biard le croquait.

C'était, comme on me l'avait dit, un vieux loup de mer de soixante à soixante-quatre ans, ayant plus du phoque que de l'homme. Cheveux blancs et barbe blanche, tous deux longs d'un pouce ; cheveux et barbe roides comme les poils d'un écouvillon ; yeux ronds, d'un bleu faïence, à prunelles humides ; bouche fendue jusqu'aux oreilles, laissant percer deux dents jaunes, plantées de haut en bas comme des dents de morse ; teint acajou.

Il était vêtu de larges pantalons, qui autrefois avaient été bleus, et d'une espèce de paletot à capuchon, sur les coutures duquel on pouvait distinguer encore quelques ornements qui assignaient à ce paletot une origine espagnole ou napolitaine.

Une de ses joues était gonflée par une énorme chique comme par une fluxion.

De temps en temps un jet de salive noire s'élançait de sa bouche avec ce sifflement tout particulier aux chiqueurs.

— Ah ! vous êtes Français, me dit-il.

— D'où le savez-vous?

— Bon! ça ne serait pas la peine d'avoir vu les quatre parties du monde, l'Asie, l'Afrique et l'Amérique, si on ne reconnaissait pas un homme du premier coup. Français, Français, Français!

Et il se mit à chanter :

Mourir pour la patrie..

Je l'arrêtai court.

— Ah! pas cela, père Olifus, heim! autre chose.

— Pourquoi pas cela?

— Parce que je connais ce refrain-là.

— Bon, comme vous voudrez. — Vous désirez donc aller à Monnikendam?

— Oui.

— Et vous tenez à ce que ce soit le père Olifus qui vous y mène, vous, pas bête?

— Oui.

— Eh bien! on va vous y mener, et sans faire de prix encore...

— Et pourquoi sans faire de prix?

— Parce qu'on a des yeux, et qu'on a vu, ça suffit; y couchez-vous à Monnikendam?

— Oui.

— Eh bien! je vous recommande l'auberge du *Bonhomme Tropique.*

— C'est justement là où je vais.

— Elle est tenue par ma fille Marguerite.

— Je sais cela.

— Ah! fit le père Olifus; ah! vous savez cela. Bon!

Et il eut l'air de réfléchir.

— Eh bien! si nous partions, père Olifus?

— Oui, oui, partons. Puis, se retournant de mon côté : — Je sais pourquoi vous venez, vous.

— Vous le savez?

— Je le sais; vous êtes un savant, et vous voulez me faire parler.

— Est-ce que ça vous fait de la peine de parler, père Olifus, quand on arrose le commencement de la conversation avec du tafia, le milieu avec du rhum, et la fin avec du rack?

— Tiens! vous connaissez la gradation?

— Oh! ma foi, non; c'est par hasard.

— Eh bien! on parlera, mais pas devant les enfants, entendez-vous?

— Et où sont-ils les enfants?

— Vous allez les voir.

Il se tourna vers trois directions différentes, et siffla.

Le sifflement du père Olifus ressemblait fort au cri d'une locomotive.

A ce sifflement, je vis venir dans des directions différentes cinq grands garçons qui s'acheminaient vers un centre commun.

Ce centre commun, c'était Biard, le père Olifus et moi.

— Ça, Joachim! ça, Thomas! ça, Philippe! ça, Simon et Jude! cria-t-il en hollandais, dépêchons-nous un peu. Voilà de la pratique pour nous et pour votre sœur Marguerite.

Au nom de Marguerite, et à la façon dont le père Olifus parlait aux cinq grands gaillards qui s'avançaient vers nous, je compris à peu près ce qu'il venait de dire.

— Ah ça! père Olifus, est-ce que c'est là un échantillon de cette belle famille dont on m'a parlé?

— A la Haye, n'est-ce pas, au Musée? Il faudra que je lui fasse une remise, à ce vieux coquin-là. Oui, ce sont mes cinq fils.

— Alors vous avez cinq fils et une fille?

— Une fille et cinq fils, dont deux jumeaux, tout autant, Simon et Jude; le plus vieux a vingt-cinq ans.

— Et tous de la même mère? demandai-je avec une certaine hésitation.

Olifus me regarda.

— De la même mère, oui, de ce côté-là, c'est sûr. Je n'en dirais pas autant du côté du... Mais, chut! voilà les enfants; pas un mot devant eux.

Les enfants passèrent devant moi en me saluant et en regardant avec défiance leur père; il leur avait semblé sans doute que le bonhomme avait déjà bavardé.

— Allons, allons, les enfants, à la barque, dit le père Olifus, et montrons à monsieur que nous ne serions pas déplacés sur un bâtiment de quatre-vingts.

Trois des jeunes gens descendirent assez vivement dans la barque, tandis que les deux autres tiraient la chaîne pour la rapprocher du bord.

Nous sautâmes sur l'arrière, où le père Olifus descendit assez légèrement encore. Puis enfin les deux derniers fils, Simon et Jude, nous suivirent, et équipage et passagers se trouvèrent au complet. Il me parut que Simon et Jude ne se quittaient jamais, car ils s'occupaient à relever le petit mât qui était couché au fond de la barque, tandis que le père s'asseyait au gouvernail, que Joachim détachait la chaîne, et que Philippe et Thomas, armés chacun d'un aviron, manœuvraient au milieu des milliers de barques et de bâtiments qui encombrent le port.

Une fois débarrassés des obstacles, nous pûmes

La Buchold.

hisser la voile. Le vent était bon ; nous avançâmes rapidement. Au bout de dix minutes, nous avions doublé le petit cap qui nous interceptait la vue, et nous voguions en plein Zuyderzée.

Au bout d'une demi-heure, nous passâmes entre Tidam et l'île de Marken.

Olifus me toucha du bout du doigt.

— Regardez bien ces grands roseaux-là, dit-il.

— Sur le bord de l'île ? demandai-je.

— Oui.

— Eh bien ! je les regarde.

— C'est là que je l'ai trouvée.

— Qui ?

— Chut !

En effet, Joachim avait vu le mouvement, s'était retourné de notre côté, et avait, en haussant assez irrespectueusement les épaules, lancé un regard de reproche à son père.

— Eh bien ! quoi, les enfants ? dit celui-ci ; rien.

Tout rentra dans le silence.

Au bout de cinq minutes, nous étions dans le petit golfe, et nous commencions à distinguer le village qui s'élevait à notre gauche.

Les jeunes gens avaient plusieurs fois jeté les

yeux du côté du midi, et quoique leurs regards ne fussent pas inquiets, ils étaient occupés.

— Qu'ont donc vos enfants? demandai-je; ils ont l'air d'attendre quelque chose.

— Oui, ils attendent quelque chose qu'ils aimeraient autant ne pas voir venir.

— Et qu'attendent-ils?

— Le vent...

— Le vent?

— Oui, le vent, le vent du midi; et ce soir il faudra probablement veiller aux digues. Tant mieux pour nous...

— Pourquoi tant mieux pour nous?

— Oui, nous serons tranquilles et nous pourrons causer.

— Cela ne vous contrarie donc pas de parler de...

— Moi, au contraire, ça me soulage le cœur. Mais c'est comme s'ils s'étaient donné le mot pour prendre le parti de cette carogne de la Buchold. Bon, voilà que j'ai laissé échapper le mot, et qu'ils l'ont entendu. Regardez les yeux que me font Simon et Jude. Ce sont pourtant les plus jeunes, ils n'ont pas vingt ans. Eh bien! ils sont déjà comme les autres.

— Qu'est-ce que la Buchold?

Les jeunes gens se retournèrent en fronçant le sourcil.

— Bien! voilà que vous répétez le mot. Vous allez vous faire bien venir, vous.

En effet, nos cinq matelots paraissaient être d'assez mauvaise humeur.

Je me tus.

Nous approchions du petit village, qui, à mesure que nous avancions, semblait sortir de l'eau.

— Ne faites semblant de rien, me dit le père Olifus, et regardez à votre gauche.

Je vis un cimetière.

Il cligna de l'œil d'un air triomphant.

— C'est là qu'elle est, dit-il.

Je compris, et cette fois je me contentai de répondre par un petit hochement de tête.

Mais notre dialogue, quoique à moitié muet, n'avait point échappé à Thomas, qui, en opposition sans doute avec le sentiment de satisfaction que paraissait éprouver son père, poussa un soupir et fit le signe de la croix.

— Tiens, vos enfants sont catholiques? lui demandai-je.

— Oh! mon Dieu, oui! ne m'en parlez pas, ils ne savent qu'imaginer pour me faire enrager, ces gaillards; au reste, j'ai tort de leur en vouloir: ce n'est pas leur faute, mais celle de leur mère.

— Ah! leur mère était...

— Le jour où je l'ai trouvée, je l'ai laissée traîner un instant. Crac, pendant ce temps-là le curé l'a baptisée.

— Mon père! dit Philippe, qui était le plus près de nous, en se retournant.

— Bon! dit-il, on parle de saint Jean, qui a baptisé Notre-Seigneur dans le Jourdain, et pas d'autre chose.

En même temps, se levant, il fit avec son bonnet un signe de salut.

— Eh! Marguerite!... eh!... cria-t-il à une belle fille de dix-neuf à vingt ans, debout sur le seuil de sa porte, prépare ta plus belle chambre, et fais un bon souper, je t'amène de la pratique.

— Allez devant, et attendez-moi dans votre chambre. Pendant qu'ils seront aux digues, je monterai chez vous, et, tout en fumant une pipe et en buvant un verre de tafia, je vous conterai la chose.

Je lui fis un signe d'assentiment, auquel il répondit par un coup d'œil narquois; et ayant mis pied à terre avec l'aide de Simon et de Jude, nous nous avançâmes vers l'auberge du *Bonhomme Tropique*, sur le seuil de laquelle, le sourire aux lèvres, nous attendait notre belle hôtesse.

II

PREMIER MARIAGE DU PÈRE OLIFUS.

Nous fûmes parfaitement accueillis par mademoiselle Marguerite Olifus.

Elle nous conduisit à une chambre à deux lits, et nous demanda si nous voulions être servis dans notre chambre, ou manger dans la chambre commune.

L'espérance que le père Olifus nous raconterait ses aventures nous fit préférer d'être servis dans notre chambre.

Invités à déclarer ce que nous préférions pour notre souper, nous déclarâmes nous en rapporter entièrement à la bonne volonté de mademoiselle Marguerite.

Toute cette conversation, bien entendu, se faisait par signes; mais ces signes, ridicules entre hommes qui s'impatientent, deviennent une langue fort agréable parlée avec une jolie femme qui vous sourit.

Il en résulta que, quoique pas une parole n'eût été prononcée entre nous, au bout de dix minutes nous nous étions entendus à merveille.

Le père Olifus ne s'était pas trompé; le vent continuait de souffler en augmentant de force; il n'y avait rien à craindre, mais cependant on devait, par précaution, veiller aux digues.

De la fenêtre nous vîmes trois des fils du père Olifus se diriger vers la côte; les deux autres, Simon et Jude, entrèrent dans une maison où nous apprîmes plus tard qu'ils faisaient la cour aux deux sœurs.

Pendant que nous suivions des yeux, du milieu des premières ombres de la nuit qui allaient toujours s'épaississant, le mouvement de la rue et du port, notre table se couvrait d'abord d'un plat de saumon sur le gril et d'un plat d'œufs durs fumant.

Ces œufs, gros comme des œufs de pigeon, étaient verts et tachetés de roux; ce sont des œufs de vanneau, que l'on trouve en abondance au mois de mai, et qui sont bien autrement délicats que les œufs de poule.

Une bouteille de vin de Bordeaux s'élevait au milieu de cette exposition des produits nationaux, comme un clocher grêle et vacillant au moindre choc.

Nous nous mîmes à table avec un appétit de navigateurs. Tout était excellent, vin et comestibles.

D'ailleurs, le souper pour nous n'était qu'un accessoire; ce que nous attendions avec le plus d'impatience, c'était l'apparition du père Olifus.

Au dessert, nous entendîmes dans l'escalier le bruit d'un pas à la fois lourd et furtif, la porte s'ouvrit, et le père Olifus, une bouteille à chaque main, une bouteille sous le bras, et la pipe à la bouche, fit son entrée en riant silencieusement.

— Chut! dit-il, me voilà.

— Et en bonne compagnie, à ce qu'il paraît.

— Oui. J'ai dit : ils sont deux Français, allons-y quatre pour être de force. J'ai pris une bouteille de tafia, une bouteille de rhum, une bouteille de rack, et me voilà.

— En vérité, père Olifus, lui dis-je, plus je vous écoute, plus vous m'étonnez; vous parlez le français, non pas comme un matelot de Sa Majesté Guillaume III, mais comme un marin de Sa Majesté Louis XIV.

— C'est que je suis Français au fond, dit le père Olifus en clignant de l'œil.

— Comment, au fond?

— Oui, mon père était Français et ma mère Danoise; mon grand-père était Français et ma grand-mère Hambourgeoise. Quant à mes enfants, je m'en vante, ils ont un père français et une mère...

Oh! quant à la mère, je ne me hasarderai pas à dire ce qu'elle était : quant à eux, ce sont de vrais Hollandais, ce qui ne serait pas arrivé si j'avais été là pour soigner leur éducation; mais j'étais aux Indes.

— Cependant, vous reveniez de temps en temps! demandai-je en riant.

— C'est ce qui vous trompe, je ne revenais pas.

— Mais votre femme allait vous y trouver?

Le père Olifus.

— Non et oui.

— Comment, non et oui?

— Voilà justement où le chapelet s'embrouille, voyez-vous. Il paraît que la distance n'y fait rien, quand on a une femme sorcière.

— Enfin?

— Oui, voilà. En tout cas, je vais tout vous raconter; mais, avant, un verre de tafia; c'en est du vrai, celui-là, je vous en réponds. A votre santé!

— A la vôtre, mon brave!

— Donc, comme je vous disais, je suis Français, fils de Français, matelot de père en fils, de la race des loups de mer et des veaux marins; je suis venu au monde sur la mer, j'espère bien mourir sur la mer.

— Avec cette vocation-là, comment n'êtes-vous pas entré dans la marine militaire?

— Oh! j'ai servi du temps de l'Empereur; mais, en 1810, bonsoir! j'ai été pincé et envoyé en Angleterre, pour y apprendre l'anglais probablement; ça m'a servi plus tard, comme vous verrez.

En 1814 je revins ici à Monnikendam; c'était là que l'Empereur m'avait pris; j'étais industrieux, je faisais toutes sortes d'ouvrages en paille, là-bas, sur les pontons, et puis je les vendais aux dames anglaises qui venaient nous visiter; de sorte que j'arrivai ici avec une petite somme, quelque chose comme trois ou quatre cents florins.

J'achetai une barque, je me fis patron, et je m'amusai à mener les voyageurs à Amsterdam, à Purmeren, à Édam, à Hoorn, tout le long de la côte enfin.

Ça alla comme cela de 1815 à 1820. J'avais trente-cinq ans; on me disait toujours : Vous ne vous mariez pas, père Olifus? Je disais : Non. Je suis un homme marin, je ne me marierai pas tant que je n'aurai pas trouvé une femme marine. — Et pourquoi voulez-vous une femme marine, père Olifus? — Tiens, répondis-je, parce que les femmes marines, ça ne parle pas.

Il faut vous dire qu'il y a deux ou trois cents ans, on a trouvé, comme cela, sur le sable, une femme marine échouée; on lui a appris à faire la révérence et à filer; mais on n'a jamais, au grand jamais! pu lui apprendre à parler.

— Oui, je sais. Eh bien?

— Vous comprenez : une femme qui fait la révérence, qui file et qui ne parle pas, c'est un trésor; mais ce qu'il y a de vrai, voyez-vous, c'est que je ne croyais pas aux femmes marines, et que j'étais décidé à ne pas me marier.

Un jour, c'était le 20 septembre 1823, je n'oublierai jamais la date, il avait fait gros temps la veille; le vent soufflait de la mer du Nord. En venant de conduire un Anglais à Amsterdam, et comme je passais entre le cap Tidam et la petite île de Marken, juste à l'endroit où il y avait des roseaux, et que je vous ai montré en venant, nous apercevons quelque chose comme un animal qui bat l'eau.

Nous nageons; plus nous nageons, plus nous croyons reconnaître une créature humaine; nous lui crions : Tenez bon! courage! nous voilà! Mais plus nous crions, plus le vacarme redouble. Nous arrivons, et nous apercevons, quoi! une femme qui barbote.

Il y avait un Parisien dans l'équipage, un farceur; il me dit : — Tiens, père Olifus, une femme marine, c'est bien votre affaire.

Voyez-vous, à ce mot-là, j'aurais dû me sauver. Pas du tout; curieux comme un marsouin, je m'avance toujours, et je dis : Ma foi vrai, que c'est une femme, et qui est en train de se noyer, encore. Faut la prendre, faut l'emporter.

— Elle n'est guère vêtue, dit le Parisien.

En effet, elle était toute nue.

— Oh! n'as-tu pas peur? que je lui fis.

Et en même temps je sautai à l'eau, et je la pris dans mes bras.

Elle venait de s'évanouir.

Nous voulûmes la tirer des roseaux; mais je ne sais pas comment elle s'y était prise, les herbes lui avaient fait un nœud à la jambe, que les nœuds de marinier ça n'est que de la saint-Jean.

On fut obligé de couper les herbes.

Nous la déposâmes dans la barque, nous la couvrîmes de nos manteaux et nous mîmes le cap sur Monnikendam.

Nous présumions qu'il y avait eu quelque naufrage dans les environs, et que la pauvre femme avait été poussée à la côte, où elle s'était empêtrée dans les roseaux.

Le Parisien seul secouait la tête. Il disait que la femme s'était évanouie de peur en nous apercevant, et il soutenait que c'était une néréide, et non pas une naufragée.

Et puis il levait un coin de nos manteaux, et regardait. Moi, je regardais aussi, et, je l'avoue, je trouvais même du plaisir à regarder.

C'était une jolie créature qui paraissait avoir vingt ou vingt-deux ans tout au plus. Beaux bras, belle gorge; seulement des cheveux tirant sur le vert. Mais comme elle était très-blanche, ça lui allait assez bien.

Pendant que je la regardais, elle ouvrit un œil. L'œil était vert aussi. Mais il n'en était pas plus laid pour cela.

Quand je vis qu'elle avait ouvert l'œil, je laissai retomber le manteau, en lui demandant pardon de mon indiscrétion, et en lui disant qu'à Monnikendam j'irais emprunter la plus belle robe de la fille du bourgmestre Vanclief, pour la lui donner.

Elle ne répondit pas; je crus que c'était par honte; je fis signe aux autres de ne rien dire, seulement je l'encourageai à ramer; tout à coup les manteaux se soulèvent, elle prend son élan pour sauter à l'eau. Imbécile que j'ai été de ne pas la laisser faire!

— Vous l'avez retenue?

— Par ses cheveux verts, justement; mais alors il se passa quelque chose qui aurait bien dû m'ouvrir les yeux, à moi : c'est que toute seule qu'elle était, elle manqua venir à bout de nous tous qui étions six. Le Parisien, entre autres, reçut d'elle une tape sur l'œil... Ah! il l'a dit, jamais, à la Courtille, il n'avait rien vu de pareil.

Moi, je crus que c'était une folle qui voulait se

détruire. Je l'empoignai à bras le corps, et quoiqu'elle eût la peau glissante comme celle d'une
anguille, je parvins à la maintenir, tandis que
mes compagnons lui liaient les pieds et les
mains.

Une fois les pieds et les mains liés, ça fut fini;
elle jeta quelques cris, elle versa quelques larmes,
puis elle se décida à se tenir tranquille.

Il n'y en avait pas un de nous qui n'eût reçu
sa calotte; mais la meilleure, c'était celle du Parisien; de cinq minutes en cinq minutes il se
bassinait l'œil avec de l'eau de mer. Si jamais
vous recevez quelque torniole, c'est souverain,
voyez-vous! l'eau de mer.

Bref, nous abordâmes. Quand on sut la trou-
vaille que nous avions faite, tout le village accourut.

Nous portâmes la femme dans la maison, et
je fis prévenir la fille du bourgmestre Van-
clief, pour qu'elle voulût bien mettre une de ses
robes à la disposition de la naufragée. Je m'obs-
tinais à la prendre pour une naufragée. Que
voulez-vous? quand on ne sait pas.

La fille du bourgmestre accourut, apportant
un costume; je la fis entrer dans la chambre où
était notre prisonnière, couchée sur un lit et toujours liée et garrottée.

Il faut croire qu'elle la reconnut pour une créature de son espèce, car ayant fait signe à la jeune
fille de lui délier les mains, et celle-ci s'étant em-
pressée de lui rendre ce service, elle commença
à la regarder avec curiosité, à toucher ses habits,
à les soulever comme pour voir s'ils ne faisaient
point partie de son corps, à regarder dessous sa
robe et dans son corset; ce à quoi la fille du
bourgmestre se prêta avec la plus grande com-
plaisance, lui montrant la différence qu'il y avait
entre la chair et la toile, se déshabillant et se
rhabillant pour lui faire comprendre le secret de
la ressemblance qu'il y avait entre elles, quand
elles étaient nues, et de la différence quand elles
étaient habillées.

— Oh! voyez-vous, la coquetterie est un vice
naturel à la femme sauvage comme à la femme
civilisée, à la femme civilisée comme à la femme
marine; la nôtre, au lieu de chercher à fuir, au
lieu de continuer de crier et de pleurer, s'amusa
à regarder les robes et les casaquins, les bonnets
et les ornements dorés de la coiffure; après quoi,
elle fit signe qu'elle voulait s'habiller; elle n'avait
vu qu'une fois comment tout cela se défaisait et
se mettait. Bah! elle était presque aussi savante
que si elle n'avait fait, toute sa vie, que s'habiller

et se déshabiller; quand sa toilette fut finie, elle
chercha de l'eau pour se mirer dedans. La fille
du bourgmestre lui présenta une glace; elle se
regarda, jeta un cri de surprise, et se mit à rire
comme une folle.

C'est dans ce moment-là que le curé entra, et,
à tout hasard, se mit à la baptiser. Seulement,
quand le curé voulut lui ôter son bonnet, elle
faillit arracher les yeux au curé. Il fallut lui faire
comprendre que ce n'était que pour un moment
qu'on lui découvrait la tête; mais elle ne lâcha
ni le bonnet, ni les ornements d'or, qu'elle se
rajusta toute seule aussitôt que le curé fut sorti.

Je mourais d'envie de la voir. Aussi je montai
en demandant à la fille du bourgmestre si je
pouvais entrer; celle-ci m'ouvrit la porte. Mes
cinq compagnons étaient derrière moi; ils se
tenaient serrés dans le corridor; le Parisien venait le dernier, avec une compresse d'eau et de
sel sur son œil.

Je cherchais où était la femme marine. Je ne
la reconnaissais pas. Je voyais une belle Frisonne,
avec des cheveux un peu verts, voilà tout. Mais
le vert et l'or, vous savez, cela va très-bien ensemble.

La fille du bourgmestre me fit une grande révérence.

La femme marine regarda comment s'y était
prise son amie, et en fit autant. Ce que c'est que
la femme, monsieur; quel être hypocrite ça fait!
Il n'y avait que deux heures qu'elle avait fait
connaissance avec des créatures humaines, et
elle pleurait, riait, se regardait dans un miroir,
et faisait déjà la révérence. Oh! cela aurait bien
dû m'éclairer; mais ce qui est écrit est écrit.

Je commençai une conversation par signes
avec elle.

Je lui demandai si elle n'avait pas faim. Je
sais que c'est par la gourmandise qu'on se fait
aimer des animaux; et, que voulez-vous? j'avais
l'idée, ne fût-ce que par curiosité, de me faire
aimer de cette femme. Elle fit signe que oui;
alors je lui apportai des melons d'eau, des raisins,
des poires, tout ce que je pus me procurer de
fruits enfin.

Elle connaissait tout cela. Dès qu'elle les vit,
elle sauta dessus. Seulement, quand elle eut
mangé les fruits, elle voulut manger l'assiette, et
l'on eut toutes les peines du monde à lui faire
comprendre que cela ne se mangeait point.

Cependant le curé avait déjà fait des siennes.
Il avait expliqué à la fille du bourgmestre que
la femme marine avait beau être un poisson, c'é-

tait un poisson qui ressemblait trop à une femme pour rester chez un garçon. De sorte que, comme elle achevait son repas, le bourgmestre vint la chercher avec sa femme et son autre fille.

Les deux nouvelles amies s'en allèrent bras dessus, bras dessous.

Seulement la femme marine marchait nu-pieds; elle n'avait pu mettre les souliers qu'on lui avait apportés, non pas qu'ils fussent trop petits : au contraire; mais cette partie de son accoutrement fut la dernière à laquelle elle put s'habituer.

En arrivant à la porte de la maison, elle jeta un coup d'œil sur la mer; peut-être avait-elle envie de rentrer dans son ancien domicile, mais il fallait traverser toute la population qui était réunie par la curiosité; d'ailleurs c'était gâter ses beaux habits. La nouvelle débarquée secoua la tête et prit tranquillement son chemin vers la maison du bourgmestre, suivie de toute la population de Monnikendam, qui criait : *la Buchold, la Buchold!* ce qui en patois veut dire · *la fille de l'eau.*

Comme elle n'avait pas de nom de famille, ce nom lui resta.

J'avais dit cent fois que je n'épouserais qu'une femme marine. J'étais servi à mon souhait. Aussi le même soir tous mes camarades burent-ils à mon prochain mariage avec la Buchold : elle était jeune, elle était jolie, elle m'avait regardé avec ses yeux verts d'une certaine façon qui ne m'avait pas déplu, elle était muette; ma foi! j'y bus comme les autres.

Trois mois après, elle savait faire tout ce que sait faire une femme, excepté de parler; elle était, avec son costume frison, la plus jolie fille, non-seulement de toute la Hollande, mais de toute la Frise; elle avait l'air de ne pas me détester, et j'en étais amoureux comme une bête; j'avais tous droits sur elle, puisque c'était moi qui l'avais trouvée; il n'y avait pas d'opposition à craindre de la part de ses parents.

Je l'épousai.

Elle fut mariée à la mairie sous le nom de Marie la Buchold. M. le curé ayant jugé à propos, en la baptisant, de lui donner le nom de la mère de Notre-Seigneur

Je donnai un grand dîner, puis un grand bal, dont la nouvelle Marie fit tous les honneurs par signes, buvant, mangeant, dansant comme une femme ordinaire, seulement muette comme une tanche.

Ce n'était qu'un cri parmi tous les invités; en la voyant si jolie, si gracieuse et si muette, chacun disait :

— Est-il heureux, ce diable d'Olifus! est-il heureux!

A minuit, je congédiai toute la société, qui se retira en disant :

— Est-il heureux, ce diable d'Olifus! est-il heureux!

Le lendemain, je me réveillai à dix heures du matin. Elle était déjà réveillée et me regardait dormir.

J'ouvris les yeux tout à coup, et il me sembla lire sur sa figure une singulière expression de raillerie et de méchanceté. Mais, aussitôt qu'elle eut vu mon regard se fixer sur elle, sa figure reprit son expression habituelle, et je ne pensai plus à l'autre.

— Bonjour, ma petite femme, lui dis-je.

— Bonjour, mon petit mari, répondit-elle.

Je poussai un cri de désespoir; la sueur me monta au front : ma femme parlait.

Il paraît que le mariage lui avait coupé le filet.

Ceci se passait le 22 décembre 1823.

— A votre santé, monsieur, dit le père Olifus, en avalant un second verre de tafia et en m'invitant ainsi que Biard à en faire autant, et n'épousez pas une femme marine.

Puis il passa le dos de sa main sur ses lèvres et continua :

III

TRIBULATIONS CONJUGALES.

cependant, comme l'usage de la langue semblait n'être venu à ma femme que pour me dire des douceurs, je me consolai de n'avoir pas une femme muette.

Il y a même plus : pendant un mois, je fus assez heureux ; tout le monde me faisait des compliments. Il n'y avait que le Parisien qui, lorsque je lui vantais mon bonheur, me répondait en chantant :

> Va-t'en voir s'ils viennent, Jean,
> Va-t'en voir s'ils viennent.

Il faut lui rendre cette justice, il n'avait jamais eu confiance dans la Buchold, lui.

Au bout d'un mois de calme, je crus m'apercevoir que le temps s'assombrissait ; il y avait encore, par-ci par-là, du calme ; mais c'était le calme qui précède la tempête. Moi, comme marin, vous comprenez, je connaissais cela, et je m'apprêtai à y faire face.

Ça commença à propos d'un voyage que j'avais fait à Amsterdam : elle prétendit que j'avais été faire visite à une ancienne amie à moi, qui demeurait sur le port, que j'y étais resté toute la nuit, et que si cette amie avait été muette la veille, rien ne se serait opposé à ce qu'elle parlât le lendemain.

Ah ! il faut vous dire qu'en moins de huit jours ma femme avait appris à tout dire, et qu'elle en aurait remontré, au bout de ce mois, à tous les maîtres de langues d'Amsterdam, de Rotterdam et de la Haye.

Ce qui me mit en colère dans ce qu'elle disait de ma visite sur le port d'Amsterdam, c'est que c'était vrai ; on aurait dit que la sorcière m'avait suivi, qu'elle était entrée dans la maison et qu'elle avait vu tout ce qui s'était passé.

Je niai comme un beau diable, mais elle n'en persista pas moins à croire ce qu'elle voulut et à me menacer, la première fois que pareille chose m'arriverait, de m'en faire souvenir.

Je pris la menace pour ce que vaut d'ordinaire une menace de femme, et comme rien au monde ne m'est plus insupportable qu'une figure maussade, je cajolai si bien la Buchold, que le lendemain elle n'y pensait plus ou du moins avait l'air de n'y plus penser.

Quinze jours se passèrent assez tranquillement. Le seizième jour, je conduisis des voyageurs à Édam ; ils devaient revenir le même soir à Monnikendam, mais c'étaient des peintres ; ils avaient trouvé des dessins à faire ; ils me déclarèrent qu'ils me gardaient jusqu'au lendemain ; je pouvais revenir et leur dire que puisqu'ils ne tenaient pas leurs conventions, je ne tenais pas les miennes. Mais, vous comprenez, on ne quitte pas comme cela de bonnes pratiques ; d'ailleurs, j'avais une ancienne amie à Édam ; je ne l'avais pas vue depuis mon mariage avec la Buchold ; elle m'avait fait, comme je passais dans la rue, un petit signe derrière son rideau, et moi j'avais cligné de l'œil ; ce qui voulait dire : C'est dit, si j'ai un instant, j'irai te faire ma visite. J'avais plus qu'un instant, j'avais toute la nuit.

Et puis, cette fois, j'étais bien tranquille. Comme mon amie avait des précautions à prendre, quand je la visitais avant mon mariage, c'était la nuit, en franchissant un mur de jardin, en ouvrant une petite porte qui fermait une haie, et en entrant dans sa chambre par la fenêtre.

Personne n'avait jamais rien su alors de ces expéditions nocturnes, personne n'en saurait rien maintenant.

A onze heures, par une nuit noire comme de l'encre, je m'acheminai donc vers le mur, que j'enjambai ; vers la porte, que je franchis ; vers la fenêtre que j'escaladai, et au haut de laquelle je trouvai deux jolis bras qui me reçurent tout ouverts.

— Pardieu ! dit Biard, vous avez une manière de raconter, père Olifus, qui fait venir l'eau à la bouche. A la santé de la propriétaire de ces deux jolis bras !

— Oh ! monsieur, buvez plutôt à la mienne,

dit le père Olifus d'un air mélancolique et en avalant un troisième verre de tafia.

— Bah! et que devait-il donc vous arriver dans cette petite chambre où vous étiez si agréablement attendu?

— Ce n'était pas dans cette petite chambre, monsieur, c'était en sortant.

— Allez, père Olifus, nous vous écoutons; vous racontez comme Sterne; allez.

— Eh bien! en sortant, c'était avant le jour, vous comprenez bien, elle avait des précautions à prendre, comme je vous ai dit, et moi-même, après ce qui m'était arrivé à la maison à mon retour d'Amsterdam, je ne me souciais pas d'être vu; eh bien! en sortant, après avoir franchi la petite porte et la haie, je trouvai un obstacle au milieu de l'allée, un rien, une ficelle, un fil de carret, une chose tendue sur mon chemin, j'avais mon couteau dans ma poche, je l'ouvris, et crac! je coupai le fil.

Mais au même instant, voyez-vous, je reçus un coup de bâton sur les reins, mais un coup! Ah! gredin, m'écriai-je, et je saisis le bâton, mais il n'y avait personne, qu'un poirier auquel le bâton était ajusté par une mécanique des plus ingénieuses; en coupant ce fil, je lâchai le bâton; le bâton lâché, il frappait.

Je me sauvai en me frottant les reins. Ma première idée avait été que le père ou les frères s'étaient doutés de quelque chose et que, n'osant pas venir m'attaquer en face, ils avaient préparé cette embuscade.

Au reste, comme personne n'avait ri, comme personne n'avait soufflé mot, comme personne n'avait bougé même, je me retirai sur la pointe du pied et rentrai à l'auberge.

A dix heures nous quittâmes Édam; une demi-heure après, nous étions dans le port de Monnikendam.

Du plus loin que je pus apercevoir ma maison, je vis la Buchold sur la porte; elle m'attendait d'un air de mauvaise humeur qui me sembla de méchant augure; moi, au contraire, je pris une physionomie riante; mais, à peine eus-je passé le seuil, qu'elle referma la porte derrière moi.

— Ah! dit-elle, voilà une jolie conduite pour un homme qui a six semaines de mariage!

— Quelle conduite? demandai-je d'un air innocent.

— Oh! il ose encore interroger! dit-elle.

— Sans doute.

— Taisez-vous, et répondez.

Ses yeux verts étincelaient.

— Où avez-vous été cette nuit à onze heures? dites. Où êtes-vous resté de onze heures à cinq heures du matin? Que vous est-il arrivé, en sortant de l'endroit où vous avez passé ces six heures?

— Je ne sais pas ce que vous voulez dire.

— Ah! vous ne savez pas?

— Non.

— Je vais vous l'apprendre, alors. Vous êtes sorti de l'auberge à onze heures, vous avez franchi un mur, vous avez ouvert une porte, vous avez escaladé une fenêtre, vous êtes entré dans une chambre, où vous êtes resté jusqu'à cinq heures du matin. A cinq heures du matin vous êtes sorti, vous avez reçu un coup de bâton, et vous êtes rentré à l'auberge en vous frottant les reins. Dites un peu que ce n'est pas vrai!

Je niai tout de même. J'avoue que je n'avais pas le même aplomb cette fois que l'autre; d'ailleurs, je portais ma condamnation avec moi, attendu que j'avais la marque du bâton sur les épaules.

Mais, tout en niant, je faisais de l'œil à la Buchold. J'attrapais une main par-ci, une joue par-là, et, toute grognante encore, elle finit par me pardonner en me disant : Prenez garde! la première fois, vous n'en serez pas quitte à si bon marché.

— Oh! dis-je en moi-même, la première fois, va, je prendrai si bien mes précautions, que nous verrons un peu.

Elle me fit un signe de la tête qui semblait dire : Oui, *nous verrons!*

Cette sorcière de Buchold, on eût dit qu'elle lisait jusqu'au fond de ma pensée.

Enfin, cette fois-là encore, nous nous raccommodâmes.

Huit jours après, je conduisis des voyageurs à Stavorin.

La course était longue, il n'y avait pas moyen de revenir le même jour; je ne savais que faire de ma soirée, quand tout à coup je me souvins que j'avais une amie dans les environs.

C'était une jolie meunière qui demeurait sur le bord d'un joli petit lac situé entre Bath et Stavorin. Quand autrefois j'allais lui faire des visites, je traversais le petit lac à la nage, et comme la fenêtre donnait sur l'eau, elle n'avait qu'à me tendre la main, et, crac! j'étais dans sa chambre.

Cette fois-là, c'était encore bien plus commode : le lac était gelé.

J'empruntai une paire de patins. A dix heures, je partis de Stavorin; à dix heures un quart, j'étais au bord du lac; à dix heures vingt-cinq minutes, j'arrivais sous la fenêtre de ma meunière.

Je fis le signal convenu : la fenêtre s'ouvrit.

Mon mariage était connu au moulin. La meunière avait bonne envie de bouder; mais c'était une excellente femme, de sorte que la dispute ne fut pas longue.

A six heures je pris congé; j'étais bien tranquille; le lac était parfaitement désert, personne ne m'avait vu venir, personne ne me verrait m'en aller. Je pris mon élan, et b'zt! je partis.

Au troisième ou quatrième coup de patin, il me sembla que je sentais la glace qui craquait sous moi. Je voulus revenir sur mes pas, il était trop tard. Je me sentis emporté vers un endroit où j'entendais clapoter l'eau; la glace avait été rompue pendant que j'étais chez ma meunière. Il y avait devant moi comme un fossé liquide; j'eus beau peser sur les talons, j'arrivai au trou, — et bonsoir! plus personne, — j'étais dans le lac.

Heureusement que je plonge comme un phoque. — Je retins ma respiration et je cherchai l'ouverture. — Ça n'est pas commode de s'orienter sous la glace, allez! — Enfin, je vis une espèce de bande plus transparente. Je nageais vers la bande, lorsque tout à coup je sentis quelque chose qui m'empoignait par la jambe et qui m'attirait au fond de l'eau. — J'avais la bouche ouverte pour respirer; mais, au lieu d'une bouffée d'air, j'avalai une gorgée d'eau. — Ce n'est pas la même chose. — J'y vis tout bleu

J'entendis un bourdonnement dans les oreilles; je compris que si je ne me débarrassais pas, et plus vite que cela, de ce qui me tirait en bas, j'étais un homme flambé. J'allongeai un coup de pied de toute ma force : je sentis que le coup avait porté; la chose qui m'entraînait me lâcha. Je profitai de ma liberté pour remonter à la surface de l'eau. Pendant deux ou trois secondes encore, je donnai du crâne contre la glace; enfin, étouffant, à moitié mort, presque évanoui, je parvins à la solution de continuité, comme disent les mathématiciens. Je sortis la tête hors de l'eau, je respirai des yeux, du nez et de la bouche à la fois, je me cramponnai à la glace; mais la glace s'écaillait au fur et à mesure que j'essayais de remonter. Enfin, par une vigoureuse impulsion, je glissai sur le ventre; le poids occupant une large dimension, la glace résista. Je me relevai, je donnai un coup de patin. Oh! voyez-vous! il n'y a pas de vaisseau courant devant le vent qui

aille le train que j'allais. Je filais trente nœuds à l'heure; mais en arrivant au bord du lac, j'étais au bout de mes forces. Je tombai sans connaissance, et quand je revins à moi, je me trouvai dans un lit bien chaud, et je reconnus la chambre de l'auberge d'où j'étais parti la veille.

Des paysans, qui allaient au marché, m'avaient trouvé étendu par terre, à moitié mort, aux trois quarts gelé; ils m'avaient mis dans leur charrette et m'avaient ramené à Stavorin, où l'hôtesse, qui me connaissait, avait eu toutes sortes de soins pour moi.

Deux heures après, grâce à un bol de punch que j'avalai tout flambant, je n'y pensais plus.

Nos voyageurs avaient fini leurs affaires vers dix heures du matin; ils étaient pressés de revenir, et moi aussi; car je n'étais pas sans inquiétude sur ce qui m'attendait à la maison. Nous partîmes à onze heures; le vent était bon. Il y avait douze lieues à peu près de Stavorin à Monnikendam : nous les fîmes en six heures. C'était bien marcher.

Cette fois, ce n'était pas sur le seuil de la porte que m'attendait la Buchold, c'était au bord de la mer. Ses yeux verts brillaient dans l'ombre comme deux émeraudes. Elle me fit un signe de la main de marcher devant elle et de rentrer à la maison.

Je ne fis pas d'observations, bien décidé, si elle m'ennuyait par trop, à lui donner une de ces petites corrections conjugales dont on dit que les femmes ont besoin tous les trois mois si l'on veut en faire des épouses parfaites. Je rentrai donc et refermai la porte moi-même.

Puis, allant m'asseoir :

— Eh bien! après? lui dis-je.

— Comment, après? s'écria-t-elle.

— Oui. Que me voulez-vous?

— Ce que je vous veux? Je veux vous dire que vous êtes un homme infâme, de courir comme vous faites au risque de vous noyer et de laisser votre pauvre femme veuve avec un enfant sur les bras.

— Comment, un enfant?

— Oui, malheureux, je suis enceinte, vous le savez bien!

— Ma foi non!

— Eh bien! si vous ne le savez pas, je vous le dis.

— Ça me fait plaisir.

— Ah! ça vous fait plaisir?

— Voulez-vous que je vous dise que cela me fait de la peine?

— Voilà comme vous me répondez au lieu de me demander pardon.

— Pardon de quoi?

— De courir la nuit comme un loup-garou, d'aller faire la cour aux meumères. Est-ce que c'est une heure pour patiner, je vous le demande, que six heures du matin?

— Ah! lui dis-je tenez, je commence à en avoir assez de vos espionnages, et si vous ne me laissez pas tranquille...

— Que ferez-vous?

J'avais un joli bambou de l'Inde, pliant comme un jonc et qui me servait à battre mes habits du dimanche. Je le pris dans un coin et je le fis siffler aux oreilles de la Buchold.

— Je ne vous dis que cela, ma mie.

— Oh! fit-elle, tu me menaces! attends.

Ses yeux lancèrent deux éclairs verdâtres. Elle sauta sur mon bambou, me l'arracha des mains avec autant de facilité que j'eusse fait de celles d'un enfant, et, grinçant des dents, me donna une volée, — ah mais! — voyez-vous, que le diable en aurait pris les armes

— Bah! fîmes-nous.

— J'avais oublié l'affaire du bateau, moi, où elle avait manqué nous rosser tous les six, — vous savez; — mais aux premiers coups que je reçus, je m'en souviens; je voulus résister, c'était une grêle! Je commençai par menacer, par jurer, par sacrer, et je finis par demander pardon. J'avais mon compte, comme on dit, et même plus que mon compte.

Quand elle vit que j'étais à genoux, elle cessa de frapper.

— Là, dit-elle, c'est bien! cela passera encore comme cela cette fois-ci; mais que je ne vous y reprenne plus, ou, la première fois, vous n'en serez pas quitte à si bon marché.

— Peste! murmurai-je, à moins de m'assommer tout à fait...

— Silence! et couchons-nous, dit-elle; d'ailleurs vous devez être fatigué.

J'étais mieux que fatigué, j'étais moulu.

Je me couchai sans rien dire; je tournai le nez du côté de la ruelle; je fermai les yeux; je fis semblant de dormir, mais je ne dormis pas.

IV

FUITE.

ous comprenez que je ne perdais pas mon temps; cette vie-là ne me paraissait pas tenable; je ruminais un moyen de me tirer des griffes de la Buchold et de me venger d'elle tout à la fois. Je ne savais pas pourquoi, j'avais une idée sourde que c'était elle qui avait organisé l'affaire du bâton à Édam et cassé la glace du lac à Stavorin.

Il y avait plus : vous vous rappelez que j'avais senti que quelque chose me tirait par la jambe au fond de l'eau, et que je ne m'étais débarrassé de cette chose qu'à l'aide d'un grand coup de pied.

Or, j'avais encore dans l'esprit que c'était non pas quelque chose, mais quelqu'un qui m'avait tiré par la jambe, et que ce quelqu'un, c'était la Buchold.

Un jour ou l'autre, me disais-je tout en ruminant, je saurai bien si c'est elle.

— Et comment? interrompit le père Olifus.

— Dame! vous comprenez, j'avais mes patins aux pieds. Pour donner le coup de pied, je n'avais pas pris la précaution d'ôter mon patin. Ce n'est pas sain un coup de pied avec un patin, surtout quand ce coup de pied porte d'aplomb. Eh bien! mon coup de pied avait porté d'aplomb, et si c'était la Buchold qui avait reçu le coup de pied, elle devait en avoir la trace quelque part.

— C'est juste.

— Je me disais donc : Il faut dissimuler, avoir l'air d'oublier le coup de bâton d'Édam, la noyade de Stavorin, la volée de Monnikendam; si c'est elle, elle payera tout à la fois.

Cette résolution prise, je me retournai.

Le lendemain, comme elle dormait encore, je levai le drap, et je regardai : elle n'avait pas la plus petite trace de patin sur tout le corps. — Seulement, je remarquai qu'au lieu de mettre son bonnet de nuit comme d'habitude, elle avait gardé son bonnet de cuivre.

— Bon! dis-je, si tu ne l'ôtes pas demain, c'est qu'il y a quelque chose là-dessous.

Mais je ne fis semblant de rien, vous comprenez, je commençai à me rhabiller; pendant que je me rhabillais, la Buchold se réveilla.

Son premier mouvement fut de porter la main à son bonnet de cuivre.

— Bon! dis-je encore, nous verrons bien.

Mais je disais cela en dedans, tout en faisant semblant de rire; elle de son côté, c'était une justice à lui rendre, quand le premier moment était passé, elle avait l'air de n'y plus songer; il est vrai que le premier moment était rude.

La journée s'écoula sans que ni l'un ni l'autre parlât de ce qui s'était passé la veille; nous avions l'air de deux tourtereaux.

Le soir venu, nous nous couchâmes.

Comme la veille, la Buchold se coucha avec son bonnet de cuivre.

Toute la nuit j'avais une envie du diable de me lever, d'allumer la lampe et de pousser le petit ressort qui fait ouvrir le diable de bonnet; mais c'était comme un fait exprès, on eût dit que la Buchold avait la fièvre. Elle ne faisait que se tourner et se retourner. Je pris patience, espérant que, la nuit suivante, elle aurait le sommeil plus tranquille.

La nuit suivante arriva; je ne m'étais pas trompé. Cette nuit-là elle dormait comme un chien de plomb. Je me levai tout doucement; j'allumai la lampe. La Buchold était justement couchée sur le côté. Je pinçai le ressort, la plaque s'ouvrit, et, sous la plaque, au-dessus de la tempe, je vis une ligne à laquelle il n'y avait pas à se tromper.

La lame du patin avait coupé la peau de la tête, et, sans ses maudits cheveux verts, qui avaient amorti le coup, elle lui aurait ouvert le crâne.

J'étais fixé; non-seulement c'était ma femme qui avait préparé la mécanique d'Édam, c'était ma femme qui avait cassé la glace du lac, mais encore c'était ma femme qui m'avait tiré par la jambe dans l'intention de me noyer.

Moi noyé, elle revenait à Monnikendam, et, comme nous nous étions tout passé au dernier vivant, elle héritait de moi, pauvre petite chatte!

Vous comprenez qu'il n'y avait plus de considérations à garder vis-à-vis d'une pareille créature. Mon parti était pris d'avance. J'avais mis tout ce que j'avais d'argent dans un sac; avec cet argent je m'embarquais pour n'importe quel pays, et, dans ce pays, peu m'importe ce qui devait m'arriver, je vivrais toujours tranquille et heureux, pourvu que je vécusse loin de la Buchold.

En conséquence, décidé à mettre ce projet à exécution, j'éteignis la lampe, je m'habillai doucement, je pris mon sac dans l'armoire et je gagnai la porte sur la pointe des pieds.

Comme je mettais la main sur la clef, je sentis une griffe qui m'empoignait par le cou et qui me tirait en arrière.

Je me retournai, c'était cette sorcière de Buchold, elle avait fait semblant de dormir et elle avait tout vu.

— Ah! dit-elle, c'est comme cela que tu t'y prends? après m'avoir trompée, tu m'abandonnes, et, en m'abandonnant, tu me ruines! attends! attends!

— Ah! et toi, après m'avoir battu, tu casses la glace! après avoir cassé la glace, tu veux me noyer! attends! attends!

Elle prit le bambou dans un coin de la chambre. Mais, moi, je pris un chenet au coin du feu. Nous nous frappâmes tous les deux en même temps; seulement moi, je restai debout, et elle tomba.

Elle tomba comme une masse, en jetant un cri, ou plutôt en poussant un soupir, et, une fois à terre, elle ne bougea plus.

— Bon! dis-je, elle est morte; ma foi, tant pis; je ne lui ai fait que ce qu'elle voulait me faire!

Et tâtant si mon sac était bien dans ma poche, je m'élançai hors de la maison, fermai la porte derrière moi, jetai la clef dans la mer, et me mis à courir à travers la prairie, du côté d'Amsterdam.

Une demi-heure après, j'étais au bord de la mer.

J'éveillai un pêcheur de mes amis qui dormait dans sa cabane. Je lui racontai que j'étais si malheureux avec ma femme, que cette nuit même j'avais résolu de m'expatrier. Je le priai, en conséquence, de me conduire à Amsterdam, où je saisirais la première occasion de quitter la Hollande.

Le pêcheur s'habilla, poussa sa barque à la mer, et mit le cap sur Amsterdam.

Une demi-heure après, nous entrions dans le port. Un magnifique trois-mâts s'apprêtait à partir pour l'Inde, et appareillait en ce moment même.

— Tu le vois la bonne volonté y était ; mais je suis volé. — (Page. 18.)

J'ai la résolution prompte.

— Ah ! par ma foi, dis-je à mon ami, voilà mon affaire, et si le capitaine est raisonnable et ne demande pas trop cher pour la traversée, il y aura moyen de faire affaire ensemble.

Et je hélai le capitaine.

Le capitaine s'approcha du bordage.

— Holà ! de la barque, qui appelle ? demanda-t-il.

— Moi...

— Qui... vous ?

— Quelqu'un qui voudrait savoir si vous avez encore de la place pour un passager.

— Oui, tournez à tribord, vous trouverez l'escalier.

— C'est pas la peine, envoyez-moi une tire-veille.

— Bon ! vous êtes du métier, à ce qu'il paraît.

— Un peu.

Je me retournai vers le pêcheur.

— Quant à toi, mon ami, lui dis-je, je veux que tu boives à ma santé, et voilà une pièce de dix florins.

— Ah ! mille tonnerres, qu'est-ce que c'est que cela ?

— Qu'est-ce que c'était ? demandai-je.

C'était que je venais d'ouvrir mon sac, et qu'au lieu d'être plein d'or, il était plein de cailloux.

— Ma foi, mon ami, dis-je au pêcheur en lui montrant mon sac, tu le vois, la bonne volonté y était. Mais je suis volé.

— Ah bah!

— Oui, parole d'honneur.

Et je vidai mon sac dans la barque.

— Eh bien! tant pis, père Olifus, dit le brave homme. Que voulez-vous? la bonne intention y était; ça ne m'empêchera pas de boire à votre santé, soyez tranquille.

— Ohé! cria une voix du haut du pont; voilà le grelin demandé.

Je donnai une poignée de main au pêcheur, j'empoignai la manœuvre et je grimpai comme un écureuil.

— Me voilà, dis-je en sautant sur le pont.

— Eh bien! demanda le capitaine, et vos malles?

— Est-ce qu'il y a besoin de malle pour être matelot?

— Matelot? Vous avez dit passager.

— Passager?

— Oui.

— Alors c'est la langue qui m'a tourné. J'ai voulu dire : Avez-vous encore de la place pour un matelot?

— Eh bien! tu m'as l'air d'un bon diable, dit le capitaine. — Oui, j'ai place pour un matelot, et pour un matelot à quarante francs par mois encore, attendu que je suis capitaine au service de la compagnie des Indes, et que la compagnie des Indes paye bien.

— Si elle paye bien, on la servira bien, voilà tout.

Le capitaine ne m'en dit pas plus, je ne lui en répondis pas davantage; l'engagement était fait aussi valable que si tous les notaires du monde y avaient passé.

Le surlendemain, nous étions en pleine mer.

V

UN HOMME A LA MER.

La première terre que nous aperçûmes après avoir perdu de vue les côtes de France fut la petite île de Porto-Santo, située au nord de Madère. Madère, cachée dans un brouillard plus épais, n'en sortit que deux heures après. Nous laissâmes le port de Funchal à notre gauche, et nous continuâmes notre route. Le quatrième jour, après avoir doublé Madère, nous eûmes connaissance du pic de Ténériffe, qui se montrait et disparaissait dans les ondulations de la vapeur, laquelle semblait comme une seconde mer battre son flanc de ses vagues. Nous poussâmes sans nous arrêter, et nous commençâmes à entrer dans une mer verdoyante qui ressemblait à une vaste cressonnière; des couches épaisses de varech d'un vert sombre, passant au jaune, couvraient la surface de l'Océan, et formaient ces grappes que les matelots appellent raisin des tropiques.

Ce n'était pas la première fois que je faisais de pareils voyages. J'avais été deux fois à Buénos-Ayres, et j'avais vu ce que les marins nomment les eaux bleues. Je me retrouvais donc dans mon élément; je respirais tout à mon aise.

Le bâtiment était bon voilier et filait sept à huit nœuds à l'heure. Chaque nœud m'éloignait d'un mille de la Buchold, je n'avais rien à désirer.

Nous passâmes la ligne; il y eut fête à bord comme d'habitude. J'y présentai mon certificat, signé du bonhomme Tropique, et au lieu d'en recevoir, ce fut moi qui versai de l'eau sur la tête des autres.

Le capitaine était bon diable, il avait ouvert la soute au rhum; de sorte que je m'étais couché un peu en train. Tout à coup, j'étais, comme on dit, vous savez, entre le zist et le zest, je roupillais, moitié chantonnant, moitié ronflant, chassant avec ma main les kancrelats, que je prenais pour des poissons volants; quand il me semble voir une grande figure blanche descendre par l'écoutille et s'approcher de mon hamac.

A mesure qu'elle approchait, je reconnaissais la Buchold; peut-être que je ronflais encore, mais, je vous en réponds, je ne chantais plus.

— Ah! me dit-elle après m'avoir défoncé deux fois le crâne, une fois d'un coup de patin et une autre fois d'un coup de chenet, au lieu de te repentir, au lieu de faire pénitence, voilà donc l'état dans lequel tu te mets, ivrogne!

Je voulus lui répondre; mais c'était drôle. C'était elle qui parlait maintenant, et c'était moi qui étais devenu muet.

— Oh! c'est inutile, continua-t-elle, non-seulement tu es muet, mais tu es paralysé; essaye un peu de t'en aller, essaye.

Elle voyait bien ce qui se passait en moi, la maudite Buchold, et que je faisais des efforts surhumains pour enjamber par-dessus mon hamac. Mais bah! ma jambe était roide comme le mât de misaine, et il aurait fallu le cabestan pour me faire bouger.

J'en pris mon parti. Je mis en panne et je restai immobile comme une bouée.

Heureusement que je pouvais fermer les yeux et ne pas la voir, c'était une consolation; mais malheureusement, je ne pouvais pas fermer les oreilles et ne pas l'entendre. Elle m'en dit tant, elle m'en dit tant, que ça finit par bourdonner sans que j'entendisse les mots; puis je n'entendis plus même le bourdonnement; puis j'entendis piquer l'heure; puis la voix du contre-maître qui criait :

— Le deuxième quart sur le pont.

— Vous savez ce que c'est que les quarts? me demanda le père Olifus.

— Oui, lui répondis-je, allez toujours.

— J'étais donc du deuxième quart. C'était moi qu'on appelait; j'entendais qu'on m'appelait; je ne pouvais remuer ni pieds ni pattes. Seulement je me disais : — Ton compte est bon, Olifus, tu vas en avoir, des coups de garcette. Mais, malheureux, on t'appelle; mais, paresseux, lève-toi donc!

Monsieur, tout cela se passait au dedans. Au dehors, bonsoir; rien ne bougeait.

Tout à coup, je sens qu'on me secoue; je crois que c'est la Buchold. Je me fais petit; on me secoue plus fort; je ne bouge pas. Enfin j'entends un juron à faire fendre le bâtiment et une voix qui me dit :

— Ah çà! mais! es-tu mort?

Bon! je reconnais la voix du maître timonier.

— Non! non! je ne suis pas mort! non, père Vidercome, me voilà. Seulement aidez-moi à descendre de mon hamac.

— Comment! que je t'aide?

— Oui, impossible de me bouger moi-même.

— Je crois, Dieu me pardonne, qu'il n'est pas encore dessoulé. Attends, attends!

Et il prend le manche d'un balai quelconque qui traînait.

Je ne sais pas si c'est la peur qui me donna des forces, ou si c'est que mon engourdissement était passé; mais j'étais léger comme un oiseau. Je saute en bas de mon hamac, et je dis : — Voilà! voilà! c'est cette drôlesse de Buchold. Décidément, elle est née pour mon malheur, cette créature-là.

— Buchold ou non, que ça ne t'arrive pas demain, dit le maître timonier, ou bien nous verrons...

— Oh! demain, fis-je en passant mes pantalons et en grimpant l'échelle de l'écoutille, il n'y a pas de danger.

— Oui, demain tu ne seras plus ivre, je le comprends; pour aujourd'hui, je te le passe : ce n'est pas tous les jours la fête du bonhomme Tropique. Allons, allons, sur le pont.

J'y étais; jamais je n'ai vu pareille nuit.

Ce n'était plus des étoiles qu'il y avait au ciel, monsieur, c'était de la poudre d'or. Quant à la mer, elle était ridée par une petite brise, qu'on n'en demanderait pas une autre pour aller en paradis.

Ce n'était pas tout. Le bâtiment semblait enflammer les vagues en les divisant. Il n'y avait rien à faire. Le bâtiment marchait toutes voiles dehors, cacatois et bonnettes au vent, comme une jeune fille qui va le dimanche à la messe.

Je me penchai donc hors de la muraille, et je me mis à regarder l'eau.

Voyez-vous, vous ne pouvez pas vous figurer quelque chose de pareil. On dit que c'est des petits poissons qui font ça; moi, j'aime mieux dire que c'est le bon Dieu. C'était comme s'il y avait éu cinquante chandelles romaines le long de la carcasse du navire. C'étaient des feux d'artifice sans fin qui s'en allaient faire bouquet dans le sillage du bâtiment : tout cela se détachant sur la teinte sombre des vagues, — comme un étendard de flammes dont on secouerait les longs plis au fond de l'eau.

Tout à coup, au milieu de ces flammes, il me semble voir se jouer comme une forme humaine. La forme se fait de plus en plus visible, et qu'est-ce que je reconnais? la Buchold !

Il ne faut pas me demander si je voulus faire un bond en arrière; mais, ouiche, collé sur la muraille du bâtiment, collé comme une morue sèche, impossible de m'en aller de là. Tout au contraire, en se jouant dans l'eau, en piquant des têtes, en tirant des coupes, en faisant la planche, c'étaient des signes, c'étaient des agaceries, c'étaient des sourires, que je sentais mes pieds qui quittaient la terre, mon ventre qui glissait; ça m'attirait comme un vertige; je voulais me retenir, je ne trouvais rien; je voulais crier, plus de voix; ça m'attirait toujours. Ah! maudite sirène. Je sentais mes cheveux se dresser; il y avait une goutte d'eau à chaque poil, et je glissais, je glissais, et la tête emportait le derrière, et je sentais que je m'en allais, que je m'en allais. Maudite sirène, va!

Tout à coup, on m'empoigne par le fond de ma culotte.

— Ah çà, mais! tu es donc enragé, Olifus? me dit le maître timonier en m'attirant à lui. A moi, deux hommes! deux vigoureux! deux solides! à moi donc.

Ils arrivèrent; il était temps! je l'entraînais avec moi. Je retombai sur le pont. Ouf!

Monsieur, j'étais trempé comme une soupe; je grinçais des dents, je tournais les yeux.

— Bon! dit le maître timonier, quand on est épileptique, on le dit du moins. C'est un cas rédhibitoire. Là, voilà qui est joli, un matelot qui a des attaques de nerfs. C'est du propre. Petite maîtresse d'Olifus, va!

— C'est vrai, monsieur, je gigottais, tout en disant : Non, ce n'est pas l'épilepsie, c'est la Buchold. Est-ce que vous ne l'avez pas vue?

— Quoi?

— La Buchold! elle était là, jouant dans l'eau et dans le feu, comme une salamandre; elle m'appelait, elle m'attirait, c'était elle! Ah! maudite sirène, va!

— Qu'est-ce que tu parles de sirène?

— Rien, rien...

— Voyez-vous, reprit le père Olifus, si vous faites de longs voyages, monsieur, il ne faut jamais parler aux matelots, ni de sirènes, ni de néréides, ni de femmes marines, ni d'hommes marins, ni de poissons évêques. A terre, c'est encore bon; à terre, ils en plaisantent, les matelots, mais en mer ils n'aiment pas cela; ça leur fait peur. Tant il y a que j'avais manqué faire le plongeon, et que sans le maître timonier, va te promener, je buvais un coup à la grande tasse.

J'allai m'asseoir au pied de l'artimon; je passai mon bras dans un cordage, et j'attendis le jour.

Le jour venu, il me sembla que tout cela était un rêve; seulement, comme j'avais une fièvre de cheval, je compris qu'il y avait un fond de réalité dans tout cela. Or, la réalité, c'était bien simple: j'avais donné un coup de chenet à la Buchold; le coup de chenet était bien appliqué, si bien appliqué, qu'elle en était morte; et c'était son âme qui venait me demander des prières.

Malheureusement, sur les bateaux de la compagnie des Indes, il n'y a pas de chapelain; s'il y avait eu un chapelain, je lui eusse fait chanter une messe, et tout était dit. Alors, je m'avisai d'un autre moyen, d'un moyen connu.

Je pris une noix muscade, j'y écrivis le nom de la Buchold, je l'entortillai dans un linge, j'enfermai le tout dans une boîte de fer-blanc, je fis sur le couvercle deux croix séparées par une étoile, et, le soir venu, je jetai le talisman à la mer, avec un *De profundis*, puis j'allai me fourrer dans mon hamac.

Je n'y étais pas plutôt que j'entendis crier :

— Un homme à la mer !

Vous savez, quand on entend ce cri-là, c'est pour tout le monde; car, dans un bâtiment, c'est le tour de mon camarade aujourd'hui, ce sera peut-être le mien demain. Je sautai au bas de mon hamac, et je courus sur le pont.

Il y eut un moment de confusion. Chacun disait : Qu'est-ce donc? Qui est à la mer? Est-ce moi, est-ce toi, est-ce lui? Mais n'importe, comme dans un navire bien tenu il y a toujours un homme armé d'un couteau près de l'aiguillette de la bouée de sauvetage, ou après l'échappement qu'il faut abandonner pour laisser tomber la bouée à la mer, l'homme avait déjà fait sa besogne, et la bouée était dans le sillage du bâtiment.

Pendant ce temps, le capitaine criait :

— La barre dessous; défaites les hautes voiles; larguez les drisses et les écoutes.

— Ah çà, mais! tu es donc enragé? — Page 20.

Voyez-vous, c'est une manœuvre comme cela ; quand il tombe un homme à la mer, on met le bâtiment en panne ; et pour mettre le bâtiment en panne, si on ne larguait pas les drisses et les écoutes, on aurait, pendant le temps qu'il fait son olofée, pas mal de boute-hors cassés, de bonnettes déchirées, surtout s'il court grand largue.

En même temps, on hissait le canot au moyen de ses palans ; on prenait un bout de filin assez fort pour le supporter ; on passait le bout de dessus en dessous, dans un chaumard accolé au porte-manteau. Bref, on mettait un canot à la mer.

Pendant ce temps-là, tout le monde était à l'arrière ; c'était une vraie bouée de sauvetage qu'on avait laissée, avec un feu d'artifice pour éclairer ; le feu d'artifice brûlait ; de sorte qu'on pouvait voir un individu qui nageait, qui nageait, qui nageait.

Quand je dis qu'on pouvait voir, je me trompe, il n'y avait que moi qui voyais, et j'avais beau dire : Voyez-vous ? voyez-vous ? les autres disaient : Non, nous ne voyons pas.

Puis, en regardant tout autour d'eux, les matelots disaient : C'est drôle! Me voilà, te voilà, le voilà, nous sommes tous là.

Qui donc a vu tomber un homme à la mer?

Tout le monde disait :

— Pas moi, pas moi, pas moi.

— Mais, enfin, qui a crié un homme à la mer?

— Pas moi, pas moi, pas moi.

Personne n'avait vu, personne n'avait crié. Pendant ce temps-là, le nageur ou la nageuse avait gagné la bouée, et je voyais distinctement une personne cramponnée dessus.

— Bon, dis-je, il la tient.

— Quoi?

— La bouée.

— Qui?

— L'homme qui est à la mer.

— Tu vois quelqu'un sur la bouée, toi?

— Tiens, parbleu!

— Dis donc, Olifus qui voit quelqu'un sur la bouée! dit le maître timonier. Jusqu'ici il paraît que j'avais de bons yeux, mais je me trompais, n'en parlons plus.

La bateau était à la mer et ramait vers la bouée.

— Ohé! du bateau! cria le maître timonier, voyez-vous quelqu'un sur la bouée?

— Personne.

— Dites donc, il me vient une idée, dit le maître timonier en se retournant vers les matelots.

— Laquelle?

— C'est que c'est Olifus qui a crié : *Un homme à la mer!*

— Ah! par exemple!

— Dame! personne ne manque, personne né voit la bouée occupée; il n'y a qu'Olifus qui prétend qu'il manque quelqu'un; il n'y a qu'Olifus qui voit un individu sur la bouée; il faut qu'il ait ses raisons pour cela.

— Je ne dis pas qu'il manque quelqu'un, je dis qu'il y a quelqu'un sur la bouée.

— Nous allons bien voir; voilà le canot qui la ramène.

En effet, le canot avait joint la bouée, et l'avait amarrée à son arrière, de sorte qu'elle suivait dans le sillage.

Je voyais distinctement une personne assise sur la diable de bouée, et plus le canot approchait, mieux je distinguais.

— Ohé! du canot, cria le maître timonier, que nous amenez-vous là?

— Rien.

— Comment, rien! m'écriai-je, vous ne voyez pas?

— Eh bien! mais qu'a-t-il donc? on dirait que les yeux vont lui sortir de la tête.

— En effet, voyez-vous, je venais de reconnaître mon affaire, et je disais : Bon! je suis toisé! Monsieur, la personne qui était sur la bouée, c'était la Buchold que je croyais avoir jetée à la mer dans une boîte de fer-blanc.

— Ne la ramenez pas! m'écriai-je. Jetez-la à la mer... Ne voyez-vous pas que c'est une sirène? ne voyez-vous pas que c'est une femme marine? ne voyez-vous pas que c'est le diable?

— Allons, allons, dit le maître timonier, décidément il est fou : liez-moi ce gaillard-là, et prévenez le chirurgien.

En un tour de main je fus lié et porté dans un cadre; puis le chirurgien vint avec sa lancette.

— Oh! dit-il, ce n'est rien : une fièvre cérébrale, voilà tout. Je vais le saigner à blanc, et si dans trois jours il n'est pas mort, il y aura de la chance qu'il en revienne.

Je ne me souviens plus de rien, si ce n'est que j'éprouvai une douleur au bras, que je vis couler mon sang et m'évanouis.

Mais cependant je ne m'évanouis pas si vite que je n'entendisse le capitaine dire tout haut :

— *Personne*, n'est-ce pas?

Et tout l'équipage de répondre :

— Personne.

— Ah! brigand d'Olifus, je lui promets bien une chose, c'est de le jeter sur la première terre que nous rencontrerons.

Ce fut sur cette douce promesse que je perdis connaissance.

VI

LA PÊCHE DES PERLES.

e capitaine était homme de parole; quand je revins à moi, j'étais effectivement à terre. Je m'informai dans quelle portion du monde je me trouvais, et j'appris que le trois-mâts *Jean-de-Witt*, c'était le nom de mon bâtiment de la compagnie des Indes, m'avait déposé, en passant, à Madagascar.

Comme j'avais trois mois et demi de service à bord du *Jean-de-Witt*, je trouvai sous mon oreiller une somme de cent quarante francs, qui faisait juste le prix de mes trois mois et demi.

Vous voyez que c'était encore un brave homme tout de même que le capitaine. Il pouvait me retenir un mois, puisque depuis un mois je ne faisais plus de service.

Pendant ce mois-là, où il m'était impossible de dire ce qui s'était passé, nous avions atterri à Sainte-Hélène, doublé le Cap et jeté l'ancre à Tamatave, où l'on m'avait déposé.

Comme ce n'était point à Tamatave que je désirais former un établissement quelconque, mais bien dans l'Inde, je m'inquiétai près de mon hôte d'un moyen de transport. Une occasion pour l'Inde, c'était un événement à Tamatave. Mon hôte me conseilla en conséquence de gagner Sainte-Marie, où la chance me serait meilleure. Un bateau partait huit jours après pour Pointe-Larrée; je résolus d'y prendre passage, si dans huit jours je me trouvais mieux.

Je n'avais qu'une peur, monsieur, il n'y avait qu'une chose qui pût faire que j'allasse plus mal : c'était si par hasard on avait débarqué ma femme avec moi.

La première nuit, voyez-vous, je la passai dans des transes que ce n'était pas vivre; au moindre bruit que j'entendais, je disais : Bon, la Buchold! et la sueur me montait au front; après cela, vous comprenez, il y avait encore un peu de fièvre.

Enfin le jour vint. Rien. Je respirai.

La seconde nuit, rien encore.

La troisième, idem.

La quatrième, cinquième, sixième, septième, huitième, rien. Aussi je reprenais à vue d'œil. Et quand mon hôte vint me dire : Voyons, êtes-vous en état de partir pour Sainte-Marie? — Je crois bien! lui dis-je. Et en dix minutes j'étais prêt.

Nos comptes furent bientôt réglés. Il ne voulut rien recevoir. J'aimais mieux le payer en reconnaissance qu'en monnaie, attendu que j'étais mieux fourni de l'une que de l'autre; je n'insistai donc pas; nous nous embrassâmes et je m'embarquai pour Pointe-Larrée.

Ce n'était pas sans inquiétude que je remettais le pied sur la mer. A chaque poisson que j'apercevais, je croyais que c'était ma femme. On voulut pêcher en route, mais je priai tant, que les matelots n'eurent pas le courage de jeter la ligne.

Je ne fus bien réellement tranquille qu'en arrivant à Pointe-Larrée. La mer était l'élément de la Buchold; mais, ne l'ayant pas aperçue pendant la traversée, je me dis : Bon! elle est dépistée.

Je ne décidai pas moins que je m'en irais de Pointe-Larrée à Tintingue par terre. La terre, c'était mon élément, à moi, et il me semblait que j'y étais plus fort. C'est drôle, moi qui auparavant ne savais pas à quoi pouvait servir la terre, si ce n'est pour y prendre de l'eau et y faire sécher du poisson.

Je m'arrangeai donc avec deux guides noirs, qui, moyennant un couteau-fourchette que j'avais, et qui se séparait en deux, consentirent à me conduire de Pointe-Larrée à Tintingue. Vous comprenez que c'était pour ménager mes cent quarante francs, toujours.

Le lendemain nous partîmes; ça ne s'appelait pas s'en aller par terre, voyez-vous; car à chaque instant la route était coupée de rivières et de marais où nous avions de l'eau jusqu'à la ceinture. De distance en distance nous apercevions

— Je le sais bien, ce n'est pas bon. — Page 25.

quelques îles de terre ferme sur lesquelles foisonnait le gibier. — Êtes-vous chasseur?

— Oui.

— Eh bien, si vous aviez été là, vous vous seriez joliment amusé. Les pintades, les tourterelles, les cailles, les pigeons verts, les pigeons bleus, tout cela s'envolait par milliers, si bien que nous nous procurâmes, rien qu'avec nos bâtons, un rôti de prince.

A midi nous nous arrêtâmes sous un bouquet de palmiers; c'était l'heure du dîner. Je plumai nos pintades, mes nègres firent du feu, on secoua quelques arbres qui donnèrent leurs fruits, que le roi de Hollande n'en a jamais mangé de pareils.

Et nous commençâmes notre repas.

Il n'y avait qu'une chose qui nous manquait : c'était une bonne bouteille de vin de Bordeaux ou d'ale d'Édimbourg; mais, comme je suis philosophe, et que je sais me passer de ce qui me manque, je m'acheminai vers le ruisseau afin de boire à même.

Ce que voyant un de mes guides, il me dit :

— Ça né pas bon de l'eau, mossié.

— Parbleu! répondis-je, je le sais bien que ce n'est pas bon, et j'aimerais mieux du vin.

— Il aimeré mieux du vin, mossié?

— Eh! oui, mossié il aimerait mieux du vin, repartis-je impatienté.

— Eh bien, moé va en donné à li.

— Du vin?

— Oui, et du vin nouveau. Vené, mossié.

Je le suivis en me disant tout bas : Ah! farceur! si tu me fais aller, nous ferons notre compte en arrivant.

Je disais en arrivant, voyez-vous, parce qu'en route mes gaillards auraient pu me jouer un mauvais tour, tandis qu'une fois arrivé...

— Oui, oui, je comprends.

— Je le suivis donc; il marcha une trentaine de pas, puis, regardant autour de lui :

— Vené, vené, mossié, véla le tonneau.

Et il me montra un arbre.

Je disais toujours tout bas : Ah! farceur! si tu me fais aller...

— Eh bien, c'était un ravenala, l'arbre qu'il vous montrait, dit Biard.

Olifus le regarda avec de grands yeux tout étonnés.

— Tiens, vous savez cela, vous?

— Pardieu!

— C'était un ravenala, comme vous avez dit, surnommé l'arbre du voyageur. Eh bien, moi, j'avais déjà bien voyagé, et cependant je ne connaissais pas cet arbre, de sorte que, lorsqu'il cueillit une feuille, qu'il lui donna la forme d'un verre, et qu'il me dit : Prenez ça, mossié, et n'en perdé pas une goutte, je répétais toujours : Ah! farceur!

Monsieur, il donna un coup de mon couteau dans l'arbre et il en sortit une eau, voyez-vous, ou plutôt un vin, ou plutôt une liqueur.

Je lui en ôtai mon chapeau, monsieur, comme si ce singe de nègre était un homme.

Après moi, mes deux nègres burent.

Je me mis à boire après eux. J'aurais bu jusqu'au lendemain, mais ils me dirent qu'il fallait reprendre la route. Je voulais mettre un foret à l'arbre, tant ça me faisait de peine de voir perdre une si bonne liqueur, mais ils me dirent que je trouverais des ravenalas tout le long du chemin, qu'à Madagascar il y avait des forêts de ravenalas.

J'eus un instant l'envie de m'arrêter à Madagascar et d'exploiter une de ces forêts-là.

Le lendemain, nous arrivâmes à Tintingue : mes guides ne m'avaient pas menti; tout le long de la route nous avions trouvé des ravenalas que j'avais mis en perce.

A Tintingue, le hasard fit que je rencontrai un riche Chingulais qui faisait le commerce de perles. Le moment de cette pêche, qui a lieu au mois de mars, était arrivé, et il était venu chercher des plongeurs sur la côte du Zanguebar et parmi les sujets du roi Radhama, qui passent pour les plus hardis pêcheurs du monde. Il me reconnut pour un Européen. Il cherchait un directeur de pêcherie. Il crut que je pourrais faire son affaire : il faisait la mienne à merveille. Je lui offris de me prendre à l'essai; il accepta. Quinze jours après nous jetions l'ancre dans le port de Colombo.

Il n'y avait pas de temps à perdre; la pêche était déjà commencée. Nous ne fîmes que toucher à Colombo, et nous appareillâmes pour Condatchy, qui est le bazar de l'île. Mon Chingulais était un des principaux adjudicataires de la pêche : nous partîmes avec une véritable flottille, et nous nous dirigeâmes sur l'île de Mannar, aux environs de laquelle se fait la pêche.

Notre flottille se composait de dix barques montées par vingt hommes chacune. Sur ces vingt hommes, dix forment l'équipage des manœuvres, dix sont des plongeurs.

Ces barques ont une forme particulière, sont longues et larges, n'ont qu'un mât et une voile, et ne tirent pas plus de dix-huit pouces d'eau.

— J'étais patron d'une de ces barques.

— J'avais prévenu mon Chingulais que je n'entendais rien à la pêche des perles, mais que j'étais un manœuvrier de première force, et, en effet, il ne tarda pas à s'apercevoir que je menais ma barque d'une certaine façon, qui faisait que les autres patrons n'étaient que de la Saint-Jean.

Seulement, au bout de trois jours, je m'aperçus d'une chose, c'est que nos plongeurs, pourvu qu'ils fussent habiles, pouvaient quelquefois gagner en un jour dix fois ce que moi, leur patron, je gagnais en un mois.

Cela tenait à ce que les pêcheurs sont intéressés, dans la proportion d'un dixième, à la pêche qu'ils font; de sorte que, si un plongeur a de la chance, s'il tombe sur un banc d'huîtres, il peut gagner dix, quinze et vingt mille livres dans sa saison, c'est-à-dire en deux mois.

Tandis que moi, pendant ces deux mois, je gagnais purement et simplement cinq cents livres.

Alors je me mis à étudier la façon dont s'y pre-

naient mes hommes. Au bout du compte, ce n'é-
tait pas la mer à boire.

Chaque plongeur prenait entre ses deux pieds
ou nouait autour de ses reins une pierre d'une
dizaine de livres à peu près, puis, lesté de cette
pierre qui l'entraînait à fond, il se jetait à l'eau,
tenant un sac en filet d'une main, et de l'autre
récoltant le plus d'huîtres qu'il en pouvait trouver. Quand il n'a plus d'air, il secoue le cordon
d'amarre qui le retient à la barque, et on le
ramène à la surface de l'eau. Chaque homme de
l'équipage veille sur ce cordon, de manière
que le plongeur n'ait pas besoin de faire signe
deux fois. Voilà pourquoi les matelots sont en
nombre égal aux plongeurs.

La pêche était excellente, et je n'avais qu'un
regret, c'était de m'être engagé comme patron,
au lieu de m'être engagé comme plongeur. A
Monnikendam, j'avais une certaine réputation
pour rester sous l'eau, et bien m'en avait pris
quand j'avais été obligé de chercher mon chemin
sous la glace, — vous savez, dans le lac de Stavorin. La seule chose qui me désolât, c'est que
j'avais une peur affreuse, en plongeant, de rencontrer la Buchold ; et alors, vous comprenez, ce
n'était plus drôle. Bonsoir les huîtres! J'aimais
mieux rester toute ma vie patron à deux cent
cinquante livres par mois.

Au reste, ce n'était pas la seule chose qu'il y
eût à craindre : les requins connaissent l'époque
de la pêche comme s'ils avaient des calendriers,
et c'est incroyable, pendant les deux mois qu'elle
dure, la quantité de ces poissons-là qui vient
flâner dans la baie de Mannar. Aussi il n'y avait
pas de jours qu'il n'arrivât quelque accident.
Mais, je dois le dire, s'il n'y avait eu que les requins, ça ne m'aurait pas empêché de plonger;
c'était la Buchold.

Nous avions à bord, au nombre de nos plongeurs, un nègre et son fils : c'étaient deux magnifiques Africains, qui avaient été donnés à mon
Chingulais par l'iman de Mascate lui-même;
l'enfant avait quinze ans et le père trente-cinq.
C'étaient nos plus hardis et nos plus habiles
plongeurs. Depuis dix ou douze jours que durait
la pêche, ils avaient, à eux seuls, ramassé presque autant d'huîtres que les huit autres pêcheurs
ensemble. J'avais pris le petit noiraud en amitié,
et, au milieu de ses camarades, c'était lui que je
suivais particulièrement dans ses plongeons;
aussi, en sortant de l'eau, c'était toujours entre
mes jambes qu'il venait déposer sa prise, et je
veillais sur sa part. On l'appelait Abel.

Un jour il se jette à l'eau. Bon ! Il y restait toujours quinze à vingt secondes sans reparaître,
ce qui est énorme, voyez-vous ! Contre son habitude, à peine a-t-il disparu qu'il secoue l'amarre,
et allez donc ! et allez donc ! L'homme qui était
chargé du cordon pensait à autre chose; il venait
de voir le pauvre moricaud sauter à la mer.
Quand je lui dis : Mais hisse donc! imbécile,
hisse donc! tu vois bien qu'il se passe quelque
chose d'extraordinaire là-dessous; hisse donc!
Va te promener : il était déjà trop tard. Je vois
un grand point rouge qui monte à la surface de
l'eau en s'élargissant, et puis, au milieu de la
flaque, l'enfant qui barbote avec une jambe cou-
pée au-dessus du genou.

Au même instant, le père reparaît; il voit la
figure convulsive de son enfant, le sang qui rou-
git l'eau. Il ne pleure pas, il ne crie pas. Seulement, son visage, qui est d'un noir d'ébène,
devient couleur de cendre. Il remonte avec le
petit Abel dans la barque, me le pose sur les
genoux, prend un grand couteau, coupe la corde
qui lui lie la pierre autour des reins, coupe la
corde qui l'attache à la barque, et plonge juste
au moment où le requin venait à fleur d'eau.

Je dis : Faites attention, vous autres, je connais l'homme, nous allons voir quelque chose de
drôle.

A peine j'avais achevé, v'lan, le requin, dont
on voyait la nageoire dorsale au-dessus de la mer,
fouette la mer avec sa queue et plonge à son tour;
et puis voilà dans l'eau des tourbillons, des re-
mous, un tohu-bohu épouvantable, et le petit
qui criait, les yeux ardents, sans penser à lui :
Courage, père, courage! tue, tue, tue! et qui
voulait se jeter à la mer avec sa pauvre jambe
déchirée. Croyez-moi, allez, vous ne verrez jamais rien de pareil à ce qui se passa sous nos
yeux; ça dura un quart d'heure, un grand quart
d'heure. Pendant ce quart d'heure-là il ne revint
que cinq fois à la surface de l'eau pour respirer,
pour faire des yeux un signe à son fils, comme
pour lui dire : — Va, sois tranquille, tu seras
vengé; et puis il replongeait, et aussitôt la mer
redevenait tourmentée comme par une tempête
sous-marine. A vingt pas tout autour, ça n'était
qu'une tache de sang : le monstre faisait des
bonds de six pieds hors de l'eau, et l'on voyait
ses entrailles qui pendaient par son ventre ouvert. Enfin la mer commença à se calmer; ce
n'était plus l'homme qui venait respirer, c'était
l'animal. Enfin le requin entra dans l'agonie,
tourna sur lui-même, fouetta désespérément l'air

avec sa queue, plongea, reparut, plongea encore, puis on vit comme des éclairs d'argent qui
flamboyaient sous la vague; c'était lui qui re-
montait, le ventre en l'air, roulant inerte et
roide comme une solive.

Le requin était mort.

Alors le nègre reparut à son tour, vint prendre
son enfant dans mes bras, et alla s'asseoir avec
lui au pied du mât.

Le chirurgien d'un bâtiment français, qui se
trouvait dans la baie de Colombo, fit l'amputation
au pauvre Abel, et l'entrepreneur de la pêche
laissa au père la part entière d'huîtres qu'il avait
pêchée.

En regardant le requin qui était revenu à la
surface de l'eau, en comptant ses soixante-trois
blessures, dont deux trouaient le cœur, j'avais
fait cette réflexion, que puisqu'on se défend bien
contre un requin, que puisqu'on vient bien à
bout d'un requin, on peut bien se défendre contre
une femme, et venir à bout d'une femme, fût-ce
une femme marine. J'eus donc honte de ma
lâcheté, et, comme la part d'huîtres perlières
des deux nègres était estimée plus de douze mille
livres, pour dix jours de pêche, je me sentis
tourmenté de l'idée de faire fortune; de sorte
que la première fois que mon Chingulais vint
nous faire une visite, chose à laquelle il ne manquait pas tous les quatre ou cinq jours, je lui
demandai, comme une faveur, de troquer ma
position de patron de barque contre celle de
simple plongeur.

Cette demande parut le contrarier.

— Olifus, me dit-il en hollandais, je suis fâché
que vous me demandiez cela; vous êtes un de
mes bons patrons de barque, et s'il ne faut que
doubler votre solde pour vous garder, je la dou-
blerai.

— Vous êtes bien bon, lui répondis-je; mais
voyez-vous, je suis Breton d'origine, greffé Hollandais par là-dessus; quand quelque chose
m'entre dans la tête, ça y entre si bien, que moi-
même je ne peux pas l'en faire sortir. Je me
suis mis dans la tête de pêcher des perles, c'est
comme cela, ce sera comme cela, ça ne peut pas
être autrement.

— Sais-tu plonger, au moins?

— Oh! je suis né en Danemark, le pays des
phoques.

— Eh bien! voyons ce que tu sais faire?

— Oh! quant à cela, dis-je, ça ne sera pas
long.

En un tour de main, je me mis tout nu, je
m'attachai un galet de dix livres aux pieds, je
pris un filet à ma main gauche comme je voyais
faire aux autres plongeurs, je n'oubliai pas un
couteau bien emmanché que je passai à ma ceinture, je me fis amarrer à la place du pauvre petit
Abel, je me dis : — Ah bah! ma foi, tant pis, si
la Buchold y est, on la verra. Et je sautai à la
mer.

Il y avait à peu près sept brasses, j'allai assez
rapidement au fond, puis j'ouvris les yeux, je
regardai autour de moi, c'était le moment d'an-
goisse.

Pas de Buchold, et des huîtres à remuer à la
pelle.

Je remplis mon filet et je tirai la ficelle pour
qu'on me remontât. J'étais resté du premier
coup dix secondes sous l'eau.

Je vidai le filet aux pieds de notre entrepreneur.

— Tenez, lui dis-je, qu'en dites-vous?

— Que tu es un habile plongeur; que tu peux,
en effet, faire ta fortune, et que je n'ai pas le
droit de t'en empêcher.

Cette facilité à faire ce que je désirais me donna
un peu de honte. Je comparai la conduite du
patron de la pêcherie à celle du patron de la
barque. Je n'avais pas le côté brillant.

— Cependant, lui dis-je, comme vous m'avez
engagé comme patron et non comme plongeur,
vous avez le droit de me demander plus qu'aux
autres.

— Non, dit-il, nous arrangerons cela autrement, et, je l'espère, à la satisfaction de tout le
monde. Tu es bon patron et bon plongeur : sois
patron pour moi et plongeur pour toi. Les plongeurs ont droit au dixième de leur pêche; comme
tu me rends des services, je te donne le huitième
de la tienne; c'est-à-dire que tu seras sept jours
patron, et le huitième jour plongeur. Bien entendu que la totalité de ce que tu pêcheras ce
huitième jour sera pour toi. Cela te va-t-il?

— Je crois bien que ça me va!

— Eh bien, maintenant, comme la saison est
déjà commencée depuis quelque temps, suppose
que notre marché est fait depuis sept jours, et
commence demain.

Il n'y avait rien à dire qu'à le remercier. Je
lui pris la main et je la baisai.

C'est la façon de remercier dans le pays.

J'attendis le lendemain avec impatience.

VII

NAHI-NAVA-NAHINA.

e ne m'étais pas trompé, continua le père Olifus après être passé du tafia au rhum. La pêche fut excellente : pendant les six jours que je me livrai à cet exercice, je pêchai pour sept mille francs de perles à peu près, et je ne vis ni requin ni Buchold.

La saison était finie; je remerciai mon Chingulais en lui offrant mes services pour l'année suivante, et, ayant réalisé mon bénéfice, je me retirai à Négombo, charmant petit village encadré par des prairies et ombragé par des bois de cannelliers.

J'avais l'intention d'employer tout l'intervalle qui devait s'écouler entre les deux saisons de pêche à un commerce quelconque, soit de bois de cannelle, soit de châles, soit d'étoffes. Cela m'était chose facile, la population qui domine à Colombo, l'une des capitales de l'île, éloignée de Négombo de quelques lieues seulement, étant encore aujourd'hui la population hollandaise.

Je commençai par acheter une maison à Négombo. Ça n'est pas une grande dépense : pour trois cents francs j'eus une des plus jolies du village. C'était une charmante case en tiges de bambous se liant par des attaches de fibres de cocotier, n'ayant qu'un étage et trois chambres; mais, trois chambres, c'était tout autant qu'il en fallait pour moi. Moyennant cent cinquante francs, j'eus un des ménages les plus comfortables de l'île. Il se composait d'un lit, de quatre nattes, d'un mortier à piler le riz, de six plats de terre et d'une râpe à noix de coco.

J'avais déjà arrêté le genre de commerce que je voulais faire : c'était d'acheter des étoffes d'Europe à Colombo et de faire des échanges avec les Bedaths.

Je vais vous dire ce que c'est que les Bedaths. Les Bedaths, c'est une race sauvage qui se cache dans les forêts, qui vit indépendante, qui n'a pas de roi,, et qui se nourrit de sa chasse. Ces gaillards-là n'ont pas même besoin d'acheter des maisons, eux, attendu qu'ils n'ont ni villes ni villages, pas même une simple cabane. Leur lit est le pied d'un arbre entouré de branches épineuses. Si quelque éléphant, quelque lion, quelque tigre essaye de passer à travers la haie qu'ils ont faite, le bruit les réveille, ils grimpent sur leur arbre et de là ils font la nique aux tigres, aux lions et aux éléphants. Quant aux serpents, que ce soient des *cobra di capello*, des *caravilla*, des *tii polonga* ou des *bodrou pam*, quatre gueusards de reptiles qui vous tuent un homme comme une mouche, ils s'en moquent comme de colin-tampon, attendu qu'ils ont des charmes contre leurs morsures. Il n'y a donc que le *pembera*, qui n'a pas de venin, c'est vrai, mais qui avale un homme comme nous avalons une huître, dont ils ont à s'inquiéter; mais, vous comprenez, des insectes de vingt-cinq à trente pieds de long, ça n'est pas commun. Bref, ils n'ont donc pas de maisons, et ils s'en passent.

Voici la façon dont on fait le commerce avec eux : quand ils ont besoin de quelque objet manufacturé, comme fer ou étoffes, ils se rapprochent des villes ou des villages, déposent dans un endroit convenu de la cire, du miel ou de l'ivoire, ils écrivent en mauvais portugais sur une feuille d'arbre ce qu'ils désirent en retour, et on le leur porte.

Je me mis donc en communication avec les Bedaths, et je fis des échanges pour de l'ivoire.

En attendant, je m'étais fait une société. Je fréquentais assez particulièrement un brave homme de Chingulais, joueur enragé aux dames, et qui faisait le commerce de cannelle. Dix fois il s'était ruiné au jeu, et dix fois il avait refait sa fortune pour se ruiner encore. C'était l'homme qui se connaissait le mieux en épices de toute l'île peut être, et, à la simple vue d'un cannellier : — Bon! disait-il, voilà le vrai courouundou, c'est-à-dire, voilà ce qu'il y a de mieux. Il faut vous dire qu'il y a à Ceylan dix sortes de cannelliers, et que les plus forts s'y trompent : lui ne s'y trompait jamais. À quoi reconnaissait-il cela? était-ce à la forme de la feuille, qui ressemble à celle de l'oranger? était-ce au parfum de la fleur? était-ce à son petit fruit jaune, gros comme une olive à peu près? Je n'en sais rien. Tant il y a qu'il vous mettait la main sur un cannellier, lui enlevait sa première écorce, fendait la seconde, la faisait sécher, vous la roulait dans de la toile de cocotier, mettait son nom sur le ballot, et tout était dit; on ne demandait pas même à voir l'échantillon.

Aussitôt son argent en poche, il le faisait sonner, et qui voulait jouer aux dames avait son joueur tout trouvé.

Or vous savez ou vous ne savez pas que les Chingulais sont enragés pour le jeu. — Quand ils n'ont plus d'argent, ils jouent leurs meubles; — quand ils n'ont plus de meubles, ils jouent leurs maisons; — quand ils n'ont plus de maisons, ils jouent un doigt, deux doigts, trois doigts...

, — Comment! un doigt, deux doigts, trois doigts? interrompis-je.

— Parfaitement! le perdant pose son doigt sur une pierre; le gagnant a une petite hache avec laquelle il le lui coupe très-habilement à la phalange convenue. Vous comprenez, on n'est pas obligé de jouer le doigt entier; on joue une phalange; celui qui a perdu trempe son doigt dans l'huile bouillante, cela cautérise la plaie, et il continue de jouer. Mon voisin Vampounivo avait trois doigts de moins à la main gauche; il s'était arrêté au pouce et à l'index, mais je ne réponds pas qu'à l'heure qu'il est ils ne soient pas allés rejoindre les autres.

Entre lui et moi, vous comprenez, cela n'allait jamais jusque-là, je respecte trop mon individu; je jouais une perle ou une dent d'éléphant contre une partie de cannelle. Je perdais ou je gagnais : bon! c'était fini.

Un soir que nous étions en train de faire notre partie de dames, je vis tout à coup paraître sur le seuil une belle jeune femme qui entre et qui se jette au cou de Vampounivo.

C'était sa fille; elle avait seize ans, et n'avait encore été mariée que cinq fois.

Il faut vous dire qu'à Ceylan on peut se quitter après s'être pris à l'essai; la prise à l'essai varie depuis quinze jours jusqu'à trois mois. Or, la belle Nahi-Nava-Nahina, c'était ainsi que se nommait la fille de Vampounivo, avait fait cinq essais, et, toujours mécontente de ses maris, était toujours revenue à la maison paternelle.

Je vis qu'ils avaient à parler d'affaires de famille, et discrètement je les quittai.

Le lendemain, Vampounivo vint me chercher. Sa fille lui avait demandé deux ou trois fois quel était cet Européen qui jouait aux dames avec lui quand elle était entrée, et il voulait me faire faire sa connaissance.

Je vous l'ai déjà dit, Nahi-Nava-Nahina était une femme superbe; elle m'avait frappé à la première vue, je lui avais produit le même effet. Cette facilité qu'on a à Ceylan de se prendre à l'essai et de se quitter si l'on ne se convient pas me séduisait sur toutes choses; au bout de huit jours nous étions d'accord, elle de faire un sixième essai, et moi d'en faire un second.

La cérémonie conjugale est chose prompte et facile à accomplir chez les Chingulais. On discute la dot, un astrologue fixe le jour du mariage, les familles des deux conjoints se réunissent, on s'assied autour d'une table au milieu de laquelle s'élève une pyramide de riz posée sur des feuilles de cocotier. Chacun puise à pleines mains dans la pyramide. Après ce témoignage d'intimité, la fiancée s'approche du fiancé; chacun d'eux a fait trois ou quatre boulettes de riz et de noix de coco. On échange ces boulettes qu'on avale comme des pilules. Le fiancé offre à la fiancée un morceau d'étoffe blanche, et tout est dit.

L'affaire fut bientôt terminée. Pour mon compte, je donnai à mon beau-père quatre défenses d'éléphant; il me donna un ballot de cannelle. Un astrologue fixa le jour de notre mariage. Le jour venu, nous mangeâmes le riz à pleines mains, après quoi j'avalai deux boulettes que la charmante Nahi-Nava-Nahina m'avait préparées. Je lui donnai une pièce d'étoffe blanche comme la neige, et nous fûmes mariés.

L'habitude à Ceylan est que les époux soient reconduits séparément dans la chambre conjugale, la femme la première, le mari ensuite. Cette conduite se fait au bruit des cistres, des tambours et des tam-tams, avec une partie de la population qui accompagne les mariés.

J'avais fait arranger de mon mieux la chambre nuptiale. A dix heures du soir, les jeunes filles vinrent prendre la belle Nahi-Nava-Nahina, qui s'achemina vers la maison en me lançant un dernier coup d'œil.

Oh! quel coup d'œil!

Je mourais d'envie de la suivre; mais il fallait

donner le temps aux jeunes filles de conduire la mariée à son lit et de la coucher.

Je restai donc encore une demi-heure à peu près chez le beau-père; il me proposa une partie pour passer le temps.

Ah, oui! avec cela que j'étais en train de jouer!

Enfin mon tour vint. Je me mis en route d'un pas que mes compagnons avaient toutes les peines du monde à suivre. Sur le seuil, je trouvai les jeunes filles qui dansaient, qui chantaient, qui faisaient le diable, enfin.

Elles voulurent m'empêcher de passer. Ah bien oui, j'aurais passé à travers un bataillon carré.

Je montai à la chambre : toute lumière était éteinte; mais j'entendis une petite respiration, douce comme une brise, qui venait de l'alcôve. Je fermai la porte au verrou. Je me déshabillai; je me couchai.

Je trouvais que les cinq premiers maris de Nahi-Nava-Nahina étaient des gaillards bien difficiles, quand tout à coup j'entendis une voix qui me fit courir un frisson dans tout le corps.

— Ah! fit d'abord cette voix en modulant un soupir.

— Hein! répondis-je en me soulevant sur les deux poings.

— Eh bien, oui! c'est moi, dit la même voix.

— Comment! vous, la Buchold?

— Sans doute.

Juste en ce moment, monsieur, un rayon de lune passait par la fenêtre et nous éclairait comme un réflecteur.

— Mon ami, continua la Buchold, je viens vous dire que depuis deux mois vous avez un fils que j'ai appelé Joachim, du nom du saint qui préside au jour où je suis accouchée.

— J'ai un fils depuis deux mois! m'écriai-je. Mais comment cela se fait-il? nous ne sommes mariés que depuis neuf.

— Vous savez, mon ami, qu'il y a des accouchements précoces, et que les médecins reconnaissent que les enfants qui naissent à sept mois naissent viables.

— Hum! fis-je.

— Je lui ai choisi pour parrain, continua-t-elle, le bourgmestre Van-Clief, chez lequel vous savez que j'ai passé trois mois avant notre mariage.

— Ah! fis-je.

— Oui, et qui a promis de l'élever.

— Ah! ah!

— Que voulez-vous dire?

— Rien! c'est bon, va pour M. Joachim; ce qui est fait est fait. Mais pourquoi diable vous mêlez-vous de ce qui se passe à Ceylan, quand je ne me mêle pas, moi, de ce qui se passe à Monnikendam?

— Ingrat! dit-elle, voilà donc comme vous recevez les marques d'amour que l'on vous donne! En avez-vous vu beaucoup de femmes qui fassent quatre mille lieues pour venir passer une nuit avec leur mari?

— Ah! vous ne venez donc que pour passer une seule nuit avec moi? demandai-je un peu radouci.

— Hélas! pas plus, répondit-elle; comment voulez-vous que j'abandonne ce pauvre innocent qui est là-bas?

— C'est vrai.

— Qui n'a que moi.

— Vous avez raison.

— Et voilà comme vous me recevez, ingrat!

— Mais il me semble que je ne vous ai pas trop mal reçue.

— Oui, parce que vous me preniez pour une autre.

Je me grattai la tête. Cette autre, qu'était-elle devenue? Cela m'inquiétait un peu; mais, pour le moment, ce qui m'inquiétait le plus, je l'avoue, c'était la Buchold.

Je pensai que ce qu'il y avait de mieux à faire, puisqu'elle ne parlait pas du coup de chenet, c'était de n'en point parler; que puisqu'elle ne soufflait pas le mot de la noix de muscade, c'était de garder le silence sur ce fait; enfin, puisqu'elle promettait de partir au jour, c'était d'être le plus aimable que je pourrais pour elle, tant qu'il ferait nuit.

Cette résolution prise, il n'y eut plus de discussion entre nous.

Vers trois heures du matin je m'endormis.

En m'éveillant je regardai autour de moi, — j'étais seul.

Seulement on faisait un grand bruit à la porte.

C'était le père de la belle Nahi-Nava-Nahina, qui venait avec tous ses parents me faire des compliments sur ma nuit de noces

Vous comprenez qu'avant d'ouvrir, mon premier soin fut de m'inquiéter de ce qu'était devenue la belle Nahi-Nava-Nahina. Je n'étais pas trop rassuré sur le compte de la pauvre femme, connaissant la Buchold comme je la connaissais.

J'appelai tout bas, n'osant pas appeler tout haut : — Nahi-Nava-Nahina!!! Belle Nahi-Nava

Nahina!!! charmante Nahi-Nava-Nahina!!! et il me sembla qu'un soupir me répondait.

Ce soupir venait d'un petit cabinet qui donnait dans la chambre à coucher.

J'ouvris le petit cabinet et je trouvai la pauvre Nahi-Nava-Nahina pieds et mains liés, un bâillon dans la bouche et proprement couchée sur une natte.

Je me précipitai vers elle, je la déliai, je la débâillonnai, je voulus lui expliquer la chose; mais, vous le comprenez bien, je trouvai une femme furieuse. Elle n'avait pas entendu ce que nous avions dit, la Buchold et moi, parce que nous avions parlé hollandais, mais elle avait compris tout de même.

J'eus beau faire, il n'y eut pas moyen de l'apaiser.

Elle déclara à sa famille qu'elle était encore plus mécontente de son sixième essai que des cinq autres; que les maris européens avaient vis-à-vis de leurs femmes de plus mauvaises façons que les maris chingulais, et qu'elle voulait quitter une maison où on lui faisait passer la première nuit de ses noces liée, garrotée, bâillonnée, couchée sur une natte, tandis que son mari, à côté... Enfin... n'importe.

Tant il y a qu'elle ameuta contre moi père, frères, neveux, cousins, arrière-petits-cousins, et que, voyant l'impossibilité qu'il y avait pour moi à rester à Négombo après une pareille aventure, je pris le parti de renvoyer au père son ballot de cannelle, tout en lui laissant mes quatre dents d'éléphant, et d'aller chercher fortune dans une autre partie de l'Inde.

Je me hâtai donc de réaliser tout mon petit avoir, qui se montait à dix ou douze mille livres, et, ayant trouvé un bâtiment qui faisait voile pour Goa, je m'y embarquai, huit jours après mon second mariage, second mariage qui, comme vous le voyez, avait si singulièrement tourné.

Le père Olifus poussa un soupir, qui prouvait le profond souvenir que la belle Nahi-Nava-Nahina avait laissé dans son esprit; et, ayant avalé un verre de rhum, il continua.

VIII

L'AUTO-DA-FÉ.

Pendant les huit jours que j'avais été forcé de passer à Négombo après mon mariage, j'avais été fort tourmenté. Les Chingulais, quand ils en veulent à un homme, ont parfois une singulière manière de se venger de lui. En Italie, on s'arrange pour faire donner un coup de couteau à son ennemi ; en Espagne, on le lui donne soi-même ; mais, dans l'un ou l'autre cas, la chose a toujours des inconvénients. Payez-vous un homme pour frapper, cet homme peut vous dénoncer. Frappez-vous vous-même, vous pouvez être vu. Mais à Ceylan, pays de vieille civilisation, on est bien plus avancé que dans notre pauvre Europe.

A Ceylan, on tue son homme par accident.

Voici en général à l'aide de quel accident on se débarrasse de son ennemi.

Il faut vous dire que Ceylan est la terre natale des éléphants. A Ceylan, on rencontre des éléphants comme en Hollande on rencontre les canards. Ceylan fournit le monde tout entier d'ivoire et l'Inde tout entière d'éléphants.

Or les éléphants, comme vous savez, sont des animaux pleins d'intelligence qui, là-bas, remplissent tous les offices, même celui de bourreau ; et, dans ce cas, ils apprennent si bien ce rôle, qu'ils procèdent selon le programme qui leur est donné. Quand le criminel est condamné à être écartelé, ils lui arrachent, les uns après les autres, bras et jambes, et le tuent ensuite. Quand la mort est ordonnée, ils prennent le patient avec leur trompe, le jettent en l'air et le reçoivent sur leurs défenses. Quand il y a des circonstances atténuantes, ils enlèvent le condamné, toujours avec leur trompe, lui font faire trois tours comme un berger fait d'une fronde, et le jettent en l'air ; s'il ne rencontre pas d'arbres, s'il ne retombe pas sur un terrain plus dur, parfois il en est quitte pour la jambe cassée, le bras démis ou le cou disloqué. Aussi, j'ai remarqué qu'à Ceylan il est très-rare qu'un éléphant passe près d'un boiteux, d'un manchot ou d'un bossu, sans lui faire un petit signe de connaissance.

Maintenant, vous comprenez : tout le monde a son éléphant et chaque éléphant a son cornac. On invite un cornac quelconque à fumer une pipe d'opium, à mâcher une chique de bétel ou à boire un verre d'eau-de-vie, et on lui dit :

— Je donnerais bien dix, vingt, trente, quarante, cinquante roupies à l'homme qui viendrait me dire que *un tel* est mort.

Vous placez là bien entendu le nom de celui que vous voulez détruire.

— Vraiment ? dit le cornac.

— Parole d'honneur !

— Touchez là, et si j'apprends sa mort, je vous promets d'être le premier à vous l'annoncer.

— Huit jours après, on vous raconte qu'un éléphant, en passant près d'un brave homme qui ne lui disait rien, est entré tout à coup en fureur, l'a pris avec sa trompe et, malgré les cris de son cornac, l'a jeté si haut ! si haut ! si haut ! qu'il était mort avant de retomber.

Le soir même on ramasse le cornac ivre-mort, et quand on l'interroge, il répond qu'il s'est grisé de désespoir.

Le lendemain on enterre le mort à la manière du pays, c'est-à-dire que l'on arrache un arbre, qu'on le creuse, qu'on y met le corps, qu'on remplit de poivre les espaces vides, et qu'on le laisse là jusqu'à ce qu'on ait obtenu la permission de le brûler.

Voilà donc de quoi j'avais peur. Aussi, pendant les huit derniers jours que je restai à Négombo, quand je voyais un éléphant d'un côté, je disais : *Connu !* et j'allais de l'autre.

Je fus donc bien content, lorsque je me sentis sur un bon petit brick, filant ses huit nœuds à l'heure et rasant la côte du Malabar.

Je me retournai, une vieille femme posa son doigt sur sa bouche. — PAGE 36.

Trois semaines après mon départ de Négombo je débarquais à Goa.

Je m'étais embarqué sur un bâtiment portugais, et je voyais le capitaine si pressé d'arriver, il mettait, même dans les gros temps, tant de hautes voiles dehors, dans les temps ordinaires, il lâchait tant de bonnettes, que je ne pus m'empêcher de lui demander les causes d'une si grande célérité.

Il me répondit alors qu'il était bon catholique, et qu'il croyait que ce serait une chose heureuse pour son salut, s'il pouvait arriver à temps pour assister à l'auto-da-fé de 1824.

Il faut vous dire qu'à Goa les auto-da-fé n'ont lieu que tous les deux ou trois ans : vous comprenez ; mais ils n'en sont que plus beaux.

Monsieur, il fit tant et si bien, ce démon de capitaine, que, Dieu aidant, nous arrivâmes trois jours avant la cérémonie.

Grâce à lui, je trouvai, le jour même de mon arrivée, un logement dans une famille portugaise. D'abord, j'avais voulu m'arranger pour y prendre ma pension tout entière, repas en commun; mais le capitaine, qui était un brave homme, me dit d'attendre, attendu que les habitudes portugaises ne me conviendraient peut-être pas.

En effet, le jour même de mon arrivée, ayant été invité à dîner chez mes hôtes, et les ayant vus manger tous à même les plats, même la soupe, je résolus de manger désormais à part; et, dès le soir, je courus tant et si bien, que je trouvai une petite maison à louer sur le port, laquelle, quoiqu'elle fût admirablement située, qu'elle eût un étage, un charmant jardin, me fut adjugée moyennant deux roupies par mois, c'est-à-dire moyennant un peu plus de cinq francs.

— Dites donc, Biard, fis-je en me retournant vers mon compagnon, si nous allions à Goa?

— Hé! hé! répondit Biard en homme qui goûtait assez la proposition.

— Allez à Goa, allez à Goa, reprit le père Olifus, c'est un beau pays où l'on vit pour rien. Il y a des femmes superbes; seulement défiez-vous du troa et de l'inquisition.

— Qu'est-ce que le troa? demandai-je.

— Bon! laissez-moi dire, continua Olifus, la chose viendra en son temps. La maison louée, ce fut comme à Négombo, il fallut la meubler: là non plus ce n'était pas cher. Seulement, comme j'avais toute ma petite fortune en or, je fus obligé de recourir aux changeurs publics, dont l'état, fort lucratif, est de donner aux étrangers une affreuse monnaie de cuivre en échange de leur or et de leur argent. Deux ou trois fois j'eus donc recours à eux dans la même journée, ce qui deux ou trois fois me fit mettre la main à la poche. De sorte que, comme chaque fois on m'avait vu tirer de ma poche des pièces de cinq et de dix florins, il n'en fallut pas davantage pour que le bruit se répandît dans une pauvre ville ruinée comme l'est Goa qu'il y était arrivé un nabab. Aussi, dès le soir eus-je la visite de deux ou trois dames ou demoiselles nobles, qui m'envoyèrent, comme c'est la coutume, leur domestique pour me demander l'aumône, tandis qu'elles attendaient dans un palanquin à la porte dans le cas où je désirerais les voir. J'étais encore très-fatigué de mon voyage; de sorte que je me contentai de leur envoyer tout ce qui me restait de ma monnaie de cuivre, deux ou trois roupies à peu près, ce qui confirma les esprits dans l'idée que j'étais un riche négociant.

Le lendemain, je visitai la ville, les églises, qui sont fort belles, et surtout celle de Notre-Dame-de-Miséricorde; l'hôpital royal, qui est situé sur la rivière, et que je pris d'abord, non pour un hôpital, mais pour un palais; la place Sainte-Catherine, la rue Droite, marché perpétuel où l'on trouve tout ce dont on a besoin: meubles, vêtements, légumes, ustensiles de toute espèce, esclaves mâles et femelles, sur lesquels on ne peut pas être trompé, attendu qu'on les vend tout nus; la statue de Lucrèce, qui, par la blessure qu'elle s'est faite, donne assez d'eau pour abreuver toute la ville; les arbres plantés par saint François Xavier, et qui, grâce à leur origine sacrée, n'ont jamais été touchés, ni par la cognée, ni par l'émondoir; et je rentrai convaincu que le meilleur commerce à adopter parmi tous ces commerces était celui de marchand de fruits.

Voici comment le commerce se pratique à Goa: on achète, au bazar, une quinzaine de belles filles, au prix de vingt ou vingt-cinq écus; on leur met un élégant costume sur le corps, des bagues aux doigts, des boucles aux oreilles, une corbeille sur la tête et, dans la corbeille, des fruits, et puis, à huit heures du matin, on les lâche par la ville. Les jeunes gens riches, et qui aiment les fruits et la conversation, les font entrer chez eux et causent avec elles. Il y en a qui vident leur corbeille jusqu'à huit et dix fois par jour. Quand, chaque fois qu'elles vident leur corbeille, cela ne rapporterait qu'une roupie au maître, comme le maître ne leur donne qu'à sa volonté, attendu qu'elles sont esclaves, on voit que ce commerce est un assez joli revenu.

Ce qui me frappa d'abord, c'est que les rues ne semblaient peuplées que par des esclaves, des métis, ou des Indiens naturels. De temps en temps, il est vrai, l'on voit passer un palanquin porté par des nègres, mais si strictement fermé, qu'on ne peut distinguer la personne qui est dedans, laquelle, de son côté, a des jours ménagés pour voir tout à son aise. Je me plaignis dès le premier jour de cette absence de femmes, qui attriste et appauvrit les rues de Goa; mais on me dit que le surlendemain, au champ Saint-Lazare, je verrais ce qu'il y avait de mieux dans la ville. Je demandai ce que c'était que le champ Saint-Lazare, et l'on me répondit que c'était le lieu où se faisait l'auto-da-fé.

Il était, m'avait-on dit, fort difficile, à moins d'avoir de grandes protections, d'obtenir des places réservées; et, pour les autres places, il fallait faire queue longtemps à l'avance; mais on me croyait riche, comme je l'ai dit, et alors chacun me fit offrir des places; ces places, que l'on n'avait pas de honte de me faire deux ou trois pagodes, baissaient de prix à mesure qu'on voyait que je marchandais, et je finis par avoir un billet, au-dessous de la loge du vice-roi, pour deux roupies.

La fête avait justement lieu le jour de la Saint-Dominique, patron de l'inquisition, et je puis dire, ce jour-là, qu'excepté moi peut-être, personne ne se coucha à Goa. Ce n'étaient que danses, chants et sérénades dans la rue, et l'on voyait bien qu'il allait se passer, comme je l'avais entendu dire vingt fois dans la journée, quelque chose de fort agréable à Dieu.

J'avais ma place gardée dans le cirque qu'on avait dressé tout autour de l'auto-da-fé : je pus donc jouir, les uns après les autres, de tous les détails du spectacle.

D'abord je vis sortir les condamnés de leur prison : ils étaient près de deux cents.

Je demandai combien de temps allait durer la fête; un si grand nombre de patients réclamait au moins une semaine. Mais celui auquel je m'adressai, et qui était un riche marchand portugais de la ville, me répondit en secouant la tête tristement, que le tribunal de l'inquisition se relâchait chaque jour de son zèle, et que, parmi toute cette foule de païens et d'hérétiques, trois seulement étaient condamnés à être brûlés; les autres ayant échappé aux rigueurs du Saint-Office, et étant condamnés seulement à quinze ans, dix ans, cinq ans, deux ans de prison; quelques-uns même à faire seulement amende honorable et à assister pour toute punition au supplice des trois misérables qui avaient été jugés assez coupables pour être brûlés.

Je demandai à voir ceux qui étaient destinés à être brûlés; mon complaisant interlocuteur me répondit que rien n'était plus facile que de les reconnaître, attendu que ceux-là, sur leurs longues robes noires, avaient leur portrait posé sur des tisons embrasés avec des flammes qui s'élèvent tout autour, et des diables qui dansent dans ces flammes; ceux qui étaient condamnés à la prison, au lieu de flammes qui s'élevaient du bas de la robe jusqu'à la ceinture, avaient, au contraire, des flammes qui descendaient de la ceinture au bas de la robe; ceux qui seulement faisaient amende honorable et qui, pour toute punition, devaient assister à l'exécution, portaient des robes noires rayées de blanc, sans aucune flamme montant ni descendant.

Tous ces condamnés furent conduits d'abord de la prison à l'église des jésuites, où on leur fit de vives remontrances, après lesquelles on lut à chacun son jugement, que chacun connaissait déjà sans doute, grâce à la robe dont il était revêtu.

Puis, la messe entendue, le jugement lu, la procession funèbre s'achemina vers le champ Saint-Lazare.

Mon marchand d'épices ne m'avait pas menti, et, cette fois, j'avais eu tort de me plaindre.

Toutes les femmes nobles, toutes les femmes riches, toutes les femmes élégantes de Goa étaient là, rassemblées dans un espace grand comme celui d'un cirque de taureaux ordinaire; tous les gradins en étaient chargés à croire qu'ils allaient rompre; au milieu, s'élevait le bûcher, avec un poteau taillé à trois faces; sur chacune de ces faces, était un anneau en fer pour maintenir le condamné, et, en face de chaque anneau, on avait dressé un autel surmonté d'une croix, afin que le patient pût jouir du bonheur de voir le Christ jusqu'au dernier moment.

Nous eûmes grand'peine, mon marchand d'épices et moi, à arriver jusqu'à nos places; mais enfin nous y parvînmes, juste au moment où, de leur côté, les condamnés, par une porte tendue de noir et parsemée de lames d'argent, entraient dans le lieu de l'exécution.

A leur entrée, les chants religieux s'élevèrent de tous côtés, et les femmes commencèrent à rouler dans leurs mains de magnifiques chapelets, les uns d'ambre, les autres de perles, tout en lançant sous leurs voiles à demi soulevés des coups d'œil à droite et à gauche.

Je crois que je fus reconnu pour celui qu'on appelait le riche marchand de perles, car pas mal de ces regards s'arrêtèrent sur moi; il est vrai que, comme j'étais au-dessous de la loge du vice-roi, je pus bien avoir pris pour moi bon nombre de regards qui étaient pour lui.

La cérémonie commença.

On prit les trois patients par-dessous les bras, on les aida à monter sur le bûcher, ils y parvinrent à grand'peine; vous comprenez, ça n'est pas drôle d'être brûlé tout vif. Enfin, moitié s'aidant, moitié aidés, ils parvinrent à la plate-forme. On les lia aux anneaux avec des chaînes de fer, attendu que des cordes ordinaires seraient vite consumées, et qu'alors, sans aucun doute, les patients sauteraient du bûcher à terre et se mettraient à courir tout en feu dans le cirque, ce qui serait un scandale général pour tout

le monde, et un malheur particulier pour leurs
âmes, attendu qu'ils penseraient à faire une
bonne fuite et non une bonne mort ; mais, grâce
aux chaînes de fer qui les maintiennent par les
pieds, par le milieu du corps et par le cou, il n'y
a pas de danger qu'ils fassent un seul mouvement.

Seulement, comme il y a toujours un côté
faible aux choses les plus ingénieuses, à défaut
de ce danger-là il y en a un autre : c'est que les
parents du condamné séduisent le bourreau, et
qu'en lui passant la chaîne autour du cou, celui-
ci donne un tour de plus à la chaîne et l'étrangle :
alors, vous comprenez, le spectacle perd à peu
près tout son intérêt, puisqu'on voit brûler un
cadavre, au lieu de voir brûler un homme vivant.

Mais, ce jour-là, le bourreau était un homme
consciencieux, et chacun put être assuré que les
condamnés étaient bien vivants, attendu que,
par-dessus les prières de tout le monde, on les
entendit crier miséricorde pendant plus de dix
minutes.

La cérémonie terminée, chacun alla emplir
un petit sac de cendres au bûcher. Cette cendre
ayant, à ce qu'il paraît, le même privilége que
la corde de pendu, et portant bonheur aux familles.

Comme je venais d'emplir mon sac comme les
autres, je sentis qu'on me glissait un billet dans
la main. Je me retournai : une vieille femme
posa son doigt sur sa bouche, prononça ce seul
mot : Lisez ! et s'éloigna.

Je restai un moment interdit, puis, dépliant
le billet, je lus :

« Ce soir, à dix heures, vous êtes attendu dans
le jardin de la troisième maison à droite de l'é-
tang. La maison a des persiennes vertes ; deux
cocotiers s'élèvent à sa porte. Vous franchirez la
muraille, et vous vous arrêterez sous l'*arbre
triste*, où la même duègne qui vous a remis ce
billet viendra vous prendre. »

Je me retournai du côté de la duègne : elle
était demeurée à distance.

Je lui fis un signe d'adhésion avec la main ;
elle répondit par une révérence et disparut.

Elle me fit du coin de l'œil un signe... — Page 39.

IX

DONA INÊS.

e savais à peu près où était le lieu du rendez-vous.

Du haut de la muraille de l'ancienne ville, j'avais découvert tous les environs, et j'avais remarqué, surtout, comme promenade charmante, les bords de ce petit étang où tous les riches Portugais ont des maisons de plaisance entourées de jardins.

Quant à l'espèce d'arbre que l'on nommait *l'arbre triste*, parce qu'il ne fleurit que la nuit, je le connaissais, en ayant vu un dans le jardin de la maison que j'avais louée.

A neuf heures et demie, je sortis de Goa ; j'avais sur moi trois ou quatre perles, assez belles pour que le cadeau, si par hasard j'avais un cadeau à faire, ne fût pas méprisé. Je mis à tout hasard sous mon gilet un poignard chingulais, et je résolus de courir bravement les risques de mon excursion nocturne.

A dix heures moins un quart, j'arrivai à la petite maison que je reconnus parfaitement à la désignation qui m'en avait été faite. J'en fis le tour pour chercher un endroit de la muraille du jardin que je puisse escalader sans une trop grande difficulté.

Quand je trouvai une porte, l'espoir me vint que, pour m'épargner la peine de l'escalade, on avait peut-être laissé cette porte ouverte : je ne me trompais point ; en la poussant, elle céda, et je me trouvai dans le jardin.

Ce n'était pas, une fois entré, une chose difficile que de trouver le lieu où je devais attendre.

Guidé par son admirable parfum, au bout d'un instant, je fus perdu dans l'ombre épaisse que projetait autour de lui l'arbre triste. Ses fleurs qui s'ouvrent à dix heures de la nuit pour se refermer avant le jour, secouaient leur calice embaumé, et, parmi cette multitude de fleurs dont il était couvert, quelques-unes, se détachant comme des flocons de neige, tombaient autour de moi et m'invitaient à me coucher sur leur suave jonchée.

Quoique, comme vous avez pu voir, je sois d'une nature assez peu poétique, je ne pouvais m'empêcher de me laisser aller au charme de cette belle nuit, et si j'ai un regret à cette heure où je vous en parle, c'est de vous en parler comme un vieux loup de mer que je suis, et non comme un poëte que vous êtes, ou comme un peintre qu'est votre camarade.

Nous nous inclinâmes, Biard et moi.

— En vérité, père Olifus, lui dis-je, vous avez tort de vous excuser. Vous racontez comme M. Bernardin de Saint-Pierre.

— Je vous remercie, répondit le père Olifus, car, quoique je ne connaisse pas M. Bernardin de Saint-Pierre, je présume que c'est un compliment que vous me faites.

Je continue donc.

J'étais là, attendant depuis un quart d'heure à peu près, lorsque j'entendis un froissement d'étoffe et un bruit de pas à la suite desquels j'aperçus une forme qui s'approchait craintive.

J'appelai doucement, ma voix rassura mon guide, qui alors vint droit à moi, me jeta un bout de ceinture dont il tenait l'autre bout, et, se mettant à marcher devant moi, me guida,

sans dire un seul mot, dans la direction de la maison.

La maison, à part deux ou trois fenêtres dont la lumière intérieure filtrait à travers les interstices de la jalousie, la maison était complétement dans l'ombre, et d'autant mieux dans l'ombre, que, peinte en rouge, on n'en distinguait point les contours dans l'obscurité de la nuit.

Une fois le seuil franchi, l'obscurité redoubla.

Alors la duègne tira la ceinture à elle, jusqu'à ce qu'elle rencontrât ma main : elle prit ma main, me fit monter un escalier, traverser un corridor, et, tirant une porte qui laissa sortir par son ouverture un flot de lumière, elle me poussa dans une chambre où une femme de vingt à vingt-deux ans, parfaitement jolie, était couchée sur un matelas recouvert d'une magnifique étoffe de Chine, et supporté par un lit de repos en bambou.

Au milieu de la chambre, dont l'air était rafraîchi par un grand éventail pendu au plafond, et qui semblait s'agiter tout seul, se dressait une table chargée de confitures et de pâtisseries.

Dans ce temps-là j'étais jeune, j'étais beau garçon, pas timide, au contraire.

Je fis mon compliment à la dame; elle le reçut en femme qui, au bout du compte, l'avait envoyé chercher.

Je m'assis auprès d'elle.

A Ceylan et à Buénos-Ayres, j'avais appris, tant bien que mal, à baragouiner un peu d'espagnol : l'espagnol et le portugais se donnent la main ; puis au bout de la langue des mots, que quelquefois on ne comprend pas, il y a la langue des gestes que l'on comprend toujours.

Elle me montra la collation qui m'attendait depuis une heure. Je lui dis que si la collation m'attendait depuis une heure, il ne fallait pas la faire attendre plus longtemps. Nous nous mîmes à table.

Selon l'habitude des tête-à-tête en Espagne et en Portugal, il n'y avait qu'un verre.

Le porto et le madère brillaient dans deux carafes, l'un comme un rubis, l'autre comme une topaze.

J'avais déjà dégusté les deux liquides; je les trouvais de premier choix, et j'allais donner sur les pâtisseries et les confitures, quand tout à coup la duègne entre tout épouvantée et dit deux mots à l'oreille de sa maîtresse.

— Hem ! demandai-je, qu'y a-t-il?

— Rien, répondit tranquillement ma belle convive; c'est mon mari que je croyais à Gondapour pour trois ou quatre jours encore, et qui nous arrive comme une bombe. Il n'en fait jamais d'autres, l'affreux métis.

— Ah! ah! fis-je. Et serait-il jaloux, par hasard, votre mari?

— Comme un tigre.

— De sorte que, s'il me trouvait ici...

— Il vous tuerait.

— C'est bon à savoir, dis-je en tirant mon poignard de ma poitrine et le posant sur la table, on prendra ses précautions.

— Oh! mais que faites-vous donc? dit-elle.

— Dame! vous le voyez, il y a un proverbe qui dit qu'il vaut mieux tuer le diable que le diable ne nous tue.

— Oh! il ne faut tuer personne, dit-elle en riant et en me montrant dans ce ris des perles près desquelles celles que j'avais dans ma poche eussent paru noires.

— Comment cela?

— Je me charge de tout.

— Oh! très-bien alors.

— Seulement, entrez dans ce cabinet, il donne sur une terrasse: ne perdez pas de vue ce qui se passera ici. Si mon mari fait un pas vers le cabinet, ce qui n'est pas probable, gagnez la terrasse et sautez du haut en bas... elle n'est élevée que de douze pieds.

— Bon!

— Allez! je vais faire de mon mieux pour que le retour ne change rien à nos projets.

— Tant mieux!

— Soyez tranquille, allez, j'entends son pas dans l'escalier.

Je me jetai dans le cabinet.

Elle, pendant ce temps, jetait par une fenêtre ouverte l'assiette de porcelaine et le couvert d'argent qui pouvaient dénoncer ma présence; puis, tirant de sa poitrine un petit sachet brodé d'argent, elle y prit un petit flacon contenant une liqueur verdâtre, et elle en versa quelques gouttes sur celles des pâtisseries qui formaient le sommet de la pyramide; après quoi elle se leva et fit la moitié du chemin pour aller à la porte.

En ce moment la porte s'ouvrit.

Celui qu'elle appelait un affreux métis était un magnifique Indien au teint couleur de bronze florentin, à la barbe rase et crépue.

Il portait un riche costume musulman, quoiqu'il fût chrétien, ou à peu près.

— Ah! monsieur, interrompit le père Olifus, je ne sais pas si vous avez étudié les femmes; mais, femmes terrestres ou femmes marines, je crois que plus elles sont jolies, plus ce sont de faux et hypocrites animaux.

Celle-là, qui était belle comme un amour, sourit à son mari du même sourire dont elle m'avait souri à moi un instant auparavant. Mais, malgré ce sourire, le nouveau venu paraissait assez préoccupé. Il regarda d'abord autour de lui, puis il flaira comme l'ogre cherchant de la chair fraîche. Il me sembla que ses yeux se fixaient sur le cabinet.

Il fit un pas de mon côté, j'en fis deux en arrière.

Il toucha la clef de la porte; je me laissai glisser de la terrasse entre les branches d'un arbre touffu. Je vis comme une ombre noire se pencher au-dessus de ma tête; je retins mon souffle, l'ombre disparut.

Je respirai, et, remontant doucement, ma tête se retrouva bientôt au niveau de la terrasse: elle était vide.

Alors la curiosité me prit de voir ce qui se passait dans la chambre que je venais de quitter.

Je remontai sur la terrasse avec l'agilité et l'adresse d'un marin, et je m'avançai sur la pointe du pied, afin de voir, s'il était possible, au travers de la porte restée entre-bâillée.

Nos deux époux étaient à table à côté l'un de l'autre, la femme tenant le mari amoureusement enlacé dans son bras, tandis que le mari mangeait à pleines dents les petits gâteaux sur lesquels sa femme avait jeté de l'eau verte.

Le mari me tournait le dos; la femme, relativement à moi, était de profil; elle aperçut une portion de mon visage, sans doute à travers l'entre-bâillement de la porte; elle me fit du coin de l'œil un signe qui voulait dire: « Vous allez voir ce qui va se passer. »

En effet, presque au même moment, le mari se mit à lever son verre et à porter fanatiquement la santé de sa femme.

La santé portée, il commença une petite chanson qui finit à grand orchestre d'assiettes et de bouteilles, sur lesquelles il frappait avec son couteau; enfin il se leva et se mit à danser la danse des bayadères, en se drapant avec sa serviette.

Alors la femme se leva de table, vint à la porte derrière laquelle je regardais, caché, cet étrange spectacle, ouvrit cette porte, et me dit tranquillement:

Je me mis à danser en battant la mesure avec un couteau sur le fond de mon assiette. — Page 42.

— Venez.

— Venez... venez... répondis-je, c'est charmant! mais...

— Allons donc! dit-elle en me tirant par la main; quand je vous dis de venir!

Je fis un mouvement des épaules et je la suivis.

En effet, son mari, tout entier à la danse de caractère qu'il avait adoptée, continuait son ballet solitaire, en se donnant toutes sortes de grâces avec sa serviette.

Puis, comme la serviette était bien exiguë pour les draperies dont ses poses gracieuses devaient être à demi voilées, il déroula son turban et entama la danse du châle.

Pendant ce temps, sa femme m'avait conduit sur le canapé où elle était couchée quand j'étais entré, et à chaque observation que je lui faisais, elle haussait les épaules.

Quand je vis cela, je ne lui en fis plus.

Au bout de trois quarts d'heure de danse, le mari, qui, de son côté, paraissait s'être très-bien amusé aussi, ronflait comme un tuyau d'orgue.

Je profitai de la circonstance pour demander une explication sur ces petites gouttes d'eau verte versées sur les pâtisseries, attendu que je me doutais bien que ce grand amour du mari pour la vocalisation et la chorégraphie venait de là.

Ces gouttes d'eau verte, c'était du troa.

— Très-bien! cher monsieur Olifus, répondis-je. Maintenant, expliquez-moi ce que c'est que du troa. Vous m'avez dit, comme un habile narrateur que vous êtes, que vous me rendriez ce service en temps et lieu; je crois que le temps et le lieu sont venus.

— Monsieur, le troa est une herbe qui pousse abondamment dans l'Inde. On en tire le suc quand elle est encore verte, ou bien on en réduit la graine en poudre quand elle est mûre; puis on mêle ce suc ou cette poudre aux aliments de la personne dont on veut se débarrasser momentanément.

La personne, alors, s'absorbe en elle-même, chante, danse et s'endort, sans plus voir ce qui se passe autour d'elle, et à son réveil, comme elle a complétement perdu la mémoire de ce qui s'est passé, on lui raconte la première bourde venue, et elle donne dedans.

Voilà ce que c'est que le troa, chose très-commode, comme vous voyez; aussi assure-t-on que les femmes de Goa portent toujours sur elles du jus de troa dans un flacon, ou de la graine de troa dans un sachet.

A cinq heures du matin, ma belle Portugaise me pria de l'aider à mettre son époux dans son lit; puis, comme le jour allait venir, nous prîmes congé l'un de l'autre, en promettant de nous revoir.

J'avais eu un instant l'idée de faire une cargaison de troa, et de l'envoyer en Europe avec un programme détaillé des vertus de cette marchandise; mais on m'assura qu'elle se détériorait en passant la mer, ce qui me fit renoncer à ma spéculation, qui cependant, je le crois, n'aurait pas été mauvaise.

En attendant, ma spéculation sur les fruits prospérait; mes dix esclaves me rapportaient, bon jour, mauvais jour, six roupies de bénéfice net, c'est-à-dire trente-six à quarante francs de notre monnaie, ce qui est un énorme revenu pour Goa, où tout est pour rien.

Aussi mon ami le marchand d'épices laissa-t-il échapper devant moi quelques mots d'une alliance avec sa fille, dona Inès, jeune personne charmante, élevée dévotement au couvent de l'Annonciation, et que j'avais déjà vue une fois ou deux chez lui.

Dona Inès était fort belle, dona Inès paraissait fort modeste.

Je commençais à me fatiguer de ma Portugaise, qui peu à peu grapillait toutes mes perles.

Puis, voyez-vous, j'étais né pour le mariage avant que les femmes ne m'en eussent dégoûté. Je donnai donc en plein dans les propositions de mon ami le marchand d'épices, et l'on fit sortir dona Inès du couvent, dans l'intention cette fois de nous faire trouver ensemble.

Dona Inès était toujours la belle et modeste jeune fille que j'avais vue et remarquée; seulement elle avait les yeux rouges.

Je m'informai d'où venait cette rougeur, qui indiquait pas mal de larmes versées; mais on me dit que dona Inès était tellement innocente, que lorsqu'on lui avait parlé de quitter son couvent, elle avait fondu en eau.

Je m'informai auprès d'elle de cette douleur, et effectivement la charmante créature me dit qu'elle n'avait aucune aspiration vers le mariage, que c'était avec un vrai chagrin qu'elle quittait son couvent, dans lequel elle trouvait généralement tout ce qu'elle pouvait désirer.

Je me mis à sourire à cette charmante innocence; et, comme je ne doutais pas que le mariage ne produisît sur elle le même effet que le voyage fait sur le voyageur, c'est-à-dire ne la séduisît par la nouveauté des aspects, je ne me préoccupai ni de ces regrets, ni de leur cause.

Mon mariage avec dona Inès fut donc décidé d'un commun accord entre mon ami, le marchand d'épices, et moi; nous réglâmes les conditions de la dot, et trois semaines après, ayant rempli toutes les formalités préparatoires, nous fûmes unis en grande pompe à l'église cathédrale.

Je ne m'appesantirai pas sur les cérémonies du mariage: elles sont à peu près les mêmes qu'en France. Au reste, dona Inès paraissait avoir complétement oublié son couvent. Elle était aussi gaie que la décence pouvait le permettre, et quand le moment de nous retirer fut venu, elle me demanda avec une pudeur charmante la permission de se retirer dans la chambre à coucher, ne me demandant qu'un quart d'heure de grâce pour avoir le temps de se déshabiller et de se mettre au lit.

Un quart d'heure, c'est long dans certains moments, allez! mais enfin!

D'ailleurs, il y avait pour m'aider à prendre patience une petite collation si bien préparée, si proprement dressée dans des assiettes de Chine; il y avait une bouteille de muscato de San-Lucar qui brillait d'un si vif rayonnement dans sa prison de cristal, que je me mis philosophiquement à boire à la santé de ma belle épousée. Jamais je n'avais bu de pareil vin, monsieur, et je me connais en vin cependant.

Je me mis à manger quelques fruits. J'étais marchand de fruits, comme vous savez. Eh bien! jamais je n'avais mangé de pareils fruits.

Le vin, c'était du nectar; les fruits, c'était de l'ambroisie.

Et puis tout cela avait un petit goût excitant, un petit acide apéritif qui aurait fait que j'eusse bu et mangé toute la nuit, si, au premier verre de vin et à la première banane, je ne me fusse senti si joyeux et si content, que je me mis à chanter une chanson de bord.

Monsieur, il faut vous dire que je ne chante jamais, ayant la voix si fausse, que je me fais horreur à moi-même quand j'essaye de filer le plus petit son. Eh bien! ce soir-là, monsieur, il me semblait que je chantais comme un rossignol, tout naturellement, et je prenais un si grand plaisir à entendre ma propre voix, que les jambes me démangeaient, que mes pieds battaient des flics-flacs et des pas de zéphyr, — que je sentais que je m'enlevais tout seul de terre, comme si, au lieu d'avoir bu un verre de muscat, j'avais bu un baril d'air inflammable.

Bref, la tentation devint si forte, que je me mis à danser en battant la mesure avec un couteau sur le fond de mon assiette, qui résonnait comme un tambour de basque; — et je me voyais danser dans une glace, et j'étais content de moi; — et plus je me voyais, plus j'avais envie de me voir, jusqu'à ce qu'à force de chanter, ma voix s'éteignit.

A force de danser, mes jambes se lassèrent; et à force de me regarder, je ne vis plus que des flammes bleues et roses, et qu'à force de jubilation, j'allai me coucher sur un grand canapé, me trouvant l'homme le plus heureux de la terre.

Je ne sais pas combien de temps je dormis, mais je me réveillai avec une charmante sensation de fraîcheur à la plante des pieds.

Je tendis les bras, je sentis ma femme à côté de moi, je pensai que c'était à elle que je devais l'état de bien-être dans lequel je me trouvais, et, ma foi!... je lui en fus reconnaissant.

— Ah! fit-elle avec un long soupir.

Monsieur, l'intonation de ce soupir me rappela tellement le soupir que j'avais déjà entendu à Négombo, la première nuit de mes noces avec la belle Nahi-Nava-Nahina, que j'en frissonnai des pieds à la tête.

— Hein! m'écriai-je.

— Eh bien! je fais ah! dit-elle.

Monsieur, je devins à l'instant même froid comme une glace, mes dents claquaient, et, entre mes dents qui claquaient, je murmurai :

— La Buchold! la Buchold!

— Eh bien! oui! la Buchold qui vient vous annoncer, mon cher petit mari, que vous êtes père d'un second fils, beau comme les amours, qui va avoir demain six mois, et que j'ai appelé Thomas, en souvenir du jour où je suis venue empêcher ton mariage avec la belle Nahi-Nava-Nahina. Il a été tenu sur les fonts de baptême par l'ingénieur des digues, l'honorable Van-Broek, qui m'a promis d'être un second père pour le cher enfant.

— En vérité, lui dis-je, ma chère femme, la nouvelle est agréable, j'en conviens; mais puisque j'avais déjà attendu pour l'apprendre cinq ou six mois, j'eusse bien attendu encore cinq ou six jours au moins.

— Oui, je comprends, dit la Buchold; au moins je n'eusse pas troublé vos noces avec la belle dona Inès.

— Eh bien! justement, là, puisqu'il faut vous le dire.

— Ingrat!

— Comment, ingrat?

— Oui; quand, au contraire, j'ai fait diligence pour empêcher que tu ne fusses indignement trompé.

— Comment! indignement trompé?

— Certainement, indignement trompé. Ta femme ne t'a-t-elle pas demandé un quart d'heure pour se mettre au lit?

— Oui.

— En attendant que ce quart d'heure s'écoulât, n'as-tu pas bu un verre de muscato de San-Lucar, et mangé une banane?

— En effet, je crois me rappeler.

— Et à partir de ce moment-là, que te rappelles-tu?

— Rien.

— Eh bien! mon cher ami, dans ce vin, il y avait du jus de troa; sur cette banane, il y avait de la poudre de troa.

— Ah! sarpejeu!

— De sorte que, pendant que vous dormiez comme un ivrogne, que vous ronfliez comme un Cafre...

— Quoi?

— Votre chaste épouse...

— Hem? ma chaste épouse...

— Une personne fort dévote qui, toutes les semaines, se confessait à un beau cordelier, du temps qu'elle était à son couvent...

— Eh bien! eh bien! ma chaste épouse...

— Eh bien! voulez-vous voir ce qu'elle faisait pendant ce temps-là?

— Est-ce qu'elle se confesserait, par hasard? m'écriai-je.

— Justement, regardez.

Et elle me conduisit à une ouverture de la cloison, qui me permettait de voir ce qui se passait dans la chambre à coucher.

Monsieur, ce que je vis était tellement humiliant pour un mari, surtout pendant une première nuit de noces, que je pris un bambou qui se trouvait là comme par miracle, que j'ouvris la porte, et que je tombai à coups de bambou sur le confesseur de dona Inès, lequel se sauva en criant comme les brûlés que j'avais vus le troisième jour de mon arrivée.

Quant à ma femme, je voulus lui faire des reproches sur sa conduite.

Mais avec le plus grand sang-froid:

— C'est bien, monsieur, dit-elle; plaignez-vous à mon père, et moi je me plaindrai à l'inquisition.

— Et de quoi vous plaindrez-vous, madame la drôlesse? demandai-je.

— De ce que vous interrompez mes exercices religieux en frappant un saint homme qui, depuis trois ans, est connu pour mon confesseur. Allez, monsieur, vous êtes un hérétique; et, comme je ne veux pas vivre avec un hérétique, je retourne dans mon couvent.

Et, sur ces mots, elle sortit fière comme une reine.

Quant à moi, à ce seul mot d'hérétique, voyez-vous, la peur m'avait pris: je me voyais déjà revêtu d'une robe noire, peinte de flammes montantes; je me sentais déjà attaché par les pieds, par le cou et par le milieu du corps, au poteau du champ Saint-Lazare; de sorte que je ne fis ni une ni deux, je pris mon ancien magot, j'y joignis deux ou trois mille livres que j'avais économisées dans mon commerce de fruits depuis mon arrivée à Goa, et, me rappelant que j'avais dans la journée vu en rade un bâtiment en partance pour Java, je m'y fis conduire à l'instant même, abandonnant à qui voudrait, maison, jardin et meubles.

Par bonheur, le bâtiment attendait, pour sortir, une petite brise d'est, accompagnée du reflux.

J'arrivai à bord avec la brise d'une main et la marée de l'autre.

Je convins avec le capitaine de dix pagodes pour ma traversée, et j'eus la satisfaction, au moment où les premiers rayons du jour blanchissaient les faîtes des églises de Goa, de sentir le vent et la marée qui m'entraînaient insensiblement en pleine mer.

La précaution n'était pas inutile: deux ans après, je fus brûlé en effigie au champ Saint-Lazare.

X

e l'ai dit à mes lecteurs, ce livre que je publie en ce moment est tout personnel . outre mes souvenirs, il renferme certains événements quotidiens qui seront des souvenirs à leur tour, et je répands dans mon récit non-seulement cette somme de talent que Dieu a bien voulu me départir, mais encore une portion de mon cœur, de ma vie, de mon individualité.

C'est ce qui fait qu'aujourd'hui je leur parlerai d'autre chose que du père Olifus, et que je laisserai notre digne chercheur d'aventures voguant sur l'océan sombre et mystérieux de l'Inde, pour suivre l'âme envolée d'un ami voyageant à cette heure sur l'océan bien autrement sombre et bien autrement mystérieux de l'éternité.

J'avais passé la soirée à la première représentation du drame de d'*Harmental*.

C'était la quarantième fois, je crois, que se renouvelait pour moi cette épreuve de la lutte de la pensée contre la matière, de l'isolement contre la multitude, jeu terrible qui m'a guéri de jouer jamais aucun autre jeu ; car j'y joue non-seulement une somme d'or égale à celle que peuvent jouer les plus forts joueurs, mais encore la portion de renommée conquise depuis vingt ans dans cette vaste plaine littéraire où tant de gens glanent, mais où si peu moissonnent.

Et remarquez que, lorsqu'un homme tombe au théâtre, il tombe, non pas de la hauteur de l'œuvre qu'il vient de donner, mais de la hauteur des vingt, trente ou quarante succès qu'il a eus ; de sorte que plus il a eu de succès, plus l'abîme est profond et plus, par conséquent, il risque de se tuer sur le coup.

Eh bien, ces efforts que fait toute une salle pour pousser un auteur du haut en bas de sa renommée, efforts que j'ai étudiés quand ils s'opèrent sur mes confrères, j'ai le courage de les étudier quand ils opèrent sur moi.

C'est une chose curieuse, je vous le jure, pour le cœur que Dieu a couvert d'un triple acier assez solide pour la supporter, que cette lutte dans laquelle une œuvre vient seule jeter le défi à dix-huit cents spectateurs, lutte corps à corps pendant six heures avec eux et pliant, parfois, comme un athlète lassé, se redresse, fait plier le public à son tour, et le tient renversé et haletant sous son genou jusqu'à ce qu'il ait crié grâce et demandé le nom de son vainqueur inconnu.

Ou trop connu, car, dans cette science anticipée du nom, est bien souvent le secret de cet acharnement du public des premières représentations.

En effet, qu'on le sache bien, le public des premières représentations est un public à part, composé d'éléments qui se rassemblent sans s'amalgamer, et qu'on ne trouve réunis que ce jour-là ; public qui est toujours le même cependant, et que vous reconnaissez à chaque solennité de ce genre dans son ensemble et dans ses détails, pour peu que vous ayez la mémoire des visages et le souvenir des sensations.

Voici de quels éléments se compose le public d'une salle un jour de première représentation :

De cinq ou six cents personnes, hommes et femmes du monde, dont une portion s'y est prise à temps pour avoir des places et les a eues au prix du bureau ; dont l'autre portion s'y est prise trop tard, et les a eues au prix des marchands de billets.

Cette dernière portion est parfaitement maussade d'avoir payé une place qui vaut cinq francs, quinze, vingt, trente et quelquefois cinquante francs.

Cette fraction du public ne se contente donc plus d'être distraite pour cinq francs, elle veut être amusée pour cinquante.

Cette dernière fraction se sous-fractionne encore de gens qui ne sont pas venus pour le spectacle, qui sont venus pour venir, les uns parce que madame *** ou mademoiselle X*** y venait, et que, ne pouvant pas avoir de place dans la loge de mademoiselle X*** ou de madame ***, et désirant voir madame*** ou mademoiselle X***, pour échanger avec elle un signe quelconque, imperceptible pour tous, perceptible pour eux seuls, il fallait bien faire cette dépense pour venir.

Dépense exorbitante souvent, et qui, dans cette bienheureuse époque de pénurie universelle, réduit celui qui l'a faite au cigare de la régie pendant un mois, au dîner de la taverne anglaise pendant huit jours.

Voilà donc une première portion du public composée de six cents personnes, parmi lesquelles trois cents sont indifférentes, et trois cents de mauvaise humeur.

Passons aux autres.

Trente ou quarante journalistes, amis ou ennemis de l'auteur ou des auteurs, plutôt ennemis qu'amis, lesquels auront beaucoup d'esprit si la pièce tombe, attendu qu'ils ramasseront une partie de cet esprit tombé, pour s'en faire des projectiles; tandis que, si la pièce réussit, ils n'auront que l'esprit qu'ils ont.

Trente ou quarante auteurs dramatiques, que les succès trop continus de deux de leurs confrères, humilient dans leur orgueil, qui battent des mains sans rapprocher les mains, tout en murmurant à leur voisin :

— C'est affreux! c'est détestable! toujours les mêmes moyens, les mêmes combinaisons, les mêmes ficelles!

De sorte qu'ils applaudissent tout bas et murmurent tout haut.

Trente ou quarante artistes des théâtres voisins qui ne viennent pas pour voir la pièce, mais pour voir comment jouent les artistes qui remplissent les mêmes emplois qu'eux et qui choisissent presque toujours les rares moments où le public fait silence, pour émettre sur l'art du comédien les observations les plus judicieuses, accompagnées de commentaires sur la façon dont eux-mêmes ont joué, dans telle circonstance et avec le plus grand succès, un rôle analogue à celui que joue l'acteur qui est en scène : seulement le rôle était beaucoup moins beau, de sorte qu'il demeure naturellement sous-entendu qu'il fallait un bien autre talent pour le jouer.

Trente ou quarante demoiselles, moitié lorettes, moitié artistes, qui débutent toujours et ne s'engagent jamais. Celles-là ne viennent ni pour la pièce ni pour les acteurs, elles viennent pour les spectateurs, flottent pendant un tableau ou deux des avant-scènes à l'orchestre et de l'orchestre au balcon, et finissent par se fixer; alors des lignes télégraphiques s'établissent, dont les trois signes principaux sont la lorgnette, l'éventail et le bouquet; la pièce finie, elles n'ont vu de toute la pièce que la robe de l'amoureuse et l'étoffe dont était faite cette robe. Trois jours après, si l'étoffe était jolie, on les verra à une autre première représentation avec une étoffe pareille.

Deux ou trois cents bourgeois qui viennent avec cette conviction que le théâtre moderne est un tissu d'immoralités, qui ont amené leurs femmes à grand'peine et ont laissé leurs filles boudant à la maison, qui cherchent pendant cinq ou six tableaux les immoralités qu'on leur a promises, et qui, ne les trouvant pas, sont tout prêts à murmurer de ce qu'on leur a manqué de parole.

Ceux-là sont formés d'une assez bonne pâte qui se laisse pétrir à l'intérêt.

Ceux-là rendent à l'auteur en larmes et en rires les avances qu'il leur a faites; rarement l'auteur a à se plaindre d'eux.

Enfin, trois ou quatre cents enfants du peuple, sans prévention, sans préjugés, qui sont venus faire queue à deux heures, leur pain sous le bras, leur saucisson dans leur poche, qui disent *Dumas* tout court, *Maquet* tout court, l'*Historique* tout court, qui viennent pour s'amuser, qui applaudissent quand ils s'amusent, qui sifflent quand ils s'ennuient. Ceux-là ce sont les bons juges, c'est la partie intelligente de la société, car leur intelligence n'est obscurcie ni par la haine ni par l'envie, ni par la vanité ni par l'intérêt, ni par la frivolité.

Ajoutez à cela cent cinquante claqueurs, qui semblent n'être là que pour se faire dire, à chaque fois qu'ils applaudissent :

— A bas la claque!

Voilà donc une salle de première représentation, voilà l'aréopage devant lequel se produit le génie de toutes les époques; voilà le Briarée aux deux mille têtes et aux quatre mille bras, contre lequel, pour la quarantième fois, je luttais ce soir-là avec ma tranquillité habituelle, mais avec une tristesse plus grande encore que de coutume.

Je dis plus grande encore que de coutume; oui, car rien n'est plus triste, je le répète, que cette lutte, même victorieuse, qu'on est obligé de soutenir contre cette portion malveillante du pu-

blic qu'on retrouve à chaque première représentation, réagissant contre le rire, réagissant contre les larmes, et se tenant prête à charger à
fond, au premier signe de faiblesse ou de trou-
ble qu'elle aperçoit ou croit apercevoir devant elle.
Puis, tout ce monde qui s'écoule, vous laissant
d'autant plus isolé que le succès est plus grand.

Tous ces amis qui s'en vont en oubliant de
vous serrer la main; toutes ces lumières qui s'é-
teignent, même avant que les derniers spectateurs soient partis. Cette toile qui se relève sur
une scène vide et froide, ce théâtre dont l'âme
vient de s'envoler et qui n'est plus qu'un cadavre, cette lumière qui veille seule et qui remplace
tous ces feux, ce silence qui succède à tous ces
bruits : voilà bien, croyez-moi, de quoi motiver
la tristesse la plus réelle, le découragement le
plus profond.

Combien de fois, mon Dieu! même aux jours
où la tristesse n'est que superficielle, où le découragement ne descend pas jusqu'au cœur,
combien de fois, après mes succès les plus beaux,
les plus bruyants, les plus incontestés, après
Henri III, après *Antony*, après *Angèle*, après
Mademoiselle de Belle-Isle, combien de fois suis-
je revenu seul à pied, le cœur gonflé, l'œil humide,
prêt à verser les plus amères de mes larmes, quand
la moitié des spectateurs disaient :

— Il est bien heureux à cette heure-ci.

Eh bien ! je rentrais donc ce soir-là, comme
je l'ai dit, plus triste encore que de coutume,
lorsque je trouvai chez moi mon fils qui m'attendait et qui me dit :

— Notre pauvre James Rousseau est mort.

J'inclinai la tête sans rien répondre. Depuis
quelque temps, les mêmes mots retentissent bien
douloureusement autour de moi.

Mademoiselle Mars est morte, Joanny est mort,
Frédéric Soulié est mort, madame Dorval est
morte, Rousseau est mort.

Il y a tout un âge de la vie, le premier âge,
cette portion de l'existence dorée par l'aube, qui
s'écoule sans que rien de pareil vienne l'attrister.
Le bruit des cloches qui sonnent la mort semble
ne pouvoir parvenir à notre oreille. Toutes les
voix qui nous parlent nous adressent de douces
paroles, tous les murmures sont des gazouille-
ments; c'est que l'on monte encore cette belle
montagne de la vie, si riante du côté où on la
monte, si aride du côté où on la descend.

Salut donc à toi, heure mélancolique, où, arrivé au sommet de la montagne, on s'arrête
pour faire halte dans sa vie, où l'œil se porte à
la fois sur la pente fleurie qu'on vient de gravir
et sur le versant désolé qu'on va descendre, et
où vous arrive avec la bise de l'hiver ce premier
écho de la tombe qui vient vous dire :

— Une mère, un parent, un ami vous est
mort.

Alors, dites adieu aux franches joies de ce
monde, car cet écho ne vous quittera plus, cet
écho vibrera peut-être, d'abord une fois par an,
puis deux, puis trois; vous serez comme cet arbre auquel un premier orage d'été enlève une
feuille, et qui dit : « Que m'importe? j'ai tant
de feuilles. »

Puis les orages se succèdent, puis vient la bise
d'automne, puis vient la première gelée d'hiver,
l'arbre est chauve, ses rameaux sont nus, et,
squelette décharné, il n'attend plus lui-même,
pour disparaître de la surface du sol, que la
bruyante cognée du bûcheron.

Au reste, n'est-ce point un bienfait du ciel
que cet abandon successif dans lequel nous laisse
tout ce qui nous aimait et tout ce que nous ai-
mions?

Ne vaut-il pas mieux, lorsqu'on penche soi-
même vers la terre, que ce soit de la terre que
viennent les voix les mieux connues et les plus
chéries?

N'est-il pas consolant que lorsqu'on marche
inévitablement vers un monde ignoré, on soit
sûr d'y trouver au moins tous ces souvenirs
qui, au lieu de nous suivre, nous ont précédés?

« *Notre pauvre James Rousseau est mort*, »
m'avait dit mon fils.

Disons maintenant à quel souvenir de ma vie
se rattachait celui dont on m'annonçait la mort.

XI

JAMES ROUSSEAU

'avais dix-huit ans, pas d'avenir, pas d'éducation, pas de fortune

J'étais deuxième clerc de notaire en province, et je détestais le notariat.

Je m'apprêtais à solliciter une charge de percepteur de contributions dans un village quelconque, où ma vie allait passer obscure et ignorée, lorsqu'à la tête d'un petit bourg à une lieue de Villers-Cotterets, et nommé Corcy, j'aperçus, venant de l'extrémité d'un sentier que je suivais, trois personnes qu'au bout de trente ou quarante pas je devais nécessairement croiser.

Ces trois personnes étaient un jeune homme de mon âge, une jeune femme de vingt-cinq ou vingt-six ans et une petite fille de cinq.

Le jeune homme était complétement étranger à mes souvenirs; les deux autres personnes, c'est-à-dire la jeune femme et la petite fille, se mêlaient aux premiers événements de ma vie.

La jeune femme était la baronne Capelle.

La petite fille était Marie Capelle, depuis madame Lafarge.

Mon Dieu! qui eût dit alors, en voyant s'avancer cette belle jeune femme et cette rieuse enfant, l'une précédant l'autre à peine dans la vie, l'une charmante, l'autre promettant de l'être; qui eût dit qu'il y avait dans l'avenir une mort prématurée pour la mère, et pour la fille, un malheur pire que la mort?

Un chaud rayon de soleil de juin filtrait à travers de grands arbres, et faisait trembler sur les fronts rayonnants et sur les robes blanches de la mère et de l'enfant l'ombre des feuilles légèrement agitées par cette brise qui court dans les bois à l'approche du soir.

J'ai dit que je connaissais cette jeune femme. Je la connaissais en effet par tous les bons sentiments de mon cœur, par l'amitié, par la reconnaissance.

J'étais orphelin à trois ans, son père était devenu mon tuteur.

Outre ma mère et ma sœur, qui me restaient, je retrouvai une seconde mère et trois autres sœurs, au château de Villers-Hellon.

Je me retourne vers le passé et je vous salue de la main et du cœur, Hermine et Louise; je ne vous ai pas revues depuis vingt ans, mes sœurs; on me dit que vous êtes toujours jeunes, toujours belles; je vous dis, moi, qu'au fond de mon cœur si religieux à ses souvenirs, je vous dis, moi, que vous êtes toujours aimées.

Oh! bien souvent je pense à vous, allez; quand mes yeux, fatigués du soleil ardent qui brûle la vie du poëte, percent les rayons de mon midi, et vont se reposer sur l'horizon bleuâtre de mes jeunes années, alors, je vous revois, telles que vous étiez, fleurs parfumées de ma plus jeune enfance, penchées au bord de l'eau comme des lis, mêlées aux massifs comme des roses, perdues dans les hautes herbes comme des violettes; hélas! vous ne pensez pas à moi, vous; le vent m'a emporté dans un autre monde que le vôtre et que le mien; vous ne me voyez plus, et parce que vous m'oubliez, vous croyez que je vous oublie.

Voilà donc ce qu'étaient cette jeune femme et cette jeune fille, qui, par une belle journée de juin, vers quatre heures de l'après-midi, venaient au-devant de moi, c'est-à-dire d'un pauvre enfant dont l'avenir, à tous les yeux, était bien autrement humble et obscur que le leur.

Disons maintenant ce qu'était le jeune homme au bras duquel madame Capelle s'appuyait, et qui était vêtu en étudiant allemand.

C'était le fils d'un homme dont le nom restera fatal et illustre dans l'histoire des monarchies, d'un homme qui fut l'ami d'Ankastroëm et de Horn, c'était le fils du comte de Ribing; c'était

celui que vous connaissez tous sous le nom d'A-
dolphe de Leuven, nom dont il devait signer
plus tard quelques-uns des plus beaux et des
plus productifs succès de l'Opéra-Comique et du
Vaudeville.

Je joignis ces trois personnes, qui avaient
quarante-six ans à elles trois, juste l'âge qu'une
seule de ces personnes a aujourd'hui.

Madame Capelle me présenta à son cava-
lier.

Nous étions deux enfants du même âge; nous
commençâmes, ce jour-là, une amitié qu'aucun
jour sombre ou heureux n'a altérée depuis; et
quand nous nous rencontrons aujourd'hui, nous
nous saluons encore du même sourire joyeux, du
même battement de cœur sympathique, avec
lesquels nous nous saluâmes il y a vingt-cinq
ans.

Hélas! je suis forcé de le dire, même dans ce
temps d'égalité, c'est que non-seulement Adolphe de Leuven est un homme de lettres, mais
surtout un gentilhomme de lettres.

Il était exilé avec sa famille, il devait rester
dans un rayon de vingt lieues de Paris : Paris
était interdit à sa famille, proscrite par les Bour-
bons de la branche aînée.

Mais, si jeune qu'il fût, il avait touché du pied
le sol de la capitale; il avait trempé ses lèvres à
sa coupe enivrante, où l'on boit d'abord l'espérance, puis la gloire, puis l'amertume : il n'en
avait encore goûté que l'espérance.

Il avait essayé de travailler pour le Gymnase,
où il connaissait Perlet, l'excellent comédien,
que tous les hommes de trente-cinq à quarante
ans ont connu; puis une belle jeune fille, au
nom qui s'épanouissait comme une rose, Fleu-
riet, qui mourut empoisonnée, dit-on.

Tous ces noms-là m'étaient bien inconnus, à
moi, pauvre provincial, n'ayant quitté ma ville
natale que pour faire une excursion à Paris,
en 1817, et dont tous les souvenirs se bornaient
à revoir, comme à travers un nuage, une représentation de *Paul et Virginie*, par Michu et madame de Saint-Aubin.

Et cependant, au milieu de tout cela, ces
grands hêtres de la forêt de Villers-Cotterets,
plantés par François 1er et madame d'Étampes,
sous lesquels Henri IV et Gabrielle s'étaient assis, ces grands hêtres avec leur sombre feuil-
lage, leur ombre épaisse, leurs longs murmures, n'étaient pas restés muets pour moi.

Les poëtes de cette époque, c'étaient Demous-
tier, Parny et Legouvé.

Tous trois avaient passé sous la voûte fraîche
et mouvante de ce grand parc aujourd'hui abat-
tu comme toutes les grandes choses; et quand
sous cette voûte je courais, enfant, poursuivant
des papillons ou cueillant des fleurs, il m'était
arrivé plus d'une fois de m'arrêter à lire les vers
qu'ils avaient de leurs mains écrits sur l'écorce
argentée, et que la vénération publique garan-
tissait de toute mutilation.

Les premiers vers que je lus, je ne les lus
donc pas dans des livres; je les lus sur des arbres
où ils semblaient avoir poussé comme poussent
les fruits, comme poussent les fleurs.

Et plus d'une fois, comme la vibration d'une
harpe animée par le souffle et par les doigts du
musicien, fait vibrer un luth solitaire, muet, perdu dans quelque coin ou suspendu à quelque
muraille, plus d'une fois j'avais jeté au milieu
de la création mes premiers cris de poëte, inex-
périmentés et discordants.

Aussi, quand, assis auprès d'un de ces vieux
arbres baignés par cette ombre séculaire qui nous
ombrageait tous deux, nous dont les pères étaient
nés aux deux extrémités du monde, et que le
hasard réunissait pour influer sur la destinée
l'un de l'autre; quand, au lieu de cet avenir
humble et tranquille d'un employé de province,
de Leuven souleva un coin du voile qui me cachait la vie de Paris; quand, avec cette confiance
de la jeunesse, robe dorée que chaque jour de
l'âge mûr froisse et ternit, il me montra la lutte,
le bruit, la renommée, ces spectateurs applau-
dissants, ces sublimes ravissements du succès,
si douloureux, que leurs jouissances ressemblent
à des tortures et leurs rires à des gémissements,
ma tête tomba dans mes mains, et je murmurai :

— Oui, oui, vous avez raison, de Leuven, il
faut aller à Paris; car il n'y a que Paris.

Sublime confiance de l'enfant en Dieu.

Que nous manquait-il, en effet, pour aller à
Paris?

A lui, la liberté.

A moi, l'argent.

Lui était exilé, moi j'étais pauvre.

Mais nous avions dix-neuf ans chacun; dix-
neuf ans, c'est la liberté, c'est la richesse; c'est
mieux que tout cela, c'est l'espérance.

A partir de ce moment, je ne vécus plus dans
la réalité, mais dans le rêve, comme un homme
qui a regardé le soleil et qui, les yeux fermés,
voit encore l'astre éblouissant.

Mes yeux se fixèrent sur un but dont ils pu-

Elle poussa de grands cris, et sortit du feu plus vite qu'elle n'y était entrée. — Page 60.

rent se détourner un instant, mais auquel, après chaque détournement, ils revinrent plus obstinés que jamais.

Au bout d'un an, l'exil du comte de Ribing fut radié.

Adolphe accourut m'apporter cette nouvelle, il retournait à Paris avec son père et sa mère.

Il n'y avait plus que moi d'exilé.

A partir de ce moment, ma pauvre mère n'eut plus de repos.

Le mot Paris était dans toutes mes conversa-tions, dans toutes mes caresses, dans tous mes baisers.

J'ai raconté ailleurs comment ce désir si ardent se réalisa, comment, à mon tour, je vins à Paris, et comment je descendis de la diligence dans un petit hôtel de la rue des Vieux-Augustins, avec cinquante-trois francs dans ma bourse, et, confiant et fier comme si j'eusse possédé la lampe merveilleuse d'Aladin, que l'on jouait justement à l'Opéra au moment de mon arrivée.

Au bout de trois mois, ma mère avait réalisé ce qu'elle avait pu réaliser, cent louis peut-être, et elle était venue me rejoindre.

J'avais douze cents francs d'appointements.

Les cents louis de ma mère, renforcés des douze cents francs d'appointements, durèrent deux ans.

Alors commença la lutte.

Je n'avais pas plutôt heurté les premières intelligences que j'avais rencontrées, que je m'étais aperçu que je ne savais rien, ni grec, ni latin, ni mathématiques, ni langue étrangère, ni même ma propre langue, rien dans le passé, rien dans le présent, ni les morts ni les vivants, ni l'histoire ni le monde ; aussi au premier choc ma confiance en moi tomba-t-elle ; mais Dieu permit qu'il me restât la volonté, et qu'au sein de cette volonté fleurît l'espérance.

Cependant de Leuven, mon introducteur et dans le monde réel et dans le monde fictif, ne m'avait pas abandonné.

Nous nous étions mis à l'œuvre.

Oh ! pour le moment, mon ambition n'était pas grande. Il s'agissait de confectionner un vaudeville pour le Gymnase.

Eh bien ! cette œuvre, tout infime qu'elle était, quand, après deux heures d'un travail qui nous brisait le cerveau, nous nous regardions en face, nous étions forcés de nous avouer à nous-mêmes que nous étions impuissants à l'accomplir seuls.

Un jour de Leuven me proposa de nous adjoindre un de ses amis, chansonnier charmant, lié avec Désaugiers et dont la réputation d'esprit était proverbiale.

Il connaissait en outre tous les directeurs de Paris, lisait à merveille et *enlevait* un comité.

Je reconnaissais comme lui notre insuffisance : j'acceptai l'offre qu'il me faisait.

Le soir même, nous lûmes notre vaudeville à notre futur collaborateur, sur la figure duquel je suivais avec anxiété toutes les impressions que cette figure traduisait.

C'était de Leuven qui lisait. Je n'eusse pas pu lire tant j'étais impressionné.

— C'est bon, dit-il, quand de Leuven eut fini il faut nous mettre à cela. Il y a peut-être quelque chose à en faire.

En effet, sous la plume de notre collaborateur, plus exercée que la nôtre, les phrases s'arrondirent, les couplets s'aiguisèrent, quelques étincelles jaillirent çà et là dans le dialogue,

et, au bout de huit jours, l'œuvre était accomplie.

Nous demandâmes, ou plutôt notre collaborateur demanda lecture au Gymnase, et l'obtint :

Nous fûmes refusés à l'unanimité.

Nous demandâmes lecture à la Porte-Saint-Martin :

Nous eûmes six boules noires et deux boules blanches.

Nous lûmes à l'Ambigu-Comique :

Nous eûmes une réception éclatante.

C'était un bien grand désappointement, non pas pour mon orgueil dramatique, je n'ai jamais su ce que c'était que l'aristocratie du théâtre ; mais pour mes calculs pécuniaires : plus nous avancions, plus nous étions gênés, ma mère et moi.

J'avais cependant obtenu de l'avancement dans mon bureau. J'avais quinze cents francs par an au lieu de douze cents ; mais aussi, moins novice en certaines choses que dans d'autres, tandis que nous avions grand'peine à confectionner un vaudeville à trois, j'avais fait un enfant à moi tout seul.

Or, la venue au monde d'Alexandre compensait bien l'augmentation de vingt-cinq francs par mois que je devais à la libéralité du duc d'Orléans.

La gloire que devait m'apporter mon tiers de vaudeville n'était pas à dédaigner sans doute, mais les premiers droits d'auteur de ce tiers, je dois l'avouer, étaient attendus avec autant d'impatience par ma poche que les premiers sourires de la renommée par mon front.

Or, les droits d'auteur, pour un vaudeville joué à l'Ambigu, étaient de douze francs par soirée et de six francs de billets.

Ce qui nous constituait à chacun par soirée, les billets vendus à moitié prix, une somme de cinq francs.

Sur ces futurs droits, un excellent homme, qui a fait plus pour les auteurs dramatiques de Paris, que n'ont jamais fait M. Sosthènes de la Rochefoucauld, M. Cavé ou M. Charles Blanc, Porcher, un jour où il n'y avait pas de quoi dîner à la maison, me prêta cinquante francs.

Ce prêt de cinquante francs fut le premier argent que je gagnai avec ma plume.

Celui qu'on me comptait tous les mois à la caisse de M. le duc d'Orléans, je le gagnais avec mon écriture.

Enfin le grand jour arriva ; notre vaudeville fut joué avec un succès d'estime.

Un succès d'estime à l'Ambigu de 1826, comprenez-vous ! et qui me rapporta pour ma part cent cinquante francs.

La pièce était intitulée la *Chasse et l'Amour*.

Quant à notre collaborateur, il s'appelait James Rousseau.

Quelle étrange coïncidence ! c'est à vingt-trois ans de distance, le soir d'un succès aussi, que mon fils, qu'Alexandre, enfant vagissant à peine en 1826, m'attendait chez moi pour me dire :

— Notre pauvre James Rousseau est mort.

Pendant ces vingt-trois ans, pauvre James Rousseau, qu'avait été la vie pour toi, si bon, si spirituel, si aimant ?

Je vais le dire.

XII

Ne trouvez-vous pas qu'il en est des siècles comme des hommes, et qu'ils ont leur jeunesse folle, leur âge mûr sérieux, et leur vieillesse sombre? Jeunesse folle, en effet, que celle du dix-huitième siècle avec sa régence, M. d'Orléans, madame de Berry, madame de Prie, M. le duc, madame de Châteauroux et Richelieu; âge mûr sérieux, que celui qui voit éclore la réputation du maréchal de Saxe, de M. de Lowendhal, de Chevert, qui gagne les batailles de Fontenoy et de Raucoux; vieillesse sombre que celle qui commence par les guerres du Canada, par le traité de Paris, par la gangrène du roi, qui gagne la royauté et qui s'achève par les massacres de l'Abbaye, les échafauds de la place de la Révolution et les orgies du Directoire.

Il en fut ainsi de notre dix-neuvième siècle. Waterloo l'avait fait triste d'abord comme un enfant orphelin; mais la Restauration, assez bonne mère à tout prendre, lui rendit bientôt son insouciance et sa folie.

De 1816 à 1826 datent les derniers éclairs de la gaieté française, les dernières chansons du Caveau, ces chansons de chansonniers qui n'avaient pas encore la prétention d'être des chansons de poëtes, ces chansons signées Armand Gouffé, Désaugiers, Rougemont, Rochefort, Romieu et Rousseau.

Dans cette période, Potier, Brunet, Tiercelin florissaient. Tiercelin jouait le *Coin de rue*; Brunet, *Jocrisse maître et Jocrisse valet*; Potier, *Je fais mes farces*.

C'était, en effet, le temps des farces; cette tradition du vieil esprit basochien que nous avons vu mourir peu à peu, soupir à soupir, haleine à haleine, nous autres hommes de quarante ans, comme on voit mourir un vieillard d'épuisement et de consomption.

On dînait encore à cette époque; il y avait des restaurateurs artistes qui causaient gravement cuisine avec MM. Brillat-Savarin et Grimod de la Reynière, comme M. de Condé causait avec Vatel. Ils avaient été chefs, les uns, chez Cambacérès, les autres, chez d'Aigrefeuille; ils s'appelaient Borel et Beauvilliers.

Aujourd'hui, on mange encore au restaurant, mais on n'y dîne plus.

Puis, non-seulement on dînait, mais encore on soupait, autre tradition de l'autre siècle qui s'est à peu près éteinte dans le nôtre.

Qui dira ce que l'esprit français a perdu dans la suppression de ce repas charmant qui se faisait à la lueur des bougies, à l'heure où on fait les rêves, à l'heure enfin où tous les soins, tous les soucis, toutes les affaires, ces fantômes de la journée, sont évanouis?

Romieu, Rousseau et Henri Monnier étaient de rudes soupeurs, jeunes, et ayant plus grand appétit souvent que grosse bourse; vivant de cette vie vagabonde qui tient à la fois du bohème et de l'étudiant, ils n'avaient pas besoin que l'enseigne du restaurant portât un nom illustre dans les fastes de la cuisine pour y poser leur tente.

Non, le premier bouchon venu suffisait; on s'attablait devant un pâté, devant une côtelette, devant une matelotte; on faisait monter du Pouilly à défaut de Champagne, du Beaugency à défaut de Chambertin.

On chantait la *Treille de sincérité, Plus on est de fous plus on rit, Qu'on est heureux d'n'avoir pas l'sou!*

Puis on sortait à deux heures du matin, échauffé par les vins, par les rires, par les chansons, et les *farces* commençaient.

Ces farces, pour la génération qui nous suit, ne sont plus connues qu'à l'état de légendes : il y a la légende du lampion, la légende des deux magots, la légende du portier à qui l'on demande de ses cheveux, tout cela, entremêlé de

Nous étions les meilleurs amis du monde. — Page 62.

chats attachés aux sonnettes, de réverbères cassés, de cordes tendues, épisodes nocturnes qui finissaient presque toujours par conduire les farceurs chez le commissaire du quartier où leurs exploits avaient lieu.

Mais les commissaires étaient appropriés à l'époque : eux-mêmes avaient été farceurs dans leur temps ; une réprimande toute paternelle était d'ordinaire la seule punition à ces fréquentes infractions aux règles de la police municipale.

Chacun avait son commissaire de prédilection chez lequel il demandait à être conduit.

Rousseau avait adopté celui du quartier de l'Odéon.

Six fois dans la même semaine, six fois du lundi au samedi, c'est-à-dire une fois chaque jour, il s'était recommandé de ce brave homme, qui enfin, lassé d'être toujours réveillé à la même heure, par le même homme et pour la même cause, fit, la sixième fois, semblant de se fâcher.

Rousseau écouta la semonce avec une grande componction et une profonde humilité; puis, quand le magistrat eut fini :

— C'est juste, monsieur le commissaire, répondit Rousseau. Demain, je me ferai conduire chez un autre. C'est bien le moins que vous vous reposiez le dimanche.

Cette joyeuse vie dura tant que dura la Restauration : c'était un bon temps pour quiconque avait de l'esprit, et Rousseau en avait tant, surtout au dessert, que chacun connaissait Rousseau, quoiqu'il n'eût jamais rien imprimé, excepté la *Chasse et l'Amour*, car tous ces charmants articles qui paraissaient dans le *Figaro*, dans la *Pandore*, dans le *Journal Rose*, et qui fournissaient grandement à tous ces soupers, à tous ces dîners, nul ne les signait, on les faisait en commun, comme on les mangeait en commun.

La révolution de Juillet arriva; ce fut une bombe jetée dans la bande d'oiseaux chanteurs : la politique prit ceux-ci, les affaires entraînèrent ceux-là, l'art en absorba quelques-uns.

Romieu fut fait sous-préfet, Monnier se fit comédien, Rousseau resta seul et isolé.

A partir de ce moment, les soupers cessèrent.

Un distique constate que ce fut l'absence de Romieu qui amena la cessation des soupers, puisque son retour à Paris, après un exil de quatre ans en province, y fit revivre cette habitude.

Voici le distique à l'appui de ce que nous avançons :

> Lorsque Romieu revint du Monomotapa,
> Paris ne soupait plus, et Paris resoupa.

Romieu revenait avec la réputation d'un excellent sous-préfet.

Il y avait bien l'histoire d'une leçon donnée à des enfants qui ne pouvaient pas casser un réverbère.

Il y avait bien le fabliau de l'horloger et de la montre; mais tout cela prouvait une chose qui n'avait pas été démontrée jusque-là : c'est qu'on pouvait être un homme d'infiniment d'esprit, et malgré cela faire un excellent sous-préfet.

Cela fut démontré si clairement, que Romieu repartit préfet.

Quant à Rousseau, l'âge était venu, et, sans rien ôter à son charmant esprit ni à son excellent cœur, avait ajouté quelque chose à sa raison. C'était toujours l'homme du dessert, le chansonnier plein de verve, le joyeux buveur, mais c'était aussi l'homme du travail journalier.

Avec les soupers, les farces avaient cessé. Les commissaires de police, changés à la révolution de Juillet, ignoraient son nom fameux chez les commissaires de la Restauration.

Il s'était fait rédacteur de la *Gazette des Tribunaux*.

C'est lui qui, dans cet excellent journal, racontait avec une verve qui n'appartient qu'à lui, toutes ces histoires de vagabondages, de tapis-francs, de vols, où chaque acteur prenait un caractère, une allure, presque un visage.

En 1839, je crois, Rousseau se maria; Rousseau, vous le voyez bien, s'était rangé tout à fait.

Il fit plus, il alla demeurer à Neuilly.

A partir de ce moment, plus d'insouciance dans cette vie, si insouciante autrefois, plus de paresse dans cette existence si paresseuse.

Rousseau avait compris que, philosophe quand il vivait seul, il pouvait supporter les privations, mais que ces privations, il n'avait pas le droit de les imposer à la femme qui avait uni son existence à la sienne; et cependant, malgré le travail, malgré la rétribution mensuelle et fixe de ce travail, la vie avait ses exigences, et parfois Rousseau se trouvait bien plus pauvre qu'au temps où, à défaut d'argent, restait la gaieté.

Rousseau, ces jours-là, ne chantait plus *Qu'on est heureux d'n'avoir pas l'sou!* Rousseau, ces jours-là, ne prenait pas même l'omnibus, il gagnait Paris à pied, il venait me trouver et me dis t :

— Tu es toujours bien avec le duc d'Orléans, n'est-ce pas?

Je savais ce que cela signifiait.

Je faisais un signe affirmatif de la tête, et je lui donnais, sur la caisse de mon cher et excellent prince, un bon de cent, de deux cents ou de trois cents francs, selon les besoins. Asseline faisait honneur à ce bon, et Rousseau repassait par la maison, me serrait la main et me disait :

— Oh! toi, vois-tu, je te trouverai jusqu'au jour de ma mort pour me faire enterrer.

Pauvre Rousseau, il ne croyait pas si bien dire.

Le prince fut tué : une grande et facile ressource manquait à Rousseau.

Mais, à défaut du prince, restaient les ministres.

Quand la gêne se faisait par trop sentir dans le ménage de Neuilly, je revoyais Rousseau.

— Comment es-tu avec le ministre de l'instruction publique? me demandait-il.

— Bien, répondais-je, si c'était M. de Salvandy qui était au ministère; mal si c'était M. Villemain ou M. Cousin.

Et quand c'était M. de Salvandy, je donnais un mot à Rousseau pour M. de Salvandy, et M. de Salvandy y faisait honneur par tradition princière.

Et quand c'étaient MM. Villemain ou Cousin, j'ouvrais mon tiroir, et je disais :

— Prends, mon ami.

Et Rousseau prenait sans hésitation dans mon tiroir, comme j'eusse pris dans le sien, si Rousseau eût eu un tiroir où j'eusse pu prendre quelque chose.

Qu'on n'aille pas croire du reste que cela se renouvelât souvent; une fois tous les deux ans à peine; une fois par an au plus.

La révolution de Février arriva, les appointements de Rousseau furent réduits de trois cents francs à cent francs. Hélas! et plus de prince et presque plus de ministres.

Puis, avec cela, une maladie cruelle, quelque chose comme une maladie de poitrine, dont les médecins ne se rendaient pas compte, des étouffements qui interrompaient le souffle, qui altéraient la voix.

Ce fut alors que l'on put voir tout ce qu'il y avait de dévouement et de courage dans ce cœur si bon, dans cette âme si aimante; souffrant à être obligé de s'arrêter tous les cinquante pas pour reprendre haleine, Rousseau partait tous les matins pour aller à son bureau de la *Gazette*, feignant parfois d'avoir dans sa poche dix sous pour prendre l'omnibus, afin de ne pas inquiéter sa femme, et ces dix sous, ne les ayant pas, il faisait la route à pied, aller et retour.

Cela dura plus d'un an.

Je fus plus d'un an sans le revoir.

Pauvre ami, il savait bien quelle répugnance j'aurais aujourd'hui à demander à ceux qui sont là; et à moi, il ne voulait pas me demander de peur que je n'eusse pas.

Enfin il vint il y a quinze jours; il n'y avait pas moyen d'attendre plus longtemps

— Connais-tu le ministre de...? me demandait-il?

Je ne le connaissais pas; mais pour que James vînt ainsi à moi, il fallait que le besoin fût si urgent, que je n'hésitai point.

— Je ne le connais pas, lui dis-je. Mais il doit me connaître, lui, et je vais lui écrire.

Et j'écrivis au ministre de... pour lui demander un secours pour James Rousseau, homme de lettres, auteur dramatique et journaliste.

Rousseau dîna avec moi, me serra la main et emporta la lettre.

Un matin, je reçus un billet du ministre de... Il me demandait des renseignements sur M. James Rousseau.

Le soir, mon fils m'attendait, comme je l'ai dit, à mon retour, pour m'annoncer la fatale nouvelle.

Je pris la plume et j'écrivis au ministre de...

« Monsieur le ministre,

« Le seul renseignement que je puisse vous donner sur M. James Rousseau, c'est qu'il est mort ce matin, et mort sans secours. »

Voici maintenant comment Rousseau est mort :

Il était venu à Paris à pied, se rendant rue du Harlay, où est le bureau de la *Gazette des Tribunaux*.

Arrivé à dix heures un quart, il était entré dans la salle de rédaction, et y lisait les journaux quand tout à coup il pousse un soupir, se lève, étend les bras, ouvre la bouche, vomit une gorgée de sang et balbutie.

— Une apoplexie foudroyante! Je ne suis pas malheureux, dit-il.

Puis il ajoute :

— Ma pauvre femme!...

Et il tombe la face contre terre.

Il était mort.

Il avait cinq sous dans la poche de son gilet, et c'était tout ce qu'il possédait.

— Vous avez raison, monsieur L......; les hommes de lettres ne meurent pas de faim; ils ont du superflu même, puisqu'à leur mort on retrouve cinq sous dans la poche de leur gilet.

Le matin, à deux heures, Alexandre était à Neuilly; il portait à la veuve de notre pauvre ami cette première consolation qu'elle n'avait à s'occuper de rien, et que tous ces tristes détails qui suivent la mort d'une personne aimée nous regardaient, nous, ses amis.

Mais si fort qu'Alexandre se fût pressé, d'au-

Je la portai jusqu'à la cabane. — Page 63.

tres amis avaient déjà pris les devants : c'étaient les rédacteurs de la *Gazette des Tribunaux* qui réclamaient le pieux honneur de déposer le corps de leur collègue dans une demeure qui lui appartînt pour l'éternité.

— Non, monsieur L......, les hommes de lettres ne meurent pas de faim, mais on les rapporte chez eux sur la civière des pauvres, parce que avec cinq sous on ne peut pas les ramener chez eux en fiacre. Non, les hommes de lettres ne meurent pas de faim; mais si vous alliez aux enterrements des hommes de lettres, vous verriez les huissiers attendre la levée du corps pour faire la saisie, et vous pourriez leur dire ce que je leur dis :

« Pourquoi ne saisiriez-vous pas le corps, messieurs? on vous en donnerait *sept francs* à l'École de médecine. »

O pauvre société ! mal organisée, où le vivant ne trouve pas un morceau de pain, où le mort ne trouve pas une tombe, et où l'on attend que le cadavre du mari soit emporté pour dépouiller la maison de la veuve!

Soyez tranquille, pauvre femme, pleurez et priez en paix, pauvre veuve : quand vous rentrerez dans cette triste demeure dont on vous a emporté évanouie, vous y retrouverez, c'est moi qui vous le dis, chaque meuble à la place où vous l'aurez laissé.

Seul notre ami vous manquera; mais lui aussi vous le retrouverez là-bas, dans ce charmant cimetière où nous l'avons couché près du chemin, comme un voyageur fatigué qui se repose et qui attend.

Dieu vous fasse paix dans la vie! — Dieu lui fasse miséricorde dans la mort.

XIII

UNE SUTTIE.

'homme propose et Dieu dispose, continua le père Olifus : c'est pour le navigateur surtout que ce proverbe, le plus véridique de tous les proverbes, semble avoir été fait.

Nous partîmes de Goa dans les premiers jours de juin, époque à laquelle l'hiver commence ; or, qui n'a pas vu les tempêtes de la côte du Malabar, n'a rien vu.

Une de ces tempêtes-là nous jeta à Calicut, et, bon gré mal gré, il fallut bien rester là.

Cependant il y a cela de commode dans les hivers de l'Inde, qu'ils ne sont pas le moins du monde accompagnés de froids, mais seulement de vents, de nuages et d'éclairs ; ce qui fait que les fruits profitent aussi bien, pour mûrir, de l'hiver que de l'automne.

Au reste, ceux qui sont las de l'hiver n'ont pas beaucoup de chemin à faire pour aller chercher une autre saison. Ils n'ont qu'à traverser les montagnes de Gate, qui courent du nord au midi. En deux jours, au lieu d'être sur la côte du Malabar, ils se trouveront sur la côte de Coromandel, et au lieu d'être trempés par l'hiver du golfe Persique, ils seront rôtis par l'été du golfe du Bengale.

Au reste, je vous dirai : Rien de beau comme cette côte, toute parsemée de palmiers et de cocotiers toujours verts, toujours empanachés et qui, dans les grands vents, se couchent comme des arches de pont. Rien de beau comme ces plaines, comme ces prairies, comme ces rivières, comme ces lacs, où se mirent à l'envi, villes, villages et maisons de campagne, et qui s'étendent depuis le cap Comorin jusqu'à Mangalore.

Quand je vis que nous étions à la côte, et que le patron me dit que de trois ou quatre mois il n'y avait pas moyen de se mettre à la mer, j'en pris mon parti, et comme j'étais déjà presque aux trois quarts Hindou, je me décidai à faire un établissement à Calicut, et cela avec d'autant plus de tranquillité, que, Calicut étant au pouvoir des Anglais, qui sont protestants, je n'avais rien à craindre de mon diable d'inquisiteur de Goa.

D'ailleurs, à dix lieues de Calicut, j'avais Mahé qui est un comptoir français, et dont je pouvais me réclamer.

Ce qui me frappa tout d'abord, ce fut la longueur des oreilles que je rencontrais. J'avais cru jusqu'alors avoir les oreilles d'une assez jolie dimension, et je devais cet ornement à la libéralité que mon père et ma mère avaient toujours mise à me les tirer dans ma jeunesse ; mais je m'aperçus que mes oreilles, à moi, n'avaient point acquis le quart du volume auquel peuvent atteindre les oreilles humaines. Cela tient à ce qu'on les perce aux enfants calicutiens au moment où ils viennent au monde, et qu'à partir de cette heure les parents ingénieux mettent dans cette ouverture une feuille de palmier, sèche et roulée, qui, tendant sans cesse à se dérouler, dilate excessivement le trou, de sorte qu'il y a quelques-unes de ces oreilles à travers lesquelles on peut passer le poing.

Vous comprenez combien sont fiers ceux qui jouissent de cette espèce de beauté : ce sont les muscadins du pays.

Mon premier soin, en mettant pied à terre, avait été de prendre un naïr, c'est-à-dire une espèce de janissaire, pour visiter la ville et les environs, et pour me guider dans les locations et les achats que j'avais à faire.

Nous nous acheminâmes donc vers Calicut.

Mais en route nous fûmes pris d'un tel ouragan, que je me vis forcé de me réfugier dans une pagode malabare. C'était justement celle où, quatre cents ans avant moi, avait abordé Vasco de Gama.

Comme l'intérieur du temple était garni d'images, Vasco et ses compagnons prirent la pagode pour une église chrétienne, et comme des hommes couverts de calicot, c'est-à-dire ressemblant à des prêtres en petite tenue, leur versèrent de l'eau et des cendres sur la tête, cela les confirma d'autant plus dans cette croyance

Cependant, un des compagnons de Gama, inquiet de voir toutes ces idoles à figures étranges, et ne voulant pas compromettre son salut, accompagna sa prière de cette restriction :

—Que je sois ou non dans la maison du diable, c'est à Dieu que j'adresse mon oraison.

Moi, comme je suis tant soit peu païen, je ne fis oraison ni à Dieu, ni au diable. J'attendis que la pluie fût passée, et voilà tout.

J'avais toujours entendu parler d'un détail commercial, fort en usage à Calicut, et qui, au moment d'y établir un magasin quelconque, ne laissait pas de me préoccuper.

Un créancier qui rencontre son débiteur, m'avait-on dit, n'avait qu'à tracer un cercle autour de lui, et, m'avait-on assuré, celui-ci n'en pouvait sortir, sous peine de mort, avant que la dette pour laquelle il venait d'être écroué ne fût payée.

Il y avait plus. Une fois, le roi lui-même, à ce qu'on m'avait toujours assuré, avait rencontré un marchand qu'il remettait de jour en jour depuis trois mois : celui-ci traça une ligne autour du cheval du roi; le monarque resta immobile comme une statue équestre, jusqu'à ce que l'on eût apporté du palais la somme dont il avait besoin pour se liquider.

L'aventure était vraie, mais elle avait eu lieu dans les temps reculés, et la loi que nous venons de citer était tombée à peu près en désuétude.

Mais une loi qui subsistait toujours, quoique les Anglais eussent déclaré que les femmes hindoues n'étaient plus forcées de s'y soumettre, c'était celle qui ordonne aux femmes de se brûler sur le corps de leurs maris.

Or, comme si j'étais destiné à assister aux différents genres d'auto-da-fé qui se pratiquent sur la côte occidentale de l'Inde, je n'étais pas plutôt établi à Calicut, que l'on annonça qu'un brahmine venait de mourir, et que sa femme était décidée à se brûler sur son tombeau.

J'arrivai donc tout d'emblée pour assister à une suttie.

C'était un spectacle assez curieux pour un Européen, pour que cet Européen n'y manquât point, surtout quand il était doué d'une femme qui, au lieu de se brûler sur son tombeau, eût

fait bien certainement un feu de joie le jour de la mort de son époux

J'arrêtai donc définitivement mon naïr pour un mois.

C'était un garçon intelligent qui passa marché avec moi pour un demi-maron par jour, c'est-à-dire pour cinq ou six sous, et qui se chargea de me faire faire place le jour du spectacle.

Le jour du spectacle tombait le dimanche suivant, et la cérémonie s'accomplissait dans une plaine, à un quart de lieue de la ville.

Le bûcher, composé des matières les plus combustibles et des bois les plus inflammables, était, je ne dirai pas dressé, mais établi dans une fosse, de sorte que le foyer présentait un trou pareil à celui d'un cratère.

Sur le bûcher était couché le cadavre du mari, embaumé de façon à attendre la femme, sans trop se détériorer en attendant.

A l'heure convenue, c'est-à-dire vers dix heures du matin, la veuve du brahmine, pieds nus, tête nue, et le corps couvert d'une longue robe blanche, sortit de la maison conjugale au son des flûtes, des tambours et des tam-tams, et fut conduite en grande pompe au bûcher de son époux.

Une fois hors de la ville, elle trouva sur la route un officier anglais et une douzaine d'hommes placés là par le gouverneur de Calicut.

L'officier s'approcha d'elle et lui dit en langue indoustani que j'entendais parfaitement :

— Est-ce volontairement que vous mourez?

— Oui, répondit-elle, c'est volontairement.

— Au cas où vos parents vous forceraient, je suis là pour vous porter secours; réclamez mon appui, et au nom de mon gouvernement je vous emmène avec moi.

— Personne ne me force, je me brûle de plein gré. Laissez-moi donc passer.

J'étais, comme je l'ai dit, assez près de ceux qui dialoguaient pour entendre leur dialogue, et j'avoue que je fus frappé d'admiration à la vue d'une résolution pareille.

Il est vrai que la veuve parlait à un chrétien, devant lequel elle était bien aise de faire parade de sa religion, et que tous ces démons de brahmes l'étourdissaient en lui chantant leurs litanies aux oreilles.

Elle continua donc sa route assez fermement vers le bûcher.

Arrivée au bord de la fosse, qui commençait à flamboyer, elle fut entourée par les brahmes, qui lui firent boire une liqueur qui parut lui donner des forces.

Mon naïf me dit que celui qui lui faisait boire cette liqueur et qui la poussait le plus vigoureusement était son oncle.

Quoi qu'il en fût, les brahmes s'écartèrent, et la pauvre femme, après avoir fait ses adieux à l'assistance, après avoir distribué ses bijoux entre ses amies, recula de quatre pas pour prendre son élan, et, au milieu des cris d'encouragement des prêtres, au son d'une musique infernale, s'élança dans la fournaise.

Mais à peine y fut-elle, qu'elle trouva l'atmosphère un peu chaude, à ce qu'il paraît ; et que, malgré l'opium qu'elle avait bu, malgré les chants des prêtres, malgré les tam-tams des musiciens, elle poussa de grands cris, et sortit du feu plus vite qu'elle n'y était entrée.

Ce fut alors que j'admirai la prévoyance de mes bons inquisiteurs de Goa, lesquels dressent un poteau au milieu du bûcher, et, à ce poteau, scellent un anneau de fer pour retenir le condamné.

Au reste, à la vue de cette veuve qui manquait ainsi à tous ses devoirs, il faut rendre justice aux assistants : ils poussèrent un cri d'indignation, et chacun se précipita à la rencontre de la fugitive pour la repousser dans les flammes.

J'avais surtout devant moi une adorable petite Calicutienne, de dix à douze ans, qui était furieuse, et qui déclarait que, lorsque ce serait son tour de se brûler, elle ne ferait pas de telles façons ; aussi criait-elle de toutes ses forces ;

— Au feu ! la renégate ! Au feu ! au feu ! au feu !

Comme chacun jetait les mêmes cris, excepté moi, l'officier anglais et ses douze hommes, qui faisaient tout ce qu'ils pouvaient pour arriver à la patiente, mais qui, on le comprend bien, étaient facilement repoussés par toute cette population furieuse, la renégate, comme l'appelait ma jolie petite Calicutienne, fut prise, enlevée, ramenée à la fosse et jetée à toute volée au milieu des flammes ; puis aussitôt on lança sur elle tout ce que l'on put trouver de fagots, de bûches, de fascines, d'herbes sèches, ce qui ne l'empêcha pas d'écarter tout cet échafaudage enflammé, de sortir une seconde fois de la fournaise et, vivant incendie, avec la force du désespoir, d'aller, écartant tout le monde, se plonger dans un petit ruisseau qui coulait à cinquante pas du bûcher.

Vous concevez le scandale.

Ça ne s'était jamais vu, à ce que disaient du moins les assistants. Ma petite Calicutienne surtout ne revenait point d'étonnement de ce qu'une femme pût oublier à ce degré ses devoirs envers son époux.

C'était au point qu'elle ne pouvait que proférer ces paroles :

— Oh ! moi !... oh ! moi !... Si c'était moi !

Aussi courut-elle avec tout le monde vers le ruisseau où s'était réfugiée la coupable à demi brûlée.

Je la suivis, car je me sentais déjà pour elle une admiration profonde.

Comme nous arrivâmes sur les bords du ruisseau, la pauvre créature criait :

— Messieurs les Anglais, à moi ! au secours ! à moi !

Puis, comme les Anglais, repoussés de tous les côtés, ne pouvaient la secourir, elle aperçut son oncle, le même qui la poussait à se brûler :

— Mon oncle, cria-t-elle, au secours ! ayez compassion de moi ! Je quitterai ma famille, je vivrai comme une maudite, je mendierai.

— Eh bien ! soit, lui répondit l'oncle d'un air câlin. Laisse-moi t'envelopper dans ce drap mouillé, et je te remporterai à la case.

Et, en disant cela, l'oncle clignait de l'œil comme pour dire aux brahmines :

— Laissez faire, quand elle sera dans le drap, son affaire sera claire.

Sans doute elle aussi vit le coup d'œil et le comprit ; car, au lieu de se fier à son oncle, elle cria :

— Non ! non ! je ne veux pas ! éloignez-vous ! Je m'en irai toute seule ! laissez-moi ! laissez-moi !

Mais l'oncle ne voulait pas en avoir le démenti.

Il avait sans doute répondu de sa nièce, et il tenait à ce qu'elle acquittât sa parole.

Il jura donc à sa nièce, par les eaux du Gange, qu'il la ramènerait à la maison.

Le serment est si sacré, que la pauvre femme y crut.

Elle se coucha sur le drap mouillé dans lequel son oncle la roula comme une momie.

Puis, quand les bras furent pris, quand les jambes furent prises, il la chargea sur son épaule en criant :

— Au bûcher ! au bûcher !

En effet, il se mit à courir vers la fosse, suivi de toute la population qui criait :

— Au bûcher ! au bûcher !

Ma petite Calicutienne était au comble de l'admiration. Quand le brahme avait prononcé le serment sacré, elle avait été au moment de le flétrir du nom de paria; mais quand elle vit que ce serment n'avait pas d'autre but que de tromper sa nièce, et que le brahme manquait à son serment :

— Oh! l'honnête homme, **cria-t-elle** en battant des mains, le **digne homme! le saint homme!**

Je ne comprenais pas trop comment on était un brave homme, **un saint homme, un digne homme, en manquant à son serment**; mais ma petite Hindoue disait **cela d'un air si convaincu**; il y avait tant de grâce et de naïveté dans toute sa personne, que je finis par convenir en face de moi-même, l'orgueil masculin aidant, que cette pauvre veuve était décidément une grande coupable d'hésiter ainsi à se brûler sur le corps de son mari.

Aussi joignis-je mes acclamations aux acclamations générales de la foule, quand je vis cet honnête homme d'oncle, ce saint homme d'oncle, ce digne homme d'oncle, rejeter dans la four-naise sa misérable nièce, si bien empaquetée cette fois, que, quelques efforts qu'elle fît, en cinq ou six minutes la flamme en eut raison.

Ma petite Calicutienne était dans l'enthousiasme.

Ce dévouement conjugal préexistant dans le cœur d'une jeune fille me toucha au point que je lui demandai comment elle se nommait et qui elle était.

Elle se nommait Amarou, ce qui est un fort joli nom, comme vous voyez, et son père appartenait à la caste des Veissiahs, c'est-à-dire à celle des directeurs de l'agriculture et du commerce.

Le père d'Amarou était donc de la troisième classe; n'ayant au-dessus de lui que la classe des rajahs et celle des brahmes, et au-dessous de lui celle des sudras.

Le poste qu'il occupait à Calicut correspondait à celui de syndic du port.

C'était un homme qui pouvait m'être fort utile; et comme mon naïr le connaissait, il fut convenu qu'il me présenterait à lui le lendemain.

XIV

LES PANTOUFLES DU BRAHMINE.

L e résultat de ma visite au père de la belle Amarou fut que je me décidai à m'établir à Calicut, et à y fonder un commerce d'épiceries.

Mon premier soin fut d'acheter une maison.

Les maisons sont encore moins chères à Calicut qu'à Goa. Il est vrai que la plus solide maison de Calicut est en terre séchée, et que la plus haute a huit pieds de haut.

Aussi, pour douze écus, me trouvai-je propriétaire d'une maison qui me fut cédée par le vendeur avec trois serpents attachés à la propriété.

Je lui dis que je tenais peu à ses serpents, et que mon premier soin serait de leur tordre le cou; mais il m'invita à bien me garder d'une pareille imprudence.

Les serpents remplissent à Calicut l'office que remplissent les chats en Europe, en détruisant les rats et les souris, dont sans eux les maisons seraient infestées.

Je demandai à ce que les reptiles dont je devenais acquéreur, me fussent présentés, afin que je fisse connaissance avec eux.

En effet, il était important pour moi et pour eux de bien nous entendre, afin qu'il n'entrât pas d'intrus dans la maison.

Mon vendeur les siffla, et ils accoururent comme des chiens.

Au bout de trois jours, grâce à deux ou trois jattes de lait, dont je leur avais fait libéralement cadeau, nous étions les meilleurs amis du monde.

Cependant, j'avoue que les premières fois que je trouvai l'un ou l'autre dans mon lit en me couchant ou en m'éveillant, cette familiarité m'inspira quelque répugnance; mais, peu à peu, je m'y habituai et bientôt je n'y pensai plus.

Le commerce auquel je m'étais particulièrement adonné était celui du cardamone, espèce de poivre qui ne se trouve chez nous que chez les apothi...res, mais dont tous les insulaires des îles ...e l'Inde sont on ne peut plus friands.

Pendant mon séjour à Ceylan, j'avais appris à connaître la valeur de cette denrée, et je résolus d'en faire ma branche principale de spéculation.

J'étais arrivé justement dans la saison des pluies, qui est le bon temps pour défricher les terres où l'on veut planter du cardamone.

Le défrichement, au reste, est facile; pendant l'hiver il pousse sur le sol des environs de Calicut une véritable forêt d'herbes qui servent d'engrais à la terre, dans laquelle on peut planter ou semer; on sème ou on plante, et quatre mois après on récolte.

J'affermai donc une grande quantité de terre aux environs de Calicut, et je commençai mon défrichage, non pas comme on fait dans ce pays-là, en s'en rapportant à une vingtaine de sudras qui, éloignés de l'œil du maître, le trompent à qui mieux mieux dans l'emploi de la journée, mais en surveillant tout moi-même.

Et, pour que cette surveillance fût plus active, je commençai par me bâtir quatre cabanes aux quatre coins de mon exploitation. Ce qui me fut chose facile et peu dispendieuse, attendu que j'avais une grande quantité de cocotiers sur mon terrain, et que, comme chacun sait, cet arbre est un don du ciel pour ces climats, puisqu'avec son bois on bâtit les maisons, qu'avec ses feuilles on les couvre, qu'avec son écorce on tresse des nattes, qu'avec sa moelle on se nourrit, qu'avec son bourgeon on fait du vin, qu'avec sa noix on fait de l'huile, et qu'avec sa séve on fait du sucre.

Or, de ce vin, en le passant à l'alambic, je composais une espèce d'eau-de-vie avec laquelle je faisais faire tout ce que je voulais à mes sudras. Aussi ma récolte se ressentit-elle de mes distributions de *tari*.

On n'avait jamais rien vu de pareil, à Calicut, à mes dix ou douze arpents de cardamone; non-seulement ma récolte fut abondante, mais de première qualité, et je résolus, quand je vis le résultat, de consacrer cinq ou six ans à cette exploitation, au bout desquelles cinq ou six années ma fortune était faite, surtout si j'allais vendre moi-même à Ceylan ce que j'avais récolté moi-même à Calicut.

Pour cela, il s'agissait purement et simplement de noliser un petit bateau, et, pendant la fin de la saison d'été, de gagner Ceylan, lorsque j'aurais une cargaison suffisante.

Or, deux récoltes devaient me suffire pour charger un bateau, et deux récoltes à Calicut se font dans l'année.

Pendant ce temps, je continuais de visiter mon vieil ami Nachor et ma jeune amie la belle Amarou.

Je n'avais pas oublié que le père pouvait, pour mes patentes, pour mes droits de douane, etc., m'être très-utile, et, je l'avoue, ce grand dévouement à ses devoirs conjugaux que la fille avait déployé dans la fameuse journée de la suttie, m'avait profondément touché le cœur.

Or, le papa Nachor n'était pas un niais; il m'avait vu payer comptant tout ce que j'avais acheté ou loué.

Il ne douta pas, à la manière dont je menais mon exploitation, que je ne fusse en train de faire fortune; de sorte qu'il me recevait en homme qui désire que celui qu'il reçoit trouve la maison bonne, afin qu'il revienne dans la maison le plus souvent possible.

J'y revins tant et si bien, qu'au bout de huit ou dix mois, sauf le consentement de la belle Amarou, que j'avais cependant cru lire plus d'une fois dans ses yeux, tout était à peu près décidé entre moi et le père Nachor.

Un événement, qui pouvait avoir les suites les plus déplorables, amena, au contraire, une plus rapide conclusion des choses, que peut-être nous désirions tous, mais que la pudeur de la belle Amarou l'empêchait de laisser transparaître.

Un jour que j'avais invité le père et la fille à venir visiter mes plantations, et que, comptant passer la journée tout entière dans la plaine, j'avais galamment fait dresser quatre collations dans mes quatre cabanes, la belle Amarou, qui suivait immédiatement l'esclave qui battait les deux côtés du sentier avec un bâton, pour en écarter les reptiles venimeux, jeta un grand cri. Une petite couleuvre verte, de l'espèce la plus terrible et dont la blessure est toujours mortelle, venait de s'élancer d'une touffe d'herbe, et s'était attachée au pan de son écharpe.

J'avais vu s'élancer la couleuvre, j'avais entendu le cri, et d'un coup de baguette que je tenais à la main, je l'avais atteinte si heureusement, que je lui avais fait lâcher prise; puis, comme j'avais des bottes, d'un coup de talon je lui avais écrasé la tête.

Mais, pour avoir échappé au danger, la belle Amarou n'en était pas dans un meilleur état.

Au lieu de mourir du venin, elle semblait prête à mourir de la frayeur.

Renversée sur un de mes bras, comme un beau lis de rivière, elle était pâle et frissonnante comme lui.

Je l'enlevai, et, la pressant contre ma poitrine, je la portai jusqu'à la cabane où nous attendait le déjeuner.

Au reste, la charmante enfant, qui avait douze ans à peine, ne pesait guère plus à mes bras qu'un rêve ou une vapeur; son cœur seul, en battant contre le mien, constatait la réalité.

Une fois entré dans la cabane, une fois la visite faite de tous côtés, la belle Amarou commença de se rassurer un peu et consentit à manger quelques grains de riz; mais lorsqu'il fallut se remettre en route, la même frayeur s'empara d'elle, et elle déclara qu'elle était décidée à ne plus marcher à pied.

Rien ne pouvait m'être plus agréable qu'une pareille déclaration.

Je lui offris le même moyen de transport qui l'avait conduite où elle était. Elle regarda son père, lequel lui fit signe qu'elle pouvait accepter.

Je repris Amarou entre mes bras, et nous nous remîmes en route.

Cette fois, comme elle craignait de peser trop lourdement, elle avait passé sa main autour de mon col, ce qui rapprochait son visage du mien, ses cheveux des miens, son haleine de la mienne, toutes choses qui, à ce qu'il paraît, n'étaient pas fâchées d'être rapprochées, attendu qu'elles se mêlaient à qui mieux mieux, et que, plus elles se mêlaient, plus elles se rapprochaient.

A la première cabane, j'espérais être aimé; à la seconde, j'étais sûr de l'être; à la troisième, Amarou m'avait fait l'aveu de son amour; enfin à la quatrième, notre mariage était convenu, et il ne restait plus à arrêter que l'époque.

Cette époque, ce fut Nachor qui la fixa.

C'était un homme prudent que Nachor, il avait bien vu la récolte sur pied, mais il voulait la voir en magasin. Il fixa donc la cérémonie au mois de juillet.

Cette époque m'allait assez; c'était celle où je comptais expédier mon petit bâtiment ou plutôt le conduire moi-même à Ceylan, et je n'étais pas fâché de laisser derrière moi quelqu'un qui surveillât le labour et la plantation de mon champ.

Amarou, avec la peur qu'elle avait des couleuvres vertes, était incapable de faire l'office d'inspecteur; mais Nachor m'avait prouvé qu'il s'y connaissait, et quand il aurait à soigner les intérêts de sa fille unique, il n'y avait pas de doute que ces intérêts, qui se trouvaient tout naturellement être les miens, ne fussent parfaitement soignés.

Or, nous étions à la fin de mai; je n'étais donc pas condamné à une longue attente.

Nachor et Amarou suivaient la religion hindoue. Il fût convenu que nous nous marierions selon le rite des brahmines.

En conséquence, quoique tout fût arrêté entre nous, je cherchai un brahmine pour faire en mon nom à Nachor la demande de la main d'Amarou.

C'était l'usage, et je ne voyais aucun inconvénient à me conformer à l'usage.

Je n'avais aucune connaissance parmi les brahmines; Amarou m'indiqua ce grand coquin qui avait roulé sa nièce dans un drap, après avoir fait un faux serment par les eaux du Gange, et qui l'avait jetée dans la fournaise, malgré ses cris et ses supplications.

Je n'avais rien contre lui que de le trouver assez mauvais parent. Mais comme la mission qu'il remplissait pour moi près de Nachor n'en faisait pas mon oncle, peu m'importait.

Au jour convenu, il partit donc de chez moi pour aller chez Amarou, rentra deux fois, à différents intervalles, sous prétexte qu'il avait toujours trouvé sur sa route de mauvais présages.

Mais, la troisième fois, les mauvais présages ayant disparu pour faire place, au contraire, aux plus heureux auspices, il ne s'agissait plus que de choisir un jour qui fût agréable à Brahma, quand il revint me dire que la main d'Amarou m'était accordée.

Je répondis que tous les jours m'étaient bons, que par conséquent le jour de Brahma serait le mien.

Le brahmine choisit le vendredi.

J'eus envie de chicaner un instant; vous savez que chez nous il y a des préjugés sur le vendredi; mais j'avais fait le bravache, j'avais dit que tous les jours m'étaient bons, je ne voulus pas m'en dédire, et je répondis:

— Va pour le vendredi, pourvu que ce soit vendredi prochain.

Ce bienheureux vendredi arriva, c'était chez Nachor que la cérémonie se faisait.

Vers cinq heures du soir je m'y rendis.

Nous nous présentâmes réciproquement le béthel.

On alluma le feu Homan avec le bois Ravasitou.

Le grand gueux de brahmine, toujours l'oncle de la brûlée, prit trois poignées de riz et les jeta sur la tête d'Amarou.

Il en prit trois autres qu'il jeta sur la mienne, après quoi Nachor versa de l'eau dans une grande jatte de bois, me lava les pieds, puis il tendit la main à sa fille. Amarou posa sa main dans celle de son père, Nachor y jeta quelques gouttes d'eau, y déposa trois ou quatre pièces de monnaie et me présenta Amarou en lui disant:

— Je n'ai plus rien à faire avec vous. Je vous remets au pouvoir d'un autre.

Alors le brahmine tira d'un sachet le véritable lien du mariage, c'est-à-dire le *tali*, espèce de ruban auquel pend une tête d'or. Il le montra à la compagnie, et me le rendit ensuite pour que je l'attachasse au cou de ma femme.

Le ruban noué, nous étions mariés.

Mais l'habitude est que les fêtes durent cinq jours, pendant lesquels le mari n'a aucun droit sur sa femme. Aussi, pendant les quatre premiers jours, fus-je si bien gardé à vue par les garçons et par les filles, qu'à peine si je pus baiser le petit doigt de la belle Amarou. Je tâchai de lui exprimer, par mes regards, combien le temps me paraissait long; elle, de son côté, faisait des yeux qui semblaient dire: C'est vrai, il n'est pas court, mais patience! patience!

Et, sur cette promesse, je patientais.

Enfin le cinquième jour se leva, s'écoula, finit: la nuit vint, on nous reconduisit jusqu'à ma maison. Dans la première chambre, était une collation préparée; j'en fis les honneurs à nos amis, tandis que l'on déshabillait et que l'on couchait ma femme.

Puis, au bout d'un instant, quand je crus que personne ne faisait attention à moi, je me glissai vers la porte de la chambre à coucher, abandonnant bien volontiers le reste de la maison à mes

— Vous allez m'aider à faire justice de votre coquine de fille. — Page 66.

convives, pourvu qu'ils m'abandonnassent la petite chambre où m'attendait la belle Amarou.

Mais, à la porte, je fus bien étonné de trébucher dans quelque chose ; je portai la main sur l'objet qui m'avait fait trébucher et je trouvai une paire de pantoufles.

Une paire de pantoufles à la porte d'Amarou ! que voulait dire cela ?

Cela me préoccupa un instant, mais je jetai bientôt les pantoufles de côté, et me mis en devoir d'ouvrir la porte.

La porte était fermée.

J'appelai de ma voix la plus douce : — Amarou ! Amarou ! Amarou ! — croyant toujour qu'elle allait ouvrir ; mais, quoique j'entendisse très-bien qu'il y avait quelqu'un dans la chambre, et plutôt même deux personnes qu'une, on ne me répondit pas.

Vous comprenez ma colère : s'il n'y avait pas eu là ces diables de pantoufles, j'aurais encore pu douter ; mais, comme je ne doutais pas, j'allais commencer à carillonner de toutes mes forces, lorsque je sentis qu'on me saisissait le bras.

Je me retournai, je reconnus Nachor.

— Ah! pardieu, lui dis-je, vous êtes bien venu, vous allez m'aider à faire justice de votre coquine de fille.

— Que voulez-vous dire? demanda Nachor.

— Je veux dire qu'elle est enfermée avec un homme, ni plus ni moins.

— Avec un homme? s'écria Nachor; en ce cas, je la renie pour ma fille, et, si c'est vrai, vous pouvez la mettre en prison et même la tuer, c'est votre droit.

— Ah! tant mieux! je suis bien aise que ce soit mon droit, et je vais en profiter, je vous en réponds.

— Mais qui vous fait croire cela?

— Pardieu! le bruit que j'entends dans la chambre, et puis ces pantoufles.

Et je poussai du pied les preuves de conviction dans les jambes de Nachor.

Nachor ramassa une pantoufle, puis l'autre, et les regardant avec attention:

— Oh! bienheureux Olifus! s'écria-t-il, oh! fortuné mari! oh! famille privilégiée que la nôtre! Mon gendre, remerciez Wishnou et sa femme Lackemy, remerciez Siva et sa femme Parvatty, remerciez Brahma et sa femme Saraswaty, remerciez Indra et sa femme Avitty; remerciez l'arbre Kalpa, la vache Kamaderou et l'oiseau Garrouda. Un saint homme daigne faire pour vous ce qu'il ne fait d'ordinaire que pour le roi du pays: il vous épargne la peine que vous alliez prendre, et dans neuf mois, si les huit grands dieux de l'Inde ne détournent pas les regards de nous et de votre femme, nous aurons un brahmine dans notre famille.

— Pardon! pardon! m'écriai-je, je ne tiens pas du tout à avoir un brahmine dans ma famille. Je ne suis pas paresseux, et la peine que prend notre saint homme, je l'eusse parfaitement prise moi-même. Je ne suis pas roi du pays, et, par conséquent, je ne regarde pas comme un honneur qu'un prêtre s'enferme avec ma femme la première nuit de mes noces. Je ne remercierai ni l'oiseau Garrouda, ni la vache Kamaderou, ni l'arbre Kalpa, ni Indra, ni Brahma, ni Siva, ni Wishnou, mais je vais casser les reins à votre gueux de brahmine, qui a brûlé sa nièce après avoir juré par les eaux du Gange qu'il allait la reconduire à la maison.

Et, en disant ces mots, je sautai sur un bam-bou, bien décidé à mettre ma menace à exécution.

Mais, aux cris de Nachor, toute la noce accourut; ce que voyant, je jetai mon bambou et me précipitai dans un cabinet dont je refermai la porte derrière moi.

Là, je pus donner un libre cours à ma colère.

Je me précipitai sur le plancher couvert de nattes et je me roulai en jurant et en blasphémant de la bonne manière.

Tout en me roulant, tout en jurant, tout en blasphémant, je me trouvai entre des bras qui me serrèrent et contre une bouche qui m'embrassa.

Cela ne m'étonna pas trop.

Parmi mes esclaves de la quatrième classe, c'est-à-dire de la classe des sudras, il y avait une jolie fille de quatorze ou quinze ans que parfois j'avais trouvée dans mon lit, comme mes serpents preneurs de rats, et que, je dois le dire, j'y avais rencontrée avec plus de plaisir.

Cette fidélité à mon malheur, le soir même où j'avais complètement oublié la pauvre fille, me toucha.

— Ah! ma pauvre Holaoheni, lui dis-je, je crois que décidément il y a un sort sur moi et sur mes femmes. Aussi je jure bien désormais de ne plus me marier, et quand j'aurai une belle maîtresse comme toi, de me borner à elle. Aussi, tiens; et je lui rendis le baiser qu'elle m'avait donné.

— Ah! fit-elle au bout de cinq minutes.

— Ouais! m'écriais-je, ce n'est pas Holaoheni; qui est-ce donc? Ah! mon Dieu! mon Dieu! serait-ce encore...

Et cette sueur bien connue que j'ai déjà constatée dans trois circonstances pareilles me passa sur le front.

— Eh oui! ingrat! c'est moi encore, c'est moi toujours; c'est moi qui ne me lasse pas d'être repoussée, insultée, trompée, et qui reviens chaque fois que j'ai une bonne nouvelle à t'apprendre.

— Bon! fis-je en me débarrassant de l'étreinte conjugale; connue la bonne nouvelle: vous venez m'annoncer que je suis père d'un troisième enfant, n'est-ce pas?

— Que j'ai appelé Philippe, en mémoire du jour où je suis venue vous avertir que votre troisième femme vous trompait. Hélas! aujourd'hui, je n'ai pas eu besoin de vous avertir, vous vous en êtes aperçu vous-même, mon pauvre ami!

— Ah çà! m'écriai-je, impatienté, c'est très-bien; mais me voilà trois fils sur les bras, il me semble que c'est bien assez.

— Oui, et vous voudriez une fille, dit la Buchold; eh bien! nous sommes aujourd'hui au 20 juillet, jour de Sainte-Marguerite, espérez qu'à la recommandation de cette bonne sainte vos vœux seront exaucés.

Je poussai un soupir.

— Maintenant, cher ami, continua-t-elle, vous comprenez que, lorsqu'on a une famille comme la mienne, on ne peut s'absenter longtemps de sa maison; et si je n'avais pas eu le très-honorable sire Van Tigel, sénateur d'Amsterdam, qui a promis d'aimer et de protéger notre pauvre Philippe comme s'il était son fils, et qui, en mon absence, veut bien s'occuper de lui et de ses frères, je n'eusse pas même pu vous faire cette petite visite.

— Ainsi, vous partez? lui dis-je.

— Oui; mais, en partant, laissez-moi vous donner un conseil.

— Donnez.

— Vous en voulez à ce pauvre cher homme de brahmine qui, croyant vous rendre service, a...

— C'est bien, c'est bien.

— Vengez-vous de lui, c'est trop juste. Mais vengez-vous adroitement, comme on se venge dans ce pays-ci : vengez-vous sans vous exposer. Vous vous devez à votre femme et à vos enfants.

— Je ne dis pas... fis-je; le conseil est bon. Mais comment me venger?

— Oh! mon Dieu! vous connaissez les paroles de l'Évangile : « Cherche et tu trouveras. » Cherchez et vous trouverez. Vous avez un bâtiment tout chargé, une bonne pacotille qui vaut deux à trois mille roupies dans le pays, le double à Ceylan, le triple à Java. Allez à Trinquemale ou à Batavia, et je vous promets une vente assurée. Adieu, cher ami, ou plutôt au revoir; car vous me forcerez, j'en ai bien peur, de faire encore un ou deux voyages dans la mer des Indes. Heureusement que je suis comme Mahomet, et que, lorsque la montagne ne vient point à moi, je vais à la montagne. A propos, n'oubliez pas de brûler, à la première occasion, un cierge à Sainte-Marguerite.

— Oui, lui dis-je, tout distrait, soyez tranquille... je tâcherai de me conserver pour vous et pour nos enfants... et si sur ma route je rencontre une chapelle à Sainte-Marguerite... Ah! je l'ai trouvée, m'écriai-je.

Je m'attendais à ce que la Buchold me demanderait ce que je venais de trouver, mais elle était déjà partie.

Ce que j'avais trouvé, c'était ma vengeance.

J'appelai un de mes esclaves qui était fort renommé pour sa manière de charmer les serpents, et je lui promis dix farons si, avant le lendemain matin, il m'apportait une couleuvre verte.

Une demi-heure après, il m'apportait le reptile demandé dans une boîte. C'était ce qu'il y avait de mieux dans l'espèce : un véritable collier d'émeraude.

Je lui donnai douze farons au lieu de dix, et il s'en alla en me recommandant aux huit grands dieux de l'Inde.

Quant à moi, je commençai par prendre sur moi tout ce que j'avais de monnaie, de bijoux et de perles.

J'allai sur la pointe du pied à la chambre de ma femme, j'ouvris la boîte où était renfermé mon aspic, juste au-dessus de la pantoufle du brahmine; l'animal, trouvant un nid qui semblait fait pour lui, s'y enroula tranquillement, et j'allai rejoindre mon petit bâtiment qui se balançait dans le port avec sa cargaison de cardamone.

Il est vrai que j'abandonnais une maison qui valait douze écus et un mobilier qui en valait huit. Mais, ma foi! dans les grandes occasions, il faut savoir supporter une petite perte.

Mon équipage, qui était prévenu qu'il recevrait l'ordre d'appareiller d'un moment à l'autre, était tout prêt.

Nous n'eûmes donc qu'à lever l'ancre et qu'à hisser les voiles, ce que nous fîmes sans tambour ni trompette.

Lorsque le jour parut, nous étions déjà à plus de dix lieues de la côte.

Je n'ai jamais entendu parler de mon grand gueux de brahmine, mais il est probable qu'il est, à cette heure, guéri pour toujours, et depuis une vingtaine d'années, de la manie, lorsqu'il entre quelque part, de laisser ses pantoufles à la porte.

Ma foi! dit le père Olifus en mirant le cadavre de sa seconde bouteille, je crois que le rhum nous fait faux-bon, et qu'il est temps de passer au rack.

XV

CINQUIÈME ET DERNIER MARIAGE DU PÈRE OLIFUS.

omme on le comprend bien, le narrateur n'avait pas arrosé d'un carafon d'eau-de-vie et d'un carafon de rhum la narration de ses quatre premiers mariages sans que le souvenir du passé, mêlé aux libations présentes, eût jeté quelque émotion sur son récit. Aussi nous étions convaincus, Biard et moi, que, s'il avait à nous raconter encore un sixième ou septième mariage, nous serions obligés, ou de nous constituer gardiens du carafon de rack, ou de remettre au lendemain la fin de l'odyssée conjugale de l'Ulysse de Monnikendam.

Heureusement lui-même nous rassura en passant, après avoir bu sa gorgée de rack, le dos de sa main sur ses lèvres, et en disant du ton d'un homme qui fait une annonce :

— Cinquième et dernier mariage du père Olifus!

Puis il continua de sa voix ordinaire :

J'étais donc parti avec mon petit bâtiment, une espèce de chasse-marée, pas davantage, et six hommes d'équipage, voilà tout, à l'aventure du bon Dieu, décidés que nous étions à doubler le cap Comorin, et, si le vent était bon et la mer belle, à laisser Ceylan par le bossoir de bâbord, et à gagner Sumatra et Java. Peu m'importait l'une ou l'autre de ces îles, puisque plus je m'avançais vers l'océan Pacifique, plus j'étais sûr de la vente de mon cardamone.

Le septième jour après notre départ, nous eûmes connaissance de Ceylan ; à l'aide de ma lunette, je pouvais même distinguer les maisons du port de Galles.

Mais, bah ! le vent était frais, et nous avions encore pour un mois de beau temps à peu près.

Je détournai la tête de cette diablesse de terre qui nous attirait, et je mis le cap sur Achem, lançant ma coque de noix à travers l'océan des Indes, avec autant de philosophie que si c'eût été le premier trois-mâts de Rotterdam.

Tout alla bien pendant les cinq premiers jours, et même après, comme vous allez voir ; seulement, vers le deuxième quart de la sixième nuit, un petit accident faillit nous envoyer tous pêcher des perles au fond du golfe du Bengale.

Pendant les nuits précédentes, c'était moi qui avais tenu le gouvernail, et tout avait été à merveille ; mais, ma foi, nous étions loin de toute terre ; aucun rocher, aucun banc n'était signalé sur notre route. Grâce à notre mâture basse et au peu de voiles que portait notre bâtiment, nous devions, la nuit surtout, échapper à l'œil des pirates, si perçant qu'il fût ; je mis le plus habile de mes hommes au gouvernail, je descendis dans l'entre-pont, je me couchai sur mes ballots et je m'endormis.

Je ne sais pas depuis combien de temps je dormais, lorsque tout à coup je fus réveillé par un grand bruit qui se faisait au-dessus de ma tête.

Mes hommes couraient de la poupe à la proue ; ils criaient ou plutôt hurlaient, et dans ces hurlements je distinguais à la fois des prières et des jurements ; aussi, ce que je vis de plus clair dans tout cela, c'est que nous courions un danger quelconque, et que le danger était grand.

Plus le danger était grand, plus il réclamait ma présence ; aussi, sans chercher quel il pouvait être, je courus à l'écoutille et m'élançai sur le pont.

La mer était magnifique, le ciel étoilé, excepté sur un point où une masse énorme, presque suspendue au-dessus de notre tête, et prête à tomber sur le bâtiment, interrompait par son opacité la lumière des étoiles.

Tous les yeux de mes hommes étaient fixés

... En face l'un de l'autre, poussant leur coq au combat. — Page 74.

sur cette masse, tous leurs efforts avaient pour but de l'éviter.

Seulement, quelle était cette masse?

Un savant se serait mis à résoudre le problème, et aurait été englouti avant de l'avoir trouvé. Je n'eus pas cette prétention.

Je sautai sur le gouvernail, je mis la barre tout à bâbord; puis, comme il passait, envoyé par le bon Dieu sans doute, un joli petit coup de vent nord-nord-ouest, je le reçus dans ma voile d'avant et d'arrière en même temps, ce qui fit bondir notre embarcation comme un bélier effarouché, de sorte qu'au moment où la masse retomba, au lieu de retomber d'aplomb sur nous, comme elle menaçait de le faire, elle rasa notre poupe, et ce fut nous, à notre tour, qui nous trouvâmes sur la montagne, au lieu d'être dans la vallée.

Ce qui avait failli nous écraser, c'était une énorme jonque chinoise, au ventre rebondi comme celui d'une calebasse, et qui était venue sur nous sans dire gare !

J'avais retenu, tant à Ceylan qu'à Goa, quelques mots chinois; ce n'étaient peut-être pas des plus polis, mais c'étaient à coup sûr des plus énergiques.

Je pris mon porte-voix, et je les envoyai, comme une bordée, aux sujets du sublime empereur.

Mais, à notre grand étonnement, personne ne répondit.

Ce fut alors que nous nous aperçûmes que la jonque flottait inerte, comme s'il n'y avait sur le pont personne pour la diriger; aucune lumière ne brillait ni par les sabords, ni près de la boussole; on eût dit d'un poisson mort, du cadavre de Léviathan.

Sans compter que pas une voile n'était au vent.

La chose était assez extraordinaire pour mériter notre attention.

Nous connaissions les Chinois pour fort indolents; mais, si indolents qu'ils soient, ils n'ont pas l'habitude de s'en aller au diable si tranquillement.

Je compris qu'il était arrivé au bâtiment ou à l'équipage quelque chose d'inaccoutumé; et, comme nous n'avions plus qu'une heure et demie ou deux heures à attendre le jour, je manœuvrai pour naviguer de conserve avec la jonque, ce qui n'était pas difficile, attendu qu'elle roulait comme un ballot, et qu'il n'y avait qu'une précaution à prendre, c'était de ne pas laisser porter contre elle.

Une simple voile que nous conservâmes suffit à nous préserver de cet accident.

Peu à peu le jour vint : au fur et à mesure que l'obscurité se dissipait, nos yeux essayaient de reconnaître quelque mouvement dans l'immense machine; mais pas un homme ne bougeait; ou la jonque était vide, ou son équipage était endormi.

Je m'approchai le plus qu'il me fut possible.

Je prononçai tout ce que je savais de mots chinois.

Un de mes hommes, qui avait été dix ans à Machao, parla, appela, cria à son tour ; personne ne répondit.

Alors nous résolûmes de faire le tour de la jonque, pour voir si le même silence régnait à tribord qu'à bâbord.

Même silence; seulement, à tribord, une tireveille pendait.

Je manœuvrai pour approcher le plus possible l'énorme carcasse; je parvins à empoigner la tireveille, et en cinq minutes je fus sur le pont.

Il était évident qu'il s'y était passé quelque chose qui n'était pas agréable pour les habitants de la jonque :

Des meubles cassés, des lambeaux d'étoffe flottants; çà et là des taches de sang : tout indiquait une lutte dans laquelle les Chinois, sans aucun doute, avaient eu le dessous.

Pendant que je passais la revue sur le pont, il me sembla entendre des plaintes étouffées sortir de l'intérieur.

Je voulus descendre dans l'entre-pont, les écoutilles étaient fermées.

Je regardai autour de moi, et vis au pied du cabestan une espèce de pince qui me parut destinée à remplir merveilleusement le but que je me proposais. En effet, à l'aide d'une pesée, je fis sauter la trappe d'une des écoutilles, et le jour pénétra dans l'entre-pont.

En même temps que le jour y pénétrait, des plaintes plus distinctes arrivèrent jusqu'à moi.

Je descendis avec une certaine hésitation, je l'avoue; mais, à la moitié de l'échelle, j'étais rassuré.

Sur le plancher de l'entre-pont, rangés comme des momies et ficelés comme des saucissons, étaient une vingtaine de Chinois, rongeant leurs bâillons avec plus ou moins de grimaces, selon que la nature les avait doués d'un tempérament plus ou moins patient.

J'allai à celui qui me parut le plus considérable ; il était ficelé de cordes plus grosses, et mâchait un bâillon plus gros. A tout seigneur tout honneur.

Je le déficelai et le débâillonnai de mon mieux : c'était le propriétaire de la jonque, le capitaine Ising-Fong.

Il commença par m'adresser ses bien sincères remerciments, à ce que je pus comprendre du moins ; puis il me pria de l'aider à déficeler et à débâillonner ses compagnons.

En moins de dix minutes l'opération fut terminée.

Au fur et à mesure qu'un homme était déficelé et débâillonné, il se précipitait dans la cale, où il disparaissait.

J'eus la curiosité de voir ce qu'ils allaient faire avec tant de précipitation dans les basfonds du bâtiment, et je vis les malheureux qui avaient défoncé une barrique d'eau, et qui buvaient à même.

Il y avait trois jours qu'ils n'avaient ni bu ni

mangé; mais comme ils avaient encore plus souffert de la soif que de la faim, c'était la soif qu'ils s'occupaient d'étancher d'abord.

Deux burent tant, qu'ils en moururent; un troisième mangea tant, qu'il en creva.

L'histoire de cette malheureuse jonque, qui nous avait d'abord paru si incompréhensible, était cependant toute naturelle.

Abordé de nuit par des pirates malabars, l'équipage avait été pris après une courte résistance. C'était cette résistance dont nous avions aperçu les traces sur le pont.

Puis, pour n'être pas dérangés dans leur visite commerciale, les pirates avaient lié, bâillonné et couché l'équipage, son capitaine en tête, dans l'entre-pont; après quoi ils avaient pris du chargement tout ce qu'il leur avait fait plaisir d'en prendre, gâtant ou noyant une partie de ce qu'ils n'avaient pas pu emporter.

Puis, dans l'espérance sans doute de faire un second voyage à la jonque, ils avaient cargué toutes les voiles qui pouvaient lui faire faire du chemin, et l'avaient laissée courir à sec.

C'était dans cet état qu'elle avait failli nous tomber sur la tête.

On comprend la joie du capitaine et de son équipage en se voyant délivrés par nous, ou plutôt par moi, après trois jours d'angoisses, de leur situation médiocrement agréable.

On envoya une espèce d'échelle à mes hommes, dont quatre montèrent sur le pont, tandis que les deux autres amarraient le chasse-marée à la poupe de la jonque, où il ne paraissait pas plus important qu'un canot à la suite d'un brick ordinaire.

Le chasse-marée amarré, les deux derniers hommes de mon équipage vinrent nous rejoindre.

Il s'agissait d'aider l'équipage chinois à se remettre en état.

Les sujets du sublime empereur ne sont ni les plus braves ni les plus habiles marins de la terre; de sorte qu'ils poussaient de grands cris, faisaient de grands bras, mais n'eussent avancé en rien, si nous n'eussions fait leur besogne.

La besogne faite, les blessés pansés, les morts jetés à la mer, la jonque sous voiles, on décida que, le chargement étant passé à bord des pirates, il était inutile de continuer la route pour Madras.

D'ailleurs le capitaine Ising-Fong était décidé à revenir sur ses pas. C'est qu'il comptait prendre à Madras un chargement de cardamone, et que justement, moi, j'étais chargé de cardamone; seulement on comprend que la première chose que les pirates avaient visitée, c'était la caisse du capitaine Ising-Fong.

La caisse ne se trouvant pas en état de me solder les huit mille roupies auxquelles était estimée ma cargaison, il fut convenu que nous ferions route de conserve jusqu'à Manille, où le capitaine Ising-Fong avait un correspondant, et où par conséquent, grâce au crédit dont il jouissait depuis le détroit de Malacca jusqu'au détroit de Corée, nous pourrions terminer notre négociation.

Comme je n'avais de préférence pour aucun lieu du monde, et surtout rien de particulier contre les Philippines, j'acceptai la proposition, à la condition seulement que je serais consulté sur la manœuvre, attendu que je ne me souciais nullement de faire connaissance avec les pirates.

Le capitaine Ising-Fong, soit-amour-propre, soit défiance, fit d'abord quelques difficultés; mais lorsqu'il eut vu que, grâce à mes manœuvres, sa machine, qui roulait jusque-là comme une tonne, commençait à fendre l'eau comme un poisson, il croisa ses mains sur son ventre, se mit à dandoliner la tête de haut en bas, prononça deux ou trois fois la double syllabe *hi-o*, *hi-o*, qui veut dire : « A merveille! » et il ne s'occupa plus de rien.

Si bien que nous franchîmes sans accident le détroit de Malacca, que nous traversâmes, sans accident toujours, l'archipel des Arambas, et qu'ayant doublé la petite île du Corrégidor, placée comme une vedette à l'entrée de la baie, nous nous engageâmes dans les bouches du Passig, et allâmes sains et saufs jeter l'ancre, à la nuit close, en face l'entrepôt de la douane.

Je le criblai de coups de couteau. — Page 79.

XVI

LE BÉZOARD.

L e capitaine Ising-Fong ne m'avait pas fait une vaine promesse; et, dès le jour de notre arrivée, il me conduisit chez son correspondant, riche fabricant de cigares, lequel m'offrit, ou de me payer mes huit mille roupies en espèces, ou de me donner des marchandises pour une somme égale, à un taux auquel lui seul pouvait me les fournir, vue l'étendue de son commerce et la multiplicité de ses affaires.

En effet, les îles Philippines peuvent être regardées comme l'entrepôt du monde : on y trouve l'or et l'argent du Pérou, les diamants de Golconde, les topazes, les saphirs et la cannelle de Ceylan, le poivre de Java, le girofle et les noix muscades des Moluques, le camphre de Bornéo, les perles de Mannar, les tapis de la Perse, le benjoin et l'ivoire de Camboie, le musc de Liquios, les étoffes du Bengale, et la porcelaine de la Chine.

C'était à moi de faire un choix parmi toutes ces denrées, et de jeter mon dévolu sur celles qui paraîtraient m'offrir le plus sûr et le plus prompt bénéfice.

Au reste, comme rien ne me pressait, attendu que j'avais réalisé un gain assez joli sur mon cardamone, je résolus de passer quelque temps à Manille et d'étudier, pendant mon séjour aux Philippines, la branche de commerce qui pouvait être la plus fructueuse à un homme qui, ayant commencé avec cent quarante francs, a une trentaine de mille livres comptant à mettre dans le commerce.

Mon premier soin fut de visiter les deux villes :

Manille, la ville espagnole ;

Bidondo, la ville Tagale.

La ville espagnole est un composé de couvents, d'églises, de maisons de retraite et de maisons taillées carrément, sans plans d'ordonnance, avec des murs épais et hauts, des meurtrières percées au hasard, des jardins qui les isolent les unes des autres, peuplées de moines, de religieuses, d'Espagnols à manteaux se faisant porter dans de mauvais palanquins, ou marchant gravement, le cigare à la bouche, comme des vieux Castillans du temps de don Quichotte de la Manche.

Aussi la ville qui peut renfermer cent mille habitants, et qui en renferme huit mille, est-elle d'une tristesse profonde.

Ce n'était pas là ce qu'il me fallait, et, après avoir visité Manille, tout en secouant dédaigneusement la tête, je résolus de faire connaissance avec Bidondo.

Le lendemain donc, après mon chocolat pris, je me dirigeai vers la ville roturière ; et, à mesure que j'en approchais, le bruit de la vie, complétement absent de ce tombeau qu'on appelle Manille, venait jusqu'à moi.

Je respirais plus librement et je trouvais la verdure plus fraîche et le soleil plus lumineux.

Aussi je me hâtai de traverser les fortifications et les ponts-levis de la ville militaire, et, comme un homme qui sort d'un souterrain, je me trouvai tout à coup gai, joyeux et allègre, sur ce qu'on appelle le pont de pierre.

Là commençait la vie, ou plutôt, à partir de là, la vie était répandue à foison.

Le pont était encombré d'Espagnols en palanquins, de métis courant à pied, armés de grands parasols, de créoles suivis de leurs domestiques, de paysans venus des villages voisins, de marchands chinois, d'ouvriers malais ; c'était un bruit, un tintamare, un tohu-bohu qui faisait plaisir à voir pour un homme qui pouvait se croire mort, ayant été enterré deux jours à Manille.

Adieu donc à la ville sombre, adieu aux maisons ennuyées, adieu aux nobles seigneurs, et bonjour au joyeux faubourg, bonjour à Bidondo avec ses cent quarante mille habitants, bonjour aux maisons élégantes, à la population affairée ; bonjour au quai où grincent les poulies, où roulent les ballots des quatre coins du monde, où s'amarrent les jonques chinoises, les pirogues de la Nouvelle-Guinée, les proas malaises, les bricks, les corvettes, les trois-mâts européens.

Là, point de catégories, d'exclusion, de castes ; l'homme vaut selon ce qu'il est, est estimé selon ce qu'il possède : on le reconnaît au premier coup d'œil, à son costume, avant qu'on ne le reconnaisse à son accent.

Malais, Américains, Chinois, Espagnols, Hollandais, Madécasses, Indiens, sont sans cesse occupés à fendre le flot indigène. Cet océan de Tagals, hommes et femmes, qui formaient la population de l'île quand les Espagnols en firent la conquête, et qu'on reconnaît, les hommes, à leur costume presque normand, à la chemise qui pend en blouse sur le pantalon de toile, à la cravate à la Colin, au chapeau de feutre aux bords fatigués, aux souliers à boucles, au chapelet qui entoure son cou et à la petite écharpe qu'il porte comme un plaid ; les femmes, à leurs cheveux retenus par un haut peigne espagnol, à leur voile flottant par derrière, au canezou de toile blanche qui joue sur leur poitrine et laisse à nu la portion du corps qui s'étend du dessous du sein au nombril ; à la cambaye roulée jusqu'à la cheville, au tapis bariolé roulé sur la cambaye, aux pantoufles imperceptibles, qui laissent le pied presque nu, au cigare toujours suspendu à leurs lèvres, et qui, à travers le nuage de fumée qu'il répand, rend leurs yeux plus ardents encore.

Ah ! c'était bien cela qu'il me fallait. Bonsoir à Manille ! et vive Bidondo !

Aussi ne retournerai-je à Manille que pour faire apporter tout mon bagage à Bidondo.

Le correspondant de mon capitaine chinois

applaudit à ma résolution, qui, selon lui, était celle d'un homme de sens; il avait lui-même une maison à Bidondo, où il venait le dimanche se reposer de son ennui de la semaine. Il m'offrit même une espèce de petit pavillon dépendant de cette maison et donnant sur le quai; mais je ne voulus l'accepter qu'à titre de locataire, et il fut convenu que, moyennant la somme de trente roupies par an, quatre-vingts francs à peu près, j'en jouirais et disposerais, comme on dit en Europe, avec ses contenances et dépendances.

Au reste, au bout de trois jours d'observation, je m'aperçus que la principale industrie du Tagal est le combat du coq.

Impossible d'aller d'un bout à l'autre du quai de Bidondo sans heurter dix, quinze, vingt cercles formés autour de deux champions emplumés, à la destinée desquels se rattachent les destinées de deux, trois, quatre, cinq familles tagales, car non-seulement une famille tagale qui possède un coq de bonne race vit du produit de ce coq, mais encore les parents et les voisins qui parient pour le propriétaire du coq vivent en même temps qu'elle.

Grâce au coq, la femme a des peignes d'écaille, des chapelets d'or, des colliers de verre, l'homme de l'argent dans sa poche, et le cigare à la bouche; aussi le coq est-il l'enfant gâté de la maison, une mère tagale ne s'occupe pas de ses marmots, mais de son coq; elle lustre ses plumes, elle aiguise ses éperons. Quant au mari, en son absence il ne le confie à personne, pas même à sa femme; sort-il, il le prend sous son bras, va avec lui à ses affaires et visite avec lui ses amis; rencontre-t-il un adversaire sur sa route, les provocations s'échangent, les paris s'établissent; les propriétaires s'accroupissent en face l'un de l'autre, poussent leur coq au combat, et voilà un cercle formé, au milieu duquel se débattent les deux plus féroces passions de l'homme: le jeu et la guerre.

Ah! ma foi! c'est une belle vie que la vie de Bidondo.

Il existe parmi les Tagals un autre genre d'industrie qui ressemble assez à la recherche de la pierre philosophale, c'est celle de chercheurs de bézoard; or, comme la nature a fait des Philippines l'entrepôt de tous les poisons du monde, elle a placé aussi aux Philippines le bézoard, qui est le contre-poison universel.

— Ah! pardieu, fis-je en interrompant le père Olifus, puisque vous avez lâché le mot bézoard, je ne serais pas fâché de savoir à quoi

m'en tenir là-dessus. J'ai beaucoup entendu parler bézoard, surtout dans les *Mille et une Nuits*; j'ai vu les pierres les plus rares, j'ai vu le rubis balais, j'ai vu le grenat brut, j'ai vu l'escarboucle, mais, j'ai eu beau chercher, je n'ai jamais vu le bézoard, nul n'a jamais pu m'en montrer la moindre parcelle.

— Eh bien, moi, monsieur, me répondit le père Olifus, moi j'en ai vu, moi j'en ai touché, j'en ai avalé même, sans quoi, comme vous allez le voir, je n'aurais pas en ce moment-ci l'honneur de boire un verre de rack à votre santé.

Et le père Olifus se versa effectivement un verre de rack, qu'il but d'un seul trait à la santé de Biard et à la mienne.

— Ah! reprit-il, nous disons donc que le bézoard existe, mais encore qu'il y a trois sortes de bézoards: le bézoard qu'on trouve dans les intestins des vaches, le bézoard qu'on trouve dans les intestins des chèvres, et le bézoard qu'on trouve dans les intestins des singes.

Le bézoard qu'on trouve dans le ventre des vaches est le moins précieux. Vingt grains de ce bézoard n'équivalent pas à sept grains de celui qu'on trouve dans le ventre des chèvres, de même que sept grains du bézoard que l'on trouve dans le ventre des chèvres n'équivalent pas à un grain de celui qu'on trouve dans le ventre des singes.

C'est surtout dans le royaume de Golconde que l'on rencontre les chèvres qui produisent le bézoard.

Sont-elles d'une race particulière? Non, car chez deux chevreaux de la même mère, l'un produit le bézoard, l'autre ne le produit pas. Les pâtres n'ont qu'à leur toucher le ventre d'une certaine façon pour savoir à quoi s'en tenir sur ce genre de fécondité de leurs chèvres; à travers la peau, ils comptent dans les intestins le nombre de pierres qu'ils renferment, et apprennent, sans jamais se tromper, la valeur de ces pierres. On peut donc acheter le bézoard sur pied.

Seulement un négociant de Goa avait fait, du temps que j'habitais la côte Malabare, une expérience curieuse.

Il acheta dans la montagne de Golconde quatre chèvres portant des bézoards; il les transporta à cent cinquante milles du lieu de leur naissance, en ouvrit deux tout de suite, et leur trouva encore les bézoards dans le corps, mais diminués de volume.

Il en tua une dix jours après. A l'autopsie de

l'animal, on reconnut qu'il avait porté le bézoard, mais le bézoard avait disparu.

Enfin, il tua la quatrième au bout d'un mois, et celle-ci n'avait plus aucune trace de la pierre précieuse, qui avait disparue entièrement.

Ce qui prouverait qu'il y a dans les montagnes de Golconde un arbre particulier, une herbe spéciale, auquel ou à laquelle les vaches et les chèvres doivent la formation du bézoard.

Nous disons donc qu'une des industries des Tagals est d'aller à la chasse des singes qui portent le bézoard, aussi précieux relativement et comparativement aux autres bézoards, que l'est le diamant à l'endroit du caillou du Rhin, du strass, ou du cristal de roche.

Un seul bézoard de singe vaut mille, deux mille, dix mille livres ; attendu qu'une pincée de bézoard râpé et délayé dans un verre d'eau peut servir d'antidote à tous les poisons les plus terribles des Philippines et même à l'upas de Java.

Or, il est incroyable l'usage de poison qui se fait de Luçon à Mindanao, surtout en temps de choléra, attendu que les symptômes étant les mêmes, on profite en général des moments de peste, les maris pour se débarrasser de leurs femmes, les femmes pour se débarrasser de leurs maris, les neveux de leurs oncles, les débiteurs de leurs créanciers, etc., etc., etc.

Mais la race qui abonde à Bidondo, c'est la race chinoise. Ils possèdent le beau quartier, sur les bords de Passig ; leurs maisons sont construites moitié en pierre, moitié en bambou ; elles sont belles, bien aérées, ornées parfois de peintures à l'extérieur, avec magasins et boutiques au rez-de-chaussée ; et quelles boutiques ! quels magasins ! Voyez-vous, c'est à faire venir l'eau à la bouche rien que d'y passer devant, sans compter un tas de petites magotes chinoises qui sont assises devant leurs portes et qui, remuant la tête, font des yeux en coulisse aux passants...

Enfin !

Comme j'avais sauvé la vie à un capitaine chinois, à un équipage chinois, à une jonque chinoise, je me trouvais tout recommandé à Bidondo.

D'ailleurs, le correspondant du capitaine Ising-Fong, celui qui m'avait loué le pavillon que j'habitais, faisait son principal commerce avec les sujets du sublime empereur.

Le premier dimanche où il vint à Bidondo me fut entièrement consacré.

Il me demanda si j'étais chasseur. A tout hasard je lui répondis que oui.

Il me dit donc qu'il avait pour le dimanche suivant arrangé une chasse avec quelques-uns de ses amis, et que si je voulais en être je n'eusse à m'occuper de rien, attendu que je trouverais, en descendant à la campagne de cet ami, un équipage de chasse complet.

J'acceptai de grand cœur.

La chasse devait avoir lieu en remontant le Passig, aux environs d'un charmant lac intérieur nommé la Laguna.

Le samedi suivant, nous partîmes de Bidondo dans une barque armée de six rameurs vigoureux, et il n'en fallait pas moins, je vous en réponds, pour remonter le Passig.

Au reste, cette promenade était charmante ; non-seulement les deux bords de la rivière offraient l'aspect le plus varié, mais encore, à notre droite et à notre gauche, les pirogues qui descendaient et qui remontaient le fleuve offraient le plus gracieux tableau qui se pût voir.

Au bout de trois heures de navigation, nous fîmes halte à un joli village de pêcheurs dont les habitants vont le soir vendre à Bidondo le produit de la pêche de la journée, et qui mire dans l'eau ses rizières balancées au vent, ses bouquets de palmiers, ses faisceaux de bambous et ses huttes aux toits aigus qui semblent des cages suspendues en l'air.

Cette halte avait pour but de faire reposer nos rameurs et de dîner nous-mêmes.

Le repas pris, nos rameurs reposés, nous nous remîmes en chemin.

Enfin, au moment où le soleil se couchait, nous vîmes resplendir devant nous, comme un immense miroir, le lac de Laguna, qui a trente lieues de tour.

Vers sept heures du soir, nous fîmes notre entrée dans le lac ; deux heures après, nous étions chez l'ami de notre correspondant.

L'ami de notre correspondant était un Français nommé M. de la Géronnière.

Depuis quinze ans il habitait, au bord du lac de Laguna, une charmante propriété nommée Hala-Hala.

Il nous reçut avec une hospitalité tout indienne ; mais quand il sut que j'étais Européen, d'origine française ; quand nous eûmes échangé quelques paroles dans une langue qu'excepté dans sa famille il ne trouvait pas l'occasion de parler une fois tous les ans, l'hospitalité se changea en véritable fête.

Tout cela allait d'autant mieux, que je ne faisais pas mon hidalgo, mon aristocrate, mon fanfaron ; je disais :

— Voilà, vous me faites bien de l'honneur, je suis un pauvre matelot de Monnikendam, un pauvre patron de barque de Ceylan, un pauvre marchand de Goa ; on a la main rude, mais franche ; c'est à prendre ou à laisser.

Et on prenait le père Olifus pour ce qu'il était, c'est-à-dire pour un brave homme qui ne boudait pas.

Le soir, je fus fidèle à mon principe, c'est-à-dire que je ne boudai ni contre la bouteille, ni contre le lit.

On m'avait fait raconter mes aventures, et mes aventures avaient eu le plus grand succès ; seulement elles avaient fait pousser une idée cornue dans la tête du correspondant de mon Chinois, c'était de me marier une cinquième fois.

Mais je lui déclarai que j'avais bien décidé dans ma sagesse de ne plus me fier aux femmes, attendu que la belle Nahi-Nava-Nahina, la belle Inès et la belle Amarou m'avaient guéri de l'espèce.

— Bah ! me dit mon correspondant, vous n'avez pas encore vu nos Chinoises de Bidondo ; quand vous les aurez vues, vous m'en direz des nouvelles.

Il en résulta que, malgré moi, je me couchai avec des idées matrimoniales dans la tête, et que je rêvai que j'épousais une veuve chinoise qui avait le pied si petit, si petit, si petit, que je ne pouvais pas croire qu'elle était veuve !

XVII

LA CHASSE.

cinq heures du matin, je fus réveillé par les aboiements des chiens et le bruit des cors.

Je crus encore être à La Haye, un jour de chasse du roi Guillaume, dans le parc de Loo.

Pas du tout : j'étais à quatre mille lieues, plus ou moins, de la Hollande, au bord du lac Laguna, et nous allions chasser dans les montagnes des Philippines.

Le gibier que nous allions poursuivre était le cerf, le sanglier, le buffle; le gibier qui allait peut-être nous poursuivre, c'était le tigre, le crocodile et l'ibitin.

Pour le tigre, j'étais prévenu ; si je faisais lever soit un paon isolé, soit une troupe de paons, il fallait me méfier du tigre, qui n'est jamais loin.

Pour le crocodile, toutes les fois que je m'approcherais du lac, il s'agissait de faire attention aux troncs d'arbres gisants sur le bord. Ces troncs d'arbres sont presque toujours des crocodiles, qui ont le sommeil fort léger, et qui vous happent par un bras, par une jambe ou par une fesse, au moment où vous passez près d'eux.

Quant à l'ibitin, c'est autre chose.

C'est un reptile d'une trentaine de pieds de long, un cousin germain du boa, qui s'enroule aux arbres comme une grosse liane, reste immobile, puis, au moment où l'on y pense le moins, se laisse tomber sur le cerf, le sanglier ou le buffle, le broie contre un arbre, os et chair, l'allonge en le broyant, et finit par l'avaler tout entier.

Il va sans dire qu'il ne néglige pas l'homme, et que, quand l'occasion s'en présente, il mange indifféremment du Tagal, du Chinois ou de l'Européen.

Pour l'homme, le moyen de s'en débarrasser est bien simple; seulement le tout est de savoir l'employer.

Il suffit de porter à sa ceinture un couteau de chasse, tranchant comme un rasoir ; comme l'ibitin n'est pas venimeux, et se contente de vous étouffer, on passe entre soi et un des replis qu'il forme autour du corps le couteau de chasse susdit, et, crac! en biaisant, on le coupe en deux.

Au moment du départ, mon hôte me ceignit au côté un couteau de chasse magnifique, avec lequel il avait déjà, pour son compte, tronçonné deux ou trois ibitins.

Quant aux serpents venimeux, comme il n'y a pas de remèdes à leurs blessures, ce n'était pas la peine d'en chercher.

Depuis deux mois, M. de La Géronnière avait perdu une charmante Tagale de seize à dix-huit ans, et qu'il soupçonnait d'avoir été emportée par un tigre, dévorée par un crocodile, ou étouffée par un serpent.

Tant il y avait que, sortie un beau soir, la pauvre Schimindra n'était point rentrée, et que, quelques recherches que l'on eût faites depuis cette époque, on n'avait point entendu parler d'elle.

J'avoue que lorsque mon hôte m'énuméra tous les dangers que nous courrions dans notre partie de chasse de la journée, je trouvai que la chasse était un singulier plaisir.

Nous allâmes à cheval jusqu'à l'endroit où la battue devait commencer.

Là nous mîmes pied à terre et commençâmes à entrer dans la forêt.

Le premier gibier que je fis lever fut une magnifique volée de paons.

Je remarquai bien l'endroit d'où elle était partie.

Je fis un grand détour, et j'eus la satisfaction de ne pas déranger le tigre qui m'annonçait le départ de ces magnifiques oiseaux.

Au bout de dix minutes, un coup de fusil partit. M. de La Géronnière venait de tuer un cerf.

A mon tour, j'entendis un grand bruit sous mes pieds ; je vis remuer les broussailles à dix pas de moi ; je jetai mon coup au hasard. Je ne dirai pas, ma balle rencontra le sanglier, mais le sanglier rencontra ma balle.

Chacun me félicita : je venais de faire un coup magnifique.

J'avais tué roide un solitaire.

Il paraît que c'est comme cela qu'on appelle les vieux sangliers chez vous.

Je fis de la tête un signe affirmatif.

On fit la curée de mon sanglier ; on le mit sur les épaules de quatre Tagales, et l'on m'invita à poursuivre mes exploits, en m'assurant que du premier coup j'étais passé maître.

Monsieur, il n'y a rien qui perd l'homme comme la flatterie.

Il me semblait, maintenant que j'avais tué un sanglier, que je tuerais un tigre, un rhinocéros, un éléphant ; je me remis en marche à travers la forêt, ne demandant qu'à lutter corps à corps avec tous les monstres des Philippines.

Aussi, dans mon ardeur, ne remarquai-je point que je m'éloignais peu à peu de la chasse.

On m'avait dit que nous devions monter pendant deux heures à peu près, et au bout de trois quarts d'heure à peine je me trouvais sur une descente.

Tout à coup, à trente pas de moi, j'entendis un beuglement terrible.

Je me retournai du côté d'où venait le bruit, et j'aperçus un buffle.

Ah ! c'était là un beau coup. Seulement, comme mon fusil tremblait un peu, je ne sais pourquoi, dans mes mains, je l'appuyai à une branche d'arbre et je lâchai la détente.

A peine eus-je lâché la détente, que je vis deux yeux sanglants qui venaient à moi, tandis que le mufle de l'animal labourait le sol comme un sillon de charrue.

Je lâchai mon second coup ; mais au lieu de ralentir la vitesse de l'animal, mon second coup sembla l'augmenter.

Je n'eus que le temps de jeter mon fusil, de saisir une branche de l'arbre sous lequel je me trouvais, et de m'enlever, par un élan gymnastique, à la hauteur de cette branche, de laquelle je gagnai les branches supérieures.

Mais, arrivé là, j'étais loin d'être quitte de mon buffle ; ne pouvant me suivre sur les branches de mon arbre, il se mit à en garder le tronc.

Pendant les dix premières minutes, je lui disais :

—Tourne, tourne, mon bonhomme, je me moque de toi, va.

Mais pendant les dix autres minutes, je commençai à m'apercevoir que la chose était plus sérieuse que je ne l'avais cru d'abord.

Au bout d'une heure, je compris, à la tranquillité avec laquelle il faisait sa ronde autour de l'arbre, qu'il était décidé à se constituer mon gardien, en attendant qu'il fût mon bourreau.

En effet, de temps en temps, il levait la tête vers moi, me regardait avec des yeux sanglants, mugissant d'une façon menaçante, puis se mettait à brouter l'herbe qui poussait autour de mon arbre, comme pour me dire :

—Tu vois, j'ai là tout ce qu'il me faut, l'herbe pour me nourrir, la rosée du matin et du soir pour me désaltérer ; tandis que toi, comme tu es un animal carnivore, et que tu n'as pas pris encore l'habitude de te nourrir de feuilles, il faudra, un jour ou l'autre, que tu descendes ; et quand tu descendras, v'lan, v'lan avec mes pieds, dzing, dzing avec mes cornes ; quand tu descendras, tu passeras un mauvais quart d'heure, quoi !

Heureusement que le père Olifus est un gaillard qui ne boude pas quand il s'agit de prendre une résolution.

Je me dis :

—Olifus, mon ami, plus tu attendras, plus tu te détérioreras. Tu vas donner une heure à ton buffle pour qu'il s'en aille, et dans une heure, s'il n'est pas parti, eh bien ! s'il n'est pas parti, nous verrons.

Je regardai à ma montre, il était onze heures.

Je dis :

—Bon, à nous deux, à midi.

Comme je m'en étais douté, le buffle, au lieu de quitter l'arbre, continua sa faction, levant de temps en temps le nez en l'air, mugissant de toutes ses forces.

Moi, de dix minutes en dix minutes, je regardais à ma montre, et je buvais un coup à ma gourde.

A la cinquantième minute, je lui dis :

— Fais attention, mon ami, tu n'as plus que dix minutes ; et si, dans dix minutes, tu n'es pas parti tout seul, nous partirons ensemble.

Mais, à la cinquante-neuvième minute, au lieu de partir, il se coucha, allongeant sa tête du côté du pied de l'arbre, ouvrant les naseaux, et, de temps en temps, levant de mon côté un œil rancunier qui semblait me dire :

—Oh ! nous en avons pour un bout de temps, va, sois tranquille.

Moi, j'avais décidé que la chose se passerait autrement.

A la soixantième minute, j'avalai tout ce qui restait de rhum dans ma gourde, un bon coup. Je mis mon couteau entre mes dents, et houp ! je sautai, en calculant ma distance de manière à tomber à deux pieds de son derrière, et à lui empoigner la queue de la main gauche, comme j'avais vu faire aux toreros de Cadix et de Rio-Janeiro.

Si leste que fût le buffle, moi j'étais aussi leste que lui, et quand il se releva, j'étais cramponné à sa queue.

Il fit deux ou trois tours sur lui-même, qui me servirent à enrouler plus solidement sa queue autour de mon bras.

Alors, voyant que tant que je resterais fortement cramponné à son derrière, il ne pourrait me toucher avec ses cornes, je commençai un peu à me rassurer, tandis que lui, au contraire, commença à beugler de toutes ses forces ; il est vrai que c'était de colère.

— Attends ! attends ! lui dis-je ; ah ! tu beugles de colère, mon ami. Eh bien ! je vais te faire beugler de douleur, moi.

Et prenant mon couteau, v'lan ! je le lui enfonçai dans le ventre.

Ah ! pour le coup, je l'avais touché à l'endroit sensible, à ce qu'il paraît ; car il se dressa comme un cheval qui se cabre, et s'élança en avant d'une secousse si inattendue, qu'il manqua de m'arracher le bras ; mais je tins bon ; je me laissai emporter, et v'lan ! v'lan ! je le criblai de coups de couteau.

En voilà une course que je ne vous souhaite pas de faire ! Voyez-vous, ça dura un quart d'heure, et en un quart d'heure je fis plus de deux lieues à travers les broussailles, les marais, les ruisseaux ; autant aurait valu être attaché à la queue d'une locomotive.

Et v'lan ! v'lan ! je frappais toujours en disant :

— Ah ! gueux ! ah ! gredin ! ah ! scélérat ! tu veux m'éventrer ; attends ! attends !

Aussi il n'était plus furieux, il était enragé, si enragé, qu'arrivé au sommet d'un rocher à pic, il ne fit ni une ni deux, il sauta en bas ; mais j'avais vu le coup, moi, et je le lâchai. Je m'arrêtai tout court en haut, tandis que lui, roulait en bas : patatras ! boum ! boum !

J'allongeai ma tête, je regardai par-dessus le rocher ; mon animal était étendu mort dans le précipice.

Quant à moi, il faut bien que je le dise, je ne valais guère mieux : j'étais moulu, brisé, déchiré, couvert de sang ; seulement, je n'avais rien de cassé.

Je me relevai tant bien que mal, je coupai un petit arbre pour me soutenir, et je m'acheminai vers un ruisseau que je voyais briller à cent pas de moi à travers les arbres.

Arrivé sur le bord, je m'agenouillai et commençais à me laver le visage, lorsque j'entendis une voix qui criait en français :

— A moi ! à moi ! au secours !

Je me retournai vers le côté d'où venaient ces cris, et je vis une jeune fille à peu près nue, venant à moi, les bras étendus, et donnant les signes de la plus vive frayeur.

Elle était poursuivie par une espèce de nègre qui tenait un bâton à la main, et qui courait avec une telle agilité que, bien qu'il fût à plus de cent pas d'elle, en un instant il l'eut rejointe, prise entre ses bras, et remportée vers le plus épais de la forêt.

La vue de cette jeune fille qui appelait au secours en français, l'accent douloureux avec lequel elle m'avait appelé, la brutalité de ce misérable qui l'avait chargée sur son épaule et qui l'emportait vers les profondeurs du bois, tout concourut à me rendre mes forces : j'oubliai ma fatigue et je m'élançai sur ses traces en criant :

— Arrête ! arrête !

Mais, se sentant poursuivi à son tour, le ravisseur redoubla d'énergie. A peine, malgré le fardeau qu'il portait, sa course semblait-elle ralentie.

Je ne comprenais pas comment un homme pouvait être doué d'une pareille force, et je me disais tout bas qu'au moment où nous nous rencontrerions je pourrais bien me repentir de faire le chevalier errant comme je le faisais.

Cependant, à peine gagnais-je sur le nègre, et je ne sais pas même si, malgré l'espèce de rage que je mettais à le poursuivre, je l'eusse jamais atteint, si la malheureuse femme qu'il emportait, en passant à côté d'une branche, ne s'y fût cramponnée de telle force, que son ravisseur s'arrêtant court, la prenant à bras-le-corps, et faisant tous ses efforts pour lui faire lâcher la branche, tandis qu'elle continuait de crier :

— A moi! à moi! au secours! à l'aide! au nom du ciel! ne m'abandonnez pas!

Je n'étais plus qu'à vingt-cinq ou trente pas d'elle, lorsque tout à coup le nègre, voyant qu'il allait être attaqué, résolut, à ce qu'il paraît, de prendre l'initiative, et, lâchant la femme, vint à moi, le bâton levé.

En trois bonds, il fut en face de moi.

Je poussai un cri d'étonnement : ce que j'avais pris pour un nègre, c'était un singe.

Heureusement, moi aussi, j'avais un bâton; et comme j'en jouais un peu proprement, je me mis bientôt en défense, car d'agresseur j'étais devenu l'attaqué.

Quant à la femme, elle avait, dès qu'elle s'était sentie libre, décrit un grand cercle, et elle était venue chercher un abri derrière moi, tout en criant :

— Courage! courage, monsieur! délivrez-moi de ce monstre! ne m'abandonnez pas!

Tout en faisant le moulinet pour parer, et tout en lui envoyant dans la poitrine des coups de pointe qui lui faisaient faire « Vouac, » mais qui ne le dégoûtaient pas, j'examinais mon adversaire.

C'était un grand gueux de singe, tout velu, qui avait près de six pieds de haut, une barbe grisonnante, et qui jouait naturellement du bâton avec une adresse et une activité qui faillirent mettre la partie de son côté.

Heureusement, pour l'honneur de la science, il n'en fut pas ainsi.

Au bout de dix minutes de lutte, les doigts écrasés, l'estomac défoncé, et le museau saignant, il commença à battre en retraite; mais cette retraite n'avait pour but que de gagner un arbre, sur lequel il monta rapidement, non pas pour s'y fixer, mais pour s'élancer du haut en bas sur moi.

Heureusement je vis le mouvement, je devinai le projet; je tirai mon couteau, et, de toute la longueur de mon bras, je l'étendis au-dessus de ma tête.

Les deux mouvements d'attaque de la part du singe, et de défense de la mienne, furent instantanés.

Je sentis s'écrouler sur ma tête un poids que je ne pouvais soutenir, mon adversaire et moi roulâmes tous deux sur la terre; seulement, je me relevai seul. Le couteau lui avait traversé le cœur.

L'animal jeta un cri, mordit l'herbe avec ses dents, déchira la terre avec ses ongles, fit deux ou trois mouvements convulsifs et expira.

— Oh! la belle chose que la chasse! m'écriai-je, si l'on m'y rattrape jamais, je veux bien que le diable m'emporte.

— Regrettez-vous donc d'y être venu, à la chasse? dit derrière moi une douce voix.

— Oh! mon Dieu, non, dis-je en me retournant, puisque j'ai pu vous être utile, ma belle enfant; mais comment diable êtes-vous dans la forêt, quel plaisir trouvez-vous à vivre avec un singe, et d'où vient que vous parlez français?

— Je suis dans la forêt parce que j'y ai été emportée; je ne trouvais aucun plaisir à vivre avec un singe, puisque je vous ai appelé à mon aide pour m'en délivrer, et je parle français, parce que j'étais femme de chambre chez madame de la Géronnière.

— Alors, m'écriai-je, vous vous appelez Schimindra.

— Oui.

— Vous êtes cette jeune fille qui a disparu voilà tantôt deux mois.

— Oui, mais à votre tour, comment savez-vous mon nom, comment savez-vous mon aventure?

— Parce que M. de la Géronnière m'a raconté votre aventure et dit votre nom, par Dieu!

— Vous connaissez M. de la Géronnière?

— Je chasse avec lui. Il est dans la forêt; mais dans quelle portion de la forêt? je n'en sais rien, car, il faut que je vous l'avoue, je suis parfaitement perdu.

— Oh! que cela ne vous inquiète pas, je sais mon chemin, moi.

J'étais admis à faire la cour à ma future. — PAGE 87.

— Alors, puisque vous saviez votre chemin, pourquoi ne reveniez-vous pas à l'habitation ?

— Parce que ni jour ni nuit cet odieux animal ne me perdait de vue. J'ai fait vingt tentatives inutiles pour fuir ; et si la Providence ne vous avait pas conduit à ce ruisseau, il est probable que je n'eusse jamais revu les maisons des hommes.

— Eh bien ! lui dis-je, si vous m'en croyez, charmante Schimindra, nous les regagnerons au plus vite, les maisons des hommes, attendu, je vous l'avoue, que je m'y croirai plus en sûreté qu'ici.

— Soit ; et je suis prête à vous suivre ; mais, auparavant, laissez-moi vous dire un secret dans lequel vous trouverez la récompense de la bonne action que vous venez de faire.

— Ah bah !

— Cet affreux orang-outang dont vous venez de me délivrer appartient justement à cette race de singes dans vous avez peut-être entendu parler et d'où l'on tire le plus pur bézoard.

— Vraiment?

— Vous pouvez vous en assurer, tandis qu'à l'aide de quelques feuilles de cocotier je vais réparer le désordre de ma toilette.

Je regardai la belle **Schimindra**, dont la toilette fort en désordre avait en effet besoin d'être réparée; et, je l'avoue, il ne me fallut rien moins que cette idée, que ce désordre venait d'un singe, pour qu'il ne me prît pas envie de l'augmenter encore.

Je fis donc signe à la belle **Schimindra** qu'elle pouvait se livrer à la réparation qu'elle désirait, et, plein de curiosité, de craintes et d'espérances, je commençai, à l'aide du couteau qui, dans cette journée, m'avait rendu de si grands services, à procéder à l'autopsie de mon ennemi.

Schimindra ne m'avait pas trompé, je trouvai dans les entrailles de l'animal une belle pierre bleue, veinée d'or, et de la grosseur d'un œuf de pigeon.

C'était un des plus beaux bézoards qui se pussent voir.

— Maintenant, dit Schimindra, si j'ai un conseil à vous donner, c'est de ne vous vanter à personne que vous possédez un pareil trésor, attendu que vous ne le posséderiez pas longtemps, dût-on vous assassiner pour vous le prendre.

Je remerciai Schimindra de l'avis, et comme la coquette s'était fait un charmant pagne de feuilles de cocotier, que rien ne nous retenait ni l'un ni l'autre dans la forêt, que j'éprouvais au contraire le plus vif désir de la quitter, j'invitai Schimindra à me servir de guide et à prendre le chemin le plus court pour revenir à l'habitation.

Deux heures après, nous arrivions à Hala-Hala au grand étonnement, et surtout à la grande joie de tous les commensaux de l'habitation, qui me croyaient perdu comme Schimindra, et qui me voyaient revenir avec elle.

Je racontai mes aventures, Schimindra raconta les siennes, mais ni l'un ni l'autre de nous ne dit un mot du bézoard.

XVIII

VANLY-TCHING.

H uit jours après, j'étais installé à Bidondo, et comme j'avais absolument besoin d'une espèce de ménagère pour mettre à la tête de ma maison, j'avais demandé la belle Schimindra à M. de la Géronnière, lequel me l'avait gracieusement accordée.

Mon choix était fait. La branche de commerce que j'avais décidé d'exploiter était le cigare de Manille.

En effet, le cigare de Manille, même en Europe, fait concurrence sérieuse au cigare de la Havane, et dans toutes les mers de l'Inde il lui est préféré.

Ce qui m'avait surtout suggéré cette idée, c'est que, chez M. de la Géronnière, c'était la belle Schimindra qui était chargée du département des cigares.

Je résolus donc, pour que le bénéfice fût plus réel, au lieu d'acheter la marchandise toute confectionnée, de la faire confectionner moi-même et de mettre Schimindra à la tête de l'établissement.

Rien ne fut plus facile.

On bâtit une espèce de hangar dans le jardin : Schimindra engagea dix jeunes Tagales, dont quelques-unes sortaient de la manufacture royale de Manille, et dès le lendemain j'eus le plaisir de voir mon entreprise en pleine activité.

Grâce à la surveillance active de Schimindra, grâce à sa connaissance de la partie, je n'eus plus rien à faire qu'à me promener : ce fut ce qui me perdit.

C'est incroyable combien un mot jeté en l'air, n'eût-il pas le sens commun, se loge parfois dans l'esprit et germe dans le cerveau.

On se rappelle ces quatre paroles que, en soupant chez M. de la Géronnière, mon correspondant avait dites des Chinoises et de ce cinquième mariage projeté par lui ; eh bien, il n'y avait pas de jour et surtout de nuit que je n'y songeasse.

A peine étais-je couché, à peine avais-je les yeux fermés, à peine étais-je endormi, qu'une véritable procession de Chinoises défilait devant mon lit, me montrant des pieds... mais des pieds auxquels la pantoufle de Cendrillon eût pu servir de savate ; et remarquez une chose curieuse, c'est que j'avais près de moi Schimindra, qui était ce que l'on pouvait appeler une beauté véritable, c'est que j'avais dans ma manufacture de cigares dix petites drôlesses dont la plus laide, avec ses grands yeux noirs, avec ses grands cils de velours, avec.. avec tout ce qu'elles avaient enfin, eussent fait tourner la tête à un Parisien, et qu'ayant tout cela, eh bien, je ne rêvais qu'à des chinoiseries.

Il en résultait que, une fois levé, je courais le quartier chinois, entrant dans toutes les boutiques, marchandant des éventails, des porcelaines, des paravents, apprenant deux mots de chinois par-ci, deux mots de cochinchinois par-là, baragouinant toutes sortes de compliments aux petits pieds qui me restaient cachés sous les longues robes, et revenant le soir plus décidé que jamais à me passer ma fantaisie chinoise.

Au milieu de tout cela, j'avais rencontré une charmante petite marchande de thé, possédant un des plus jolis magasins de Bidondo, laquelle m'avait surtout séduit par la façon dont elle mangeait son riz, à l'aide de ses petites aiguilles à tricoter, qui servent de cuillers et de fourchettes aux dames chinoises ; ce n'était plus de l'adresse, c'était de la jonglerie, et je crois en vérité que c'était par coquetterie que la belle Vanly-Tching se faisait apporter un pilau quand il y avait là des étrangers.

Vous remarquerez en passant que les deux mots Vanly-Tching veulent dire *dix mille lys*, vous voyez que les parrains de ma Chinoise lui avaient rendu justice et lui avaient donné un nom en harmonie avec sa beauté.

Je pris des renseignements auprès de mon correspondant sur la belle Chinoise; mon correspondant, au premier mot que je prononçai, leva son doigt à la hauteur de mon œil, et s'écria :

— Ah ! coquin !

Ce qui voulait dire : « Allons, allons, vous n'avez pas la main malheureuse d'avoir mis du premier coup le doigt sur celle-là ; bon ! »

Je compris tout cela et n'en insistai que davantage. Alors j'appris que la belle Vanly-Tching était une petite orpheline chinoise, qui avait été recueillie par un fameux médecin, lequel était devenu amoureux d'elle quand elle n'avait que douze ans, et l'avait épousée quoiqu'il en eût, lui, soixante-cinq.

Aussi la Providence n'avait pas voulu qu'un mariage si disproportionné durât longtemps. Au bout de trois mois, le bonhomme de médecin était mort d'une maladie dans laquelle il n'avait pas vu clair lui-même, mais il était mort bien heureux, car pas un homme ne pouvait se vanter d'avoir été soigné dans sa maladie comme il avait été soigné, lui, par sa jeune et digne femme; aussi lui avait-il laissé tout ce qu'il possédait, montant à deux ou trois mille roupies.

C'était une bien mesquine récompense du dévouement qu'avait déployé la veuve pendant la maladie, et surtout de la douleur qu'elle avait fait éclater après sa mort.

Seulement, avec ses trois mille roupies dont elle venait d'hériter, la jeune veuve avait fondé, dans le quartier le moins apparent de la ville, un petit établissement d'éventails qui, grâce à son économie et à son intelligence, commença de prospérer d'une façon miraculeuse.

Mais ce qu'il y avait surtout de remarquable dans ce veuvage prématuré de la belle Vanly-Tching, c'est qu'au lieu d'écouter toutes les propositions des élégants de Bidondo, c'est qu'au lieu de perdre par quelque imprudence cette réputation de sagesse qu'elle s'était acquise, elle ne voulut jamais accepter que les soins d'un vieux mandarin, ami de son mari, lequel venait tous les jours pleurer avec elle la perte qu'ils avaient faite.

Il résulta de ses visites journalières que la veuve et le mandarin prirent l'habitude de pleurer ensemble : l'une son époux, l'autre son ami ; de sorte qu'un matin l'on apprit que, pour pleurer le défunt plus à leur aise, les deux inconsolables allaient se marier.

Un an après la mort de son premier mari, la belle Vanly-Tching avait donc épousé le mandarin ; mais, une fois réunis, une fois en face l'un de l'autre depuis le matin jusqu'au soir, il paraît que les deux nouveaux mariés pleurèrent tant, pleurèrent tant, que le mandarin, qui avait cinquante ans, ne put résister à ce déluge de larmes, et qu'au bout de deux mois il mourut.

La belle Vanly-Tching, qui n'avait que quinze ans, supporta naturellement mieux la douleur, de sorte que, quoiqu'elle eût à pleurer à la fois son premier et son second mari, elle reparut bientôt plus belle et plus resplendissante que jamais à travers ses larmes.

Elle avait hérité de son mandarin cinq ou six cents pagodes, de sorte qu'avec ce petit surcroît de fortune elle put se lancer dans un quartier plus fashionable et dans un commerce plus étendu.

Elle passa donc de l'éventail à la porcelaine, et la réputation de la belle marchande commença de se répandre dans Bidondo.

Cette réputation se répandit tellement, que le juge civil de Bidondo, qui avait beaucoup connu le premier et le second mari de la belle Vanly-Tching, et qui, par conséquent, avait pu apprécier combien le docteur avait été heureux pendant les trois mois, et le mandarin, pendant les deux mois qu'ils avaient vécu avec elle, se mit sur les rangs pour la consoler.

Vanly-Tching déclara qu'elle était atteinte si profondément, qu'elle croyait la chose impossible; mais, comme le juge civil insista, elle finit par répondre qu'elle voulait bien essayer.

Le mariage eut lieu au bout d'un an ; car, quoique ce délai ne soit pas de rigueur, Vanly-Tching était si fidèle observatrice des convenances, que pour rien au monde elle n'eût voulu essayer de se consoler avant terme.

Mais le juge civil n'eut pas la satisfaction d'en arriver à une consolation complète, attendu qu'un mois après son mariage, le lendemain du jour où il venait d'hériter d'une somme assez considérable d'un parent éloigné qu'il avait à Macao, et où il avait donné à dîner à quelques amis pour célébrer cet heureux événement, il mourut d'une indigestion de nids d'hirondelles.

Mais, avant de mourir, il déclara que le mois qu'il venait de passer avait été le mois le plus heureux de sa vie.

Comme il avait justement touché la somme, en apprenant que la somme lui avait été léguée, la belle veuve put, grâce à cette rentrée, étendre

Le bonze se mit à râper le bézoard dans un verre d'eau — Page 83.

son commerce et fonder dans la principale rue de Bidondo le magnifique magasin de thé dans lequel je l'avais vue remuer la tête et manger du riz.

Tous ces renseignements, comme vous le conprenez bien, achevèrent de me tourner l'esprit.

La belle Vanly-Tching avait été beaucoup veuve, mais elle avait été si peu mariée, que ce devait être nécessairement la houri dont j'avais si agréablement rêvé.

Je m'ouvris donc à mon correspondant du désir bien vif que j'avais d'être son quatrième mari, et de la prendre pour ma cinquième femme.

On n'apprend jamais rien aux femmes quand on leur dit qu'on les aime, attendu qu'elles se sont toujours aperçues de notre amour avant nous. Aussi la belle Vanly-Tching non-seulement ne manifesta-t-elle aucun étonnement de ma demande, mais répondit-elle qu'elle s'y attendait.

Cette situation d'esprit dans laquelle elle se

trouvait lui permit même de ne pas me faire attendre sa décision.

Sa décision était favorable, je ne lui déplaisais pas; mais, comme elle avait toujours eu l'amour-propre d'être aimée pour elle-même, elle tenait à ce que je lui fisse un petit relevé de ma fortune. Si ma fortune égalait ou surpassait la sienne, elle croirait à mon amour; mais si ma fortune était inférieure, elle croirait qu'une basse cupidité et non l'amour me faisait agir.

Cela me parut puissamment raisonné.

Je lui fis demander si elle désirait que j'établisse mon calcul en francs, en roupies ou en pagodes; elle me répondit que cela lui était égal, étant familière avec l'arithmétique de tous les pays.

Comme j'étais moins fort qu'elle en calcul, je préférai les francs, et lui envoyai, le lendemain, le calcul suivant :

Relevé exact de ce qu'a gagné dans l'Inde, et de ce que possède Jérôme-François Olifus :

« A Ceylan, avec la pêche des perles. . . . . 13,500 fr.
« A Goa, avec le commerce des fruits 7,400
« A Calicut, dans la culture du cardamone 22,500
« A Bidondo, manufacture de cigares.
« Ce dernier point porté pour mémoire. La vérification des bénéfices n'étant pas encore faite, mais étant facile à faire.

« Total. . . 43,400 fr. »

Vous voyez que c'était un assez joli denier et que je n'avais pas perdu mon temps depuis quatre ans que j'étais parti de Monnikendam.

Elle, de son côté, fit sa liquidation et me l'envoya.

La voici :

« Relevé de ce qu'a gagné Vanly-Tching, la marchande de thé de Bidondo, dans les différents commerces qu'elle a exercés :

« Dans le commerce d'éventails . . . . 4,000 fr.
« Dans le commerce des porcelaines 17,000
« Dans le commerce de thé. . . 22,037

« Total. . . 43,037 fr. »

On voit qu'à 363 francs près notre fortune était pareille; j'avais même l'avantage, puisque j'avais en magasin à peu près deux cent mille cigares prêts à être livrés.

Mais je l'avoue, au lieu de m'enorgueillir de cet avantage, je fus heureux de posséder quelque supériorité pécuniaire sur la belle Vanly-Tching, afin de compenser toutes les supériorités physiques qu'elle avait sur moi.

Cette supériorité établie, et ce point bien arrêté que j'épousais Vanly-Tching pour ses beaux yeux et non pour les beaux yeux de sa cassette, le mariage fut fixé à trois mois et sept jours, ce qui était heure pour heure l'expiration du deuil du troisième mari de la belle Vanly-Tching.

Elle avait eu la délicatesse, tout en restant fidèle à la mémoire du juge civil, de ne pas me faire attendre une minute.

XIX

LE CHOLERA.

L e bruit de mon futur mariage avec Vanly-Tching fut bientôt répandu dans Bidondo, et agit naturellement d'une façon diverse sur les habitants de cette ville, habitués depuis deux ou trois ans à se préoccuper des moindres mouvements de la belle Chinoise.

Les uns la blâmèrent, les autres l'approuvèrent; enfin, beaucoup secouèrent la tête en disant que le premier mari était mort au bout de trois mois, le second au bout de deux mois, le troisième au bout d'un mois, et que, pour ne pas faire mentir le calcul nécrologique, je mourrais probablement, moi, la première nuit de mes noces.

Mais la personne sur laquelle le coup porta le plus violemment fut la pauvre Schimindra.

Les bontés que j'avais eues pour elle lui avaient fait pendant quelque temps concevoir l'espérance de devenir ma femme.

Dans un moment de désespoir, elle m'avoua jusqu'où avait été son ambition, mais je lui fis promptement et facilement comprendre quelle supériorité avait la belle Vanly-Tching, veuve d'un docteur, veuve d'un mandarin, veuve d'un juge civil, sur elle qui n'était veuve que d'un singe.

Il en résulta que Schimindra rentra dans son humilité, avoua franchement qu'elle n'eût jamais dû en sortir; et, sachant que sa rivale m'avait demandé un relevé de ma fortune, se borna à me supplier de ne point porter sur mon actif le bézoard en question.

Comme, le bézoard à part, ma fortune égalait et même dépassait celle de ma belle future, je n'eus pas de peine à promettre ce que me demandait Schimindra; et le bézoard, suspendu à

mon cou dans une petite bourse de cuir, continua de demeurer un secret entre Schimindra et moi.

Tous les soirs j'étais admis à faire la cour à ma future, de sorte que le temps passait rapidement.

Comme je parlais peu chinois et qu'elle parlait très-peu indoustani, pas du tout hollandais et pas du tout français, nos conversations avaient lieu surtout par gestes, ce qui me donnait parfois une hardiesse d'expression que je n'eusse pas eue avec la parole; mais je dois le dire, en l'honneur de la belle Vanly-Tching, elle conserva intacte la réputation de vertu qu'elle s'était faite, et, tout en me concédant certaines bagatelles sans importance, jamais elle ne me laissa prendre un à-compte sérieux sur le mariage.

Enfin le jour arriva.

La surveille, j'avais éprouvé une grande crainte.

Plusieurs cas de choléra avaient été signalés à Cavite et un ou deux à Bidondo; de sorte que je tremblais que la présence de l'épidémie ne déterminât Vanly-Tching à remettre notre mariage; mais c'était un esprit fort que la belle Chinoise, et cet événement n'eut aucune prise sur elle.

C'était le 27 octobre le grand jour.

Le 27 octobre fut une fête pour toute la ville de Bidondo. Dès le matin il y avait foule à la porte de Vanly-Tching.

C'était la quatrième fois que l'on voyait la belle Chinoise traverser la ville en costume de fiancée, et l'on ne se lassait pas de la voir.

L'habitude est que la fiancée chinoise se promène par la ville avec un cortége de musique et de chant; cela ressemble assez, à ce que m'a dit un savant hollandais qui habitait Manille, aux anciens cortéges grecs : seulement,

Je me sentais en aller par morceaux. — Page 93.

à son premier mariage, la fiancée porte un voile épais sur la figure en signe de virginité. Quand elle convole en deuxième, troisième et quatrième noces, l'épouse chinoise est promenée à visage découvert.

Ce fut donc à visage découvert que l'on promena ma fiancée, et cela à ma grande satisfaction; car j'entendais dire tout autour de moi:

— Heureux Olifus, va! coquin d'Olifus, va! gredin d'Olifus!

Le reste de la cérémonie ressemble fort à ce qui se pratique à Siam.

Quand les fiancés sont d'accord, les parents du jeune homme vont présenter aux parents de la jeune fille sept boîtes de bétel; huit jours après, le fiancé vient lui-même et en apporte quatorze; alors il demeure dans la maison du beau-père pendant un mois pour voir sa future et s'accoutumer à elle; après quoi, le jour où l'on doit achever la célébration, les parents s'assemblent avec les plus anciens amis, et meltent dans une bourse, l'un des bracelets, l'autre un anneau, l'autre de l'argent ; un d'eux tient une bougie allumée, la passe sept fois autour des présents, pendant que tous les autres poussent de grands cris de joie en souhaitant une longue vie et une parfaite santé aux mariés.

Après quoi vient un grand festin suivi d'une petite collation tête-à-tête, laquelle est suivie elle-même de la consommation du mariage.

Quant à Vanly et quant à moi, nous nous étions dispensés de tout ce cérémonial.

Elle m'avait montré la cassette dans laquelle était enfermée sa petite fortune.

Je lui avais montré mes effets de commerce visés par le correspondant de mon capitaine chinois, payables à vue et au porteur : nous nous passions chacun quarante mille livres au dernier vivant, cela valait bien sept boîtes de bétel et même quatorze.

Pour des parents, ni l'un ni l'autre nous n'en avions.

La cérémonie de la bourse et des bracelets, celle de la bougie allumée et passée sept fois autour des présents, celle des cris de joie nous souhaitant une longue vie et une parfaite santé, furent donc omises.

Nous nous en tînmes au grand dîner d'apparat et à la petite collation intime.

Le dîner d'apparat fut magnifique, Vanly l'avait dirigé ; il se composait des mets les plus recherchés : il y avait des souris au miel, du requin au coulis de cloporte, des vers à l'huile de ricin, des nids d'hirondelles aux crabes pilés, des salades de bambou, le tout arrosé de canchou que des domestiques chargés d'énormes cafetières d'argent nous versaient à tout moment.

On but à l'empereur de la Chine, au roi de Hollande, à la Compagnie anglaise, à notre heureuse union, le tout en prenant la tasse à deux mains et en faisant *tchin tchin*, c'est-à-dire en branlant la tête de droite à gauche et de gauche à droite, comme des magots, puis chacun montrait le fond de la tasse pour prouver qu'elle était vide.

Pendant le cours du dîner, la belle Vanly paraissait me regarder avec inquiétude, et parlait tout bas à ses voisins.

Deux ou trois fois elle m'adressa la parole pour me demander, avec la voix la plus douce de la terre.

— Comment vous trouvez-vous, mon ami?

— Très-bien ! lui répondais-je, très-bien.

Mais, malgré cette assurance, elle secouait la tête et poussait des soupirs tels, que je commençai à être inquiet de moi-même, et qu'en sortant de table je me regardai dans une glace.

L'examen me rassura, j'étais rayonnant de joie et de santé.

Il paraît cependant que je ne semblais pas si bien portant à la société, car deux ou trois convives, avant de me quitter, vinrent à moi pour me demander :

— Est-ce que vous souffrez?

Et, malgré ma réponse négative, s'éloignèrent en me serrant tristement la main.

Je crus même entendre prononcer à mi-voix le mot choléra ; mais comme je demandai si quelqu'une de nos connaissances avait été atteinte du choléra, l'on me répondit que non, et je pensai avoir mal entendu.

Au milieu de tout cela, je cherchai ma belle mariée qui vint à moi, l'inquiétude dans les yeux.

Je voulus l'interroger sur l'objet de cette inquiétude ; mais elle se contenta de me regarder, de se détourner en essuyant une larme, et en murmurant :

— Pauvre ami !

Je pris congé des convives que j'avais hâte de voir disparaître, en frottant mon nez contre le leur, comme c'est l'usage.

Mon correspondant était le dernier.

Je lui frottai le nez avec une double ardeur, attendu, on se le rappelle, que c'était lui qui avait servi d'intermédiaire à mon mariage ; et comme je lui montrais avec un sourire narquois la belle Vanly qui se dirigeait tout doucement vers la chambre à coucher, où je lui faisais signe que j'allais la suivre :

— Vous feriez bien mieux d'envoyer chercher le médecin, me dit-il.

Et, levant les yeux au ciel, il sortit à son tour.

Je n'y étais plus du tout.

Cependant je ne m'amusai point à chercher ce que tout cela voulait dire. Je fermai la porte, et j'entrai vivement dans la chambre à coucher.

La belle Vanly était déjà près de la table où était servie une charmante collation mêlée de fleurs et de fruits, occupée à transvaser une liqueur rose d'une carafe dans une autre.

Je n'avais rien vu de plus appétissant que cette liqueur rose ; on eût dit du rubis distillé.

— Ah çà ! chère amie, lui dis-je en entrant, pouvez-vous m'expliquer en quoi ma situation, qui ne me laisse absolument rien à désirer à moi, semble faire pitié à tout le monde ? On me demande comment je me trouve, on me demande si je ne me sens pas mieux, on me donne le conseil d'envoyer chercher le médecin, si bien, ma parole d'honneur, que je ressemble à ce personnage d'une comédie française que j'ai vu jouer à Amsterdam, à qui tout le monde veut persuader qu'il a la fièvre, à qui on le répète tant et si bien, qu'il finit par le croire, et qu'après avoir souhaité le bonsoir à tout le monde, il va se coucher.

— Ah ! murmura Vanly, si vous n'aviez que la fièvre, avec du quinquina on vous la couperait.

— Comment ! si je n'avais que la fièvre ? Mais je n'ai pas la fièvre, je vous prie de le croire.

— Mon cher Olifus, dit Vanly, maintenant que nous ne sommes plus que nous deux, maintenant que vous n'avez plus besoin de vous contraindre, dites-moi franchement ce que vous éprouvez.

— Moi, ce que j'éprouve ? j'éprouve le plus ardent désir de vous dire que je vous aime, et surtout de vous le...

— Et pas la moindre crampe d'estomac ? demanda Vanly.

— Pas la moindre.

— Pas le moindre refroidissement ?

— Au contraire.

— Pas la moindre colique ?

— Allons donc ! Ah çà, mais ! j'aurais le choléra, chère amie, que vous ne me feriez pas d'autres questions.

— Eh bien, justement, puisque c'est vous qui avez dit le mot...

— Après ?

— On a cru remarquer pendant le souper.

— Quoi ?

— Que vous changiez de couleur, que vous portiez plusieurs fois la main à votre estomac, et que plus tard...

— Ah ! je vous dirai, c'est que d'abord je n'ai pas pu me faire à la vue de vos souris au miel ; ensuite, voyez-vous ? votre coulis de cloporte..... Nous n'avons pas l'habitude de ces coulis-là chez nous. Enfin, votre huile de ricin...

Mais ça s'est passé avec un peu d'air comme cela. Ah ! en voilà une idée, par exemple, de penser que je vais avoir juste le choléra pour la première nuit de mes noces ! Bon ! bon ! bon !

— Eh bien ! mon cher ami, cette pensée, c'était celle de tout le monde, et je suis parfaitement certaine que, parmi les trente amis qui nous quittent, il y en a vingt-neuf convaincus que demain matin vous serez mort.

— Mort du choléra ?

— Du choléra.

— Ah ! par exemple !

— C'est comme cela.

— Voyons, franchement... est-ce que...

— Hé ! hé !

— Oh ! oh !

Monsieur, c'est une chose étrange que l'imagination. Après avoir ri de Bazile à qui on persuade qu'il a la fièvre, ne voilà-t-il pas que je me tâtais l'estomac, que je me tâtais le ventre, et que j'étais tout près de croire que j'avais déjà des crampes et que j'allais avoir la colique.

Dans tous les cas, il y avait un fait incontestable, c'est que je me refroidissais, oh ! mais à vue d'œil.

— Pauvre ami ! me dit Vanly en me regardant avec compassion ; heureusement que le mal n'a pas encore fait de grands progrès, et que mon premier mari m'a légué un remède infaillible.

— Contre le choléra ?

— Contre le choléra, oui.

— Oh ! le digne homme ! Eh bien ! chère Vanly, l'occasion se présente d'en faire usage, de votre remède.

— Ah ! vous avouez donc ?

— Oui, je commence à croire. Oh ! qu'est-ce que c'est que cela ?

— Dépêchez-vous, cher ami, dépêchez-vous ; voilà les borborygmes qui viennent.

— Comment ! les borborygmes ?

Il faut vous dire que le mot est pas mal barbare déjà, en français, n'est-ce pas ? mais qu'en chinois c'était encore bien pis ; de sorte que lorsqu'elle me dit : *Voilà les borborygmes !* c'est comme si elle m'avait dit : « Voilà les Cosaques ! »

— Les borborygmes ! répétai-je en me laissant aller sur une chaise. Eh bien ! chère Vanly, qu'y a-t-il à faire ?

— Il y a à boire tout de suite un verre de cette

liqueur rouge que je préparais quand vous êtes entré, et cela, pauvre Olifus, dans la prévision de ce qui vous arrive.

— Alors vite le verre, alors vite la liqueur rouge. Ah! voilà les borborygmes qui reviennent. Vite, vite, vite.

Vanly versa la liqueur rouge dans un verre et me la présenta.

Je pris le verre d'une main tremblante, je le portai à ma bouche, et j'allais avaler la liqueur rouge depuis la première jusqu'à la dernière goutte, lorsque je vis Vanly pâlir et fixer les yeux sur la porte de la chambre.

En même temps, j'entendis une voix bien connue qui me dit :

— Au nom du ciel! Olifus, ne buvez pas.

— Schimindra! m'écriai-je; que diable venez-vous faire ici?

— Je viens vous rendre ce que vous avez fait pour moi, vous sauver la vie.

— Ah! chère Schimindra, vous aussi, vous avez donc un secret contre le choléra?

— Je n'ai pas de secret contre le choléra, et ce secret, d'ailleurs, serait inutile

— Comment! inutile?

— Oui.

— Je n'ai donc pas le choléra?

— Non.

— Si je n'ai pas le choléra, alors qu'ai-je donc?

— Vous avez, — Schimindra regarda Vanly qui pâlissait de plus en plus, — vous avez épousé une empoisonneuse, voilà tout.

Vanly jeta un cri comme si un serpent l'avait mordue.

— Une empoisonneuse! répétai-je.

— Est-ce que vous allez écouter cette femme? me demanda-t-elle.

— Schimindra, ma bonne amie, fis-je en secouant la tête, il me semble que vous allez un peu loin.

— Une empoisonneuse! répéta Schimindra.

Vanly devint livide.

— Comptons ceux que vous avez empoisonnés, madame, dit Schimindra, et voyons comment vous les avez empoisonnés.

— Oh! venez! venez! Olifus! s'écria Vanly.

— Non, restez et écoutez! dit Schimindra.

Puis, se retournant vers Vanly :

— Vous avez empoisonné votre premier mari, le docteur, avec la fève de Saint-Ignace, si commune à Mindanao. Vous avez empoisonné votre second mari, le mandarin, avec le ticunas amé-

ricain. Vous avez empoisonné votre troisième mari, le juge civil, avec le vooara de la Guyane. Enfin, ce soir, vous alliez empoisonner votre quatrième mari, Olifus, avec l'upas de Java.

— Vous mentez!... vous mentez!... s'écria Vanly.

— Je mens? dit Schimindra; eh bien, si je mens, buvez ce verre de liqueur rose que vous veniez de verser à votre mari, sous prétexte qu'il avait le choléra!

Et elle prit le verre que j'avais posé sur la table, et le présenta à Vanly.

Je m'attendais à ce que Vanly allait lui arracher le verre des mains, et boire ce qu'il contenait; mais pas du tout, elle recula, gagna la porte tout en reculant, l'ouvrit et se sauva.

Je m'élançai après elle.

— Oh! chère Vanly! m'écriai-je, ne craignez rien, revenez, je ne la crois pas, ce n'est pas possible.

— Ce n'est pas possible? s'écria Schimindra au désespoir de ce que je ne la croyais pas, ce n'est pas possible?

— Non, et à moins qu'on me donne une preuve...

— Et si l'on vous donne une preuve? s'écria Schimindra.

— Dame!

— Vous croirez?

— Il le faudra bien.

— Vous croirez que cette femme est une empoisonneuse, n'est-ce pas?

— Sans doute.

— Et vous ne l'aimerez plus?

— Comment! je ne l'aimerai plus? Non-seulement, je ne l'aimerai plus, mais je la dénoncerai, mais encore je la poursuivrai, mais encore je la ferai guillotiner, pendre, écarteler.

— Vous le jurez?

— Je le jure.

— Eh bien! dit Schimindra, cette preuve, la voilà.

Et elle avala le verre de liqueur rose, tout d'un trait, tout d'une haleine, avant que j'aie eu le temps de dire :

— Eh bien! mais que faites-vous donc?

Je jetai un grand cri à mon tour, car enfin, la pauvre Schimindra, je n'avais absolument rien contre elle, que ce malheureux singe... Mais, à part cet antécédent, je l'aimais de tout mon cœur.

— Maintenant, dit-elle en tombant dans mes bras, vous allez comprendre pourquoi on avait fait courir le bruit parmi vos convives que vous étiez atteint du choléra.

En effet, à peine Schimindra avait-elle prononcé ces paroles que je la vis pâlir, et que, portant la main à sa poitrine, elle donna les signes de la plus vive douleur.

XX

CONCLUSION.

À cette vue, je ne conservai plus aucun doute.

Vanly était bien coupable, et Schimindra était bien empoisonnée.

Je n'eus plus qu'un désir, celui de sauver la pauvre femme qui venait de se dévouer pour moi.

— Au secours! au secours! m'écriai-je. Un médecin! un médecin!

Puis, comme personne ne répondait, attendu que Vanly avait pris ses précautions, et que la maison était parfaitement déserte, j'ouvris la fenêtre.

— Au secours! répétai-je, au secours! un médecin! un médecin!

Heureusement un portefaix passait en ce moment sur le quai. Il entendit mes cris, me reconnut et se mit à ma disposition.

— Un médecin! lui criai-je en lui jetant une pièce d'or.

Il ramassa la pièce d'or, fit un signe de tête et se mit à courir à toutes jambes.

Cinq minutes après, il revint avec une espèce de bonze qui faisait de la médecine gratis pour le peuple, et qui avait une grande réputation de science et de sainteté parmi les gens du port.

Mais, quoiqu'il se fût écoulé dix minutes à peine depuis que Schimindra avait avalé le poison, le mal avait déjà fait des progrès terribles. La respiration était bruyante et interrompue par des sanglots, les muscles de l'abdomen et du thorax commençaient à se contracter, la bouche devenait écumeuse, la tête se renversait en arrière et les vomissements commençaient.

Je courus au médecin et l'amenai en présence de Schimindra.

— Oh! oh! s'écria-t-il, voilà une femme qui a le choléra, ou bien....

Il hésita.

— Ou bien? répétai-je.

— Ou bien qui est empoisonnée.

— Avec quoi?

— Avec l'upas de Java.

— C'est cela! m'écriai-je; oui, oui, elle a été empoisonnée avec l'upas de Java. Quel remède y a-t-il?

— Il n'y a pas de remède, ou bien s'il y en a un...

— Après?

— Il est si rare.

— Enfin, ce remède!

— Il faudrait du bézoard.

— Du bézoard?

— Oui; mais pas du bézoard de vache, pas du bézoard de chèvre...

— Du bézoard de singe?

— Sans doute, mais où s'en procurer?

Je jetai un cri de joie.

— Tenez, lui dis-je, tenez.

Et je tirai ma pierre de bézoard de son sachet de cuir.

Schimindra souleva la tête.

— Ah! dit-elle, il m'aime donc encore un peu !

— Oh! oh! fit le bonze, du bézoard bleu, du véritable bézoard de singe.

— Oui, du véritable, je vous en réponds, attendu que je l'ai récolté moi-même; mais ne perdez pas de temps ; vous voyez.

Et je lui montrai Schimindra qui se tordait dans les convulsions de l'agonie.

— Oh! maintenant, dit-il, soyez calme, nous avons le temps!

— Mais, m'écriai-je, dans cinq minutes elle sera morte.

— Oui, si dans trois minutes elle n'est pas sauvée.

Et, en effet, le bonze se mit à râper le bézoard dans un verre d'eau avec la même tranquillité qu'il eût fait d'un morceau de sucre.

L'eau prit à l'instant même une belle teinte azurée qui peu à peu se changea en opale et lança des reflets d'or.

C'était sans doute le point où devait en être arrivé l'antidote, car, me faisant signe de soulever Schimindra, le bonze introduisit entre ses dents, déjà serrées par les convulsions, les bords du verre qu'elle faillit briser.

Mais, aux premières gouttes qui humectèrent le palais de la mourante, les muscles se détendirent, la tête se balança mollement sur les épaules, les bras roidis retombèrent à ses côtés, le râle cessa, et une légère moiteur perla sur son front aride.

Schimindra vida le verre.

Puis, lorsque le verre fut vidé :

— Oh! mon Dieu! dit-elle, c'est la vie que vous m'avez fait boire.

Alors, jetant un dernier regard sur moi, me remerciant d'un dernier sourire, essayant de me toucher par un dernier geste, elle poussa un soupir, ferma les yeux et tomba dans une léthargie qui n'avait rien d'inquiétant, car on sentait sourdre la vie sous cette apparence de mort.

Je ne pouvais pas la laisser chez Vanly-Tching, je ne voulais pas y rester moi-même.

Ma maison n'était qu'à cinquante pas de celle où nous nous trouvions.

Je pris Schimindra dans mes bras.

Je sortis avec le bonze, je fermai la porte à clef, je remis cette clef au bonze en le priant de la porter à l'instant même chez le juge civil, successeur de l'avant-dernier mari de Vanly-Tching, et de lui raconter tout ce qu'il avait vu, tandis que j'emportais chez moi Schimindra, qui

n'avait plus, au dire du docteur, besoin que d'un sommeil tranquille.

Puis, Schimindra déposée sur son lit, j'allai me coucher à mon tour.

Vous dire ce qui se passa dans mon esprit une fois que la lumière fut éteinte, et que, vaincu par la fatigue, je me trouvai dans cet état de rêverie qui n'est pas encore le sommeil, et qui n'est déjà plus la veille, serait chose impossible.

Mes quatre femmes semblaient s'être donné rendez-vous au pied de mon lit. C'était Nahi-Nava-Nahina, c'était dona Inès, c'était Amarou, c'était Vanly-Tching; tout cela me réclamant, me tirant, me disputant, bien plutôt à la façon des Furies qu'avec les manières de tendres épouses, tandis que la pauvre Schimindra, à qui la mort sans doute avait donné des ailes, planait au-dessus de moi, me défendait de son mieux, les repoussant, les écartant, les chassant.

Mais, mise dehors par la porte, cette série interminable d'épouses rentrait par les fenêtres, se rejetait sur mon lit, s'acharnait sur moi, si bien que je me sentais en aller par morceaux, et que je pressentais le moment où l'une m'enlèverait un bras, l'autre une jambe, celle-ci un membre, celle-là un autre.

Tout à coup la porte s'ouvrit, et je vis apparaître comme un fantôme voilé, devant lequel mes quatre femmes indiennes s'évanouirent, et qui vint, éloignant Schimindra elle-même d'un seul geste, se coucher tranquillement près de moi. Ah! ma foi, la dernière venue me rendait un si grand service, que je me réfugiai dans ses bras, où, après une agitation qui dura encore quelques instants, je m'endormis.

Le lendemain, le premier rayon du jour, en frappant droit sur mon visage, me réveilla ; j'ouvris les yeux et poussai un cri de surprise.

J'étais couché côte à côte avec la Buchold.

Mais, près de la Buchold si pâle, si changée, que je n'eus pas le courage de lui reprocher sa visite, tant elle me faisait l'effet d'avoir peu de temps à vivre.

D'ailleurs, je me rappelais le service qu'elle m'avait rendu dans la nuit.

— Comment! c'est vous ? lui dis-je.

— Oui, c'est moi, qui, toute souffrante que je suis, n'ai point hésité à vous apporter moi-même une bonne nouvelle.

— Ah! oui, vous êtes accouchée, lui dis-je.

— D'une fille, d'une charmante petite fille; comme je vous l'ai promis, je l'ai appelée Marguerite.

— Et quel est le parrain de celle-ci ?

— Oh ! vous en serez fier, mon ami : c'est un des plus illustres professeurs de l'Université de Leyde, le docteur Van Holstentius.

— Oui, je le connais.

— Eh bien ! il m'a promis d'aimer la chère enfant comme s'il était son père, mais...

— Mais, quoi ?

— J'ai bien peur, quand je ne serai plus là...

— Comment ! quand vous ne serez plus là ? avez-vous donc quitté Monnikendam pour n'y plus retourner ?

— Si fait, au contraire, mon ami, et je vais repartir sans retard, soyez tranquille ; mais nous ne sommes pas immortels, et si par hasard je mourais, nos pauvres enfants...

— N'auraient-ils pas chacun son parrain, qui l'aime comme s'il était son père ? n'auraient-ils pas le bourgmestre Van Clief, l'ingénieur Van Brock, le révérend Van Cabel, le docteur Van Holstentius, etc., etc., etc. ?

— Hélas ! répondit la Buchold, je sais, par ce qui m'est arrivé avec vous-même, quel fonds on peut faire sur les promesses des hommes. Il y avait plus de promesses vaines que de réalité dans ces engagements pris par nos illustres protecteurs ; de sorte qu'aujourd'hui, mon cher ami, sans votre compère Simon Van Groot, le gardien du port de Monnikendam, je ne sais pas ce que nous deviendrions, moi, les enfants que j'ai et ceux que je puis avoir encore.

— Comment ! que vous pouvez avoir ? Quel quantième du mois sommes-nous ?

— Le 28 octobre.

— Oui, mais quelle sainte ou quel saint préside à ce jour ?

— Deux grands saints, mon ami : saint Simon et saint Jude.

— Ah ! c'est trop fort, m'écriai-je ; cette fois je n'en serai pas quitte à moins de deux jumeaux.

— En tous cas, dit la Buchold, ce seront les derniers.

— Comment cela ?

— Oui, ne voyez-vous pas comme je suis changée ?

En effet, je l'ai déjà dit, ce changement m'avait frappé à la première vue.

— C'est vrai, lui dis-je ; qu'avez-vous ?

Elle sourit tristement.

— Croyez-vous, dit-elle, que des voyages pareils à ceux que je fais ne fatiguent pas ? Je suis venue vous voir quatre fois, sans reproche, aller et retour ; c'est quelque chose comme trente-deux mille lieues : quatre fois le tour du monde ; trouvez-vous donc beaucoup de femmes qui en fassent autant pour... pour un scélérat d'homme qui ne songe qu'à la tromper ? Ah !

Et la Buchold versa quelques larmes.

Ce qu'elle me disait là était si vrai, que j'en fus touché.

— Eh bien ! pourquoi venez-vous ? lui demandai-je.

— Mais parce que je vous aime, au bout du compte. Ah ! si vous étiez resté à Monnikendam, nous eussions pu être si heureux !

— Avec votre charmant caractère ! allons donc.

— Que voulez-vous ? Ce qui m'a gâté le caractère, c'est la jalousie. Et d'où venait cette jalousie ? de l'excès de mon amour. Voyons, aujourd'hui que cinq ans sont passés, direz-vous qu'ils étaient innocents vos voyages à Amsterdam, à Édam, à Stavorin ?

Je me grattai l'oreille.

— Dame ! répondis je pour ne pas mentir.

— Vous voyez bien que vous étiez dans votre tort. Qu'avez-vous de pareil à me reprocher, à moi ?

— Rien, je le sais bien, tant que j'ai été là-bas.

— Mais il me semble que depuis...

— Depuis, cela s'embrouille un peu. Mais enfin, il n'y a encore rien à dire, puisque, pour moi du moins, les apparences y sont, et que les dates se rapportent, n'est-ce pas ?

— Jour pour jour.

Je poussai un soupir.

— Ah ! le fait est, dis-je, avec un retour de philosophie, que l'on court bien loin pour trouver le bonheur...

— Oui, et que l'on trouve des femmes, n'est-ce pas ? Passons-les un peu en revue, vos femmes.

— Non, ce n'est pas la peine, je les connais ; aussi, j'en suis guéri, du mariage, ou plutôt des mariages.

— Hélas ! mon pauvre ami, il n'y a que la maison, que le foyer, que les enfants ; revenez, et vous trouverez tout cela, moins moi peut-être.

— Allons donc !

— Je sais ce que je dis, fit-elle en secouant la tête et en poussant un soupir. Mais je mourrais tranquille si j'avais l'espérance qu'à défaut de mère... mes pauvres enfants..

— C'est bon, c'est bon... ne nous attendrissons pas; on verra à tout cela; retournez là-bas.

— Il le faut bien.

— Et annoncez-moi.

— Oh! vraiment?

— Un instant, je ne m'engage pas. Je ferai ce que je pourrai, voilà tout.

— Adieu! je pars dans cette espérance.

— Partez, chère amie. Qui vivra verra.

— Oui, qui vivra... Adieu.

Et la Buchold m'embrassa une dernière fois, poussa un soupir et sortit.

Cette apparition de la Buchold m'avait laissé une tout autre impression que les apparitions précédentes.

D'ailleurs, comme je le lui avais dit : la comparaison avec les femmes hollandaises, des femmes chingulaises, espagnoles, malabares et chinoises n'était pas à l'avantage de ces dernières; il n'y avait donc que la pauvre Schimindra qui pouvait contre-balancer l'influence européenne; mais, vous comprenez, elle avait contre elle l'histoire de ce misérable singe!...

Enfin, tant il y a, que je ne pensai plus qu'à une chose, ce fut de mettre ordre à mes affaires et à retourner en Europe.

Mais, avant de partir, mon premier soin fut d'assurer le sort de Schimindra.

Je lui laissai mon exploitation de cigares qui était en plein rapport, et le reste de mon bézoard, qui était écorné, c'est vrai, mais qui, tout écorné qu'il était, valait bien encore deux ou trois mille roupies, et cela d'autant plus incontestablement, qu'il avait été éprouvé.

Quant à Vanly-Tching, elle avait disparu emportant sa cassette; et, pendant les cinq mois que je demeurai encore à Bidondo, nul n'en entendit parler.

Enfin, le 15 février 1829, six ans environ après mon arrivée dans l'Inde, je quittai Bidondo après avoir réalisé une somme de quarante-cinq mille francs que mon correspondant chinois encaissa, me donnant en échange d'excellentes valeurs sur les premières maisons d'Amsterdam.

La traversée fut longue à cause des calmes que nous trouvâmes sous l'équateur, et, six mois après mon départ de Manille, on signala le cap Finistère, puis nous doublâmes Cherbourg, puis nous entrâmes dans la Manche, puis, enfin, le 18 août 1829, nous jetâmes l'ancre dans le port de Rotterdam.

Je n'avais aucun motif pour faire séjour; je pris donc le même jour la voiture d'Amsterdam, puis, arrivé à Amsterdam, un bateau qui devait me conduire à Monnikendam.

C'était justement celui de mon ami le pêcheur qui, six ans et demi auparavant, m'avait conduit à bord du *Jean de Witt*, à qui je n'avais pas pu payer mon passage et qui n'avait pas moins promis de boire à ma santé, promesse qu'il avait religieusement tenue.

Cette fois, au lieu d'un sac de cailloux, j'avais dans ma poche un portefeuille renfermant quarante-cinq bonnes mille livres.

De sorte qu'en débarquant à Monnikendam, comme je lui devais non-seulement le dernier passage, mais encore le premier, avec les intérêts et les intérêts des intérêts pendant six ans, je lui donnai vingt-cinq florins, ce qui était un denier comme il n'en avait pas touché depuis longtemps.

Puis je m'acheminai vers ma maison.

A la porte, je vis de loin une nourrice en deuil qui allaitait deux nourrissons.

Je compris tout.

J'entrai dans la salle basse, où se trouvaient mes trois fils et ma fille.

Les trois garçons s'enfuirent en me voyant.

Quant à la fille, comme elle ne marchait pas encore toute seule, elle fut bien obligée de rester.

Je compris que je n'étais pour ces pauvres innocents qu'un étranger; je pris dans mes bras ma petite Marguerite, qui jetait les hauts cris, et je revins vers la porte, afin de me faire reconnaître à quelque voisin.

Justement Simon Van Groot, ayant appris qu'un étranger était arrivé et s'était dirigé vers la maison de la Buchold, était accouru, se doutant de la vérité, et il arrivait, ayant rallié les trois enfants qui fuyaient, plus la nourrice et les deux nourrissons.

En un instant tout fut éclairci.

— Et la pauvre Buchold! demandai-je.

— Tu arrives deux mois trop tard, mon cher Olifus, répondit Simon Van Groot; la Buchold est morte en donnant le jour à tes deux jumeaux.

— Oui, Simon et Jude.

— Tu l'as dit. En ton absence, j'ai eu soin de la famille. Les créanciers avaient vendu la maison, je l'ai rachetée; ils avaient vendu les meubles, je les ai rachetés. Je savais bien que tu reviendrais un jour, et je voulais, plus les enfants, que tu retrouvasses les choses dans l'état où tu les avais laissées.

— Merci, Van Groot.

— Il n'y a que notre pauvre Buchold !...

— Que veux-tu, Simon? nous sommes tous mortels.

— Hélas! tu n'en trouveras jamais une pareille, Olifus.

— C'est probable.

Nous nous embrassâmes en pleurant, Van Groot et moi, puis nous réglâmes nos comptes.

Je lui remboursai le prix de la maison et des meubles, que je gardai pour la part de Marguerite.

Puis je plaçai six mille francs sur la tête de chaque garçon, me réservant les intérêts jusqu'à leur majorité.

Enfin, je conservai neuf mille francs pour moi, afin de n'être jamais à charge à personne et de n'avoir qu'à fouiller dans ma poche pour en tirer mon carafon de tafia, de rhum et de rack.

— Et vous n'avez jamais revu la Buchold? lui demandai-je.

— Si fait, une fois. Elle est venue me raconter que j'étais débarrassé d'elle pour toujours, attendu qu'elle venait de se remarier avec Simon Van Groot, qu'on avait enterré la veille, et qui avait demandé, le vieux coquin, à être inhumé près d'elle. De sorte, ajouta le père Olifus en vidant son dernier carafon de rack, que j'en suis débarrassé pour ce monde et pour l'autre, je l'espère, du moins.

Sur quoi, le père Olifus éclata d'un rire qui lui était tout particulier, et se laissa couler sous la table, d'où presque aussitôt sortit un ronflement qui ne nous laissa aucun doute sur la sérénité du sommeil auquel ce cœur pur et sans remords venait de se livrer.

Au même moment, la porte s'ouvrit; je tournai la tête, et une voix douce et harmonieuse se fit entendre.

Cette voix, c'était celle de Marguerite, qui apparaissait sur le seuil de la chambre une lampe à la main.

— Il est temps, messieurs, que vous alliez vous reposer, dit-elle. Je vais vous conduire à votre chambre. Mon pauvre père vous a bien fatigués, n'est-ce pas, avec ses histoires? Mais il faut avoir quelque indulgence pour lui. Il est resté six ans dans la maison des aliénés de Horn, du vivant de notre pauvre mère, et il n'en est pas sorti entièrement guéri. Ce sont des lubies et des contes bleus qui lui travaillent le cerveau, surtout lorsqu'il fait abus de liqueurs fortes, ce qui lui arrive souvent. Mais, comme toujours, sa raison reviendra en s'éveillant, et oubliera ses voyages aux Indes orientales, voyages qui n'ont jamais existé que dans son imagination.

Nous allâmes nous coucher sur cette explication, qui nous parut infiniment plus probable que tout ce que nous avait raconté le père Jérôme-François Olifus.

Le lendemain, nous demandâmes à le voir pour lui faire nos adieux. Mais on nous dit qu'au point du jour il était parti pour conduire un voyageur à Stavorin.

De sorte que nous quittâmes Monnikendam sans savoir laquelle nous avait menti, de la vieille bouche édentée du père Olifus ou de la fraîche et jolie bouche de sa fille Marguerite.

Cependant une chose nous prévint contre la belle hôtesse du *Bonhomme Tropique*, c'est que la veille elle ne nous avait parlé que par signes, et que tout à coup, le lendemain, elle s'était trouvée parler français pour nous donner l'explication que nous venons de consigner ci-dessus.

C'est aux personnes qui ont été dans l'Inde à juger si le père Olifus a réellement vu les pays qu'il a décrits, et que d'après lui nous avons décrits à notre tour, ou s'il a tout simplement vu Madagascar, Ceylan, Négundo, Goa, Calicut, Manille et Bidondo de la maison des aliénés de Horn.

FIN.

J.A.BEAUCE   H.DELAVILLE

LES MÉDICIS

ALEXANDRE DUMAS

—➤❦❧❦◅—

BRANCHE AINÉE

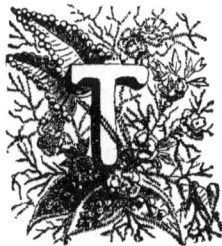

out ce qui fut grand dans le monde essaya de se grandir encore par des commencements fabuleux. Athènes se vantait d'avoir été fondée par Minerve; Jules-César prétendait descendre en droite ligne de Vénus.

Il en fut ainsi des Médicis : un de leurs aïeux, disait-on, nommé Avérard de Médicis, se trouvait vers la fin du huitième siècle, en Italie, à la suite de Charlemagne. Cette campagne du roi franc avait, comme on le sait, pour but de combattre les barbares qui, à cette époque, infestaient l'Italie. Avérard, défié par un géant longobard nommé Mugello, accepta le combat, fut vainqueur, et, selon la coutume du temps, hérita non-seulement des armes, mais encore des biens du vaincu. De là les châteaux, les villes et les terres que les Médicis possédèrent dès l'antiquité la plus reculée dans cette partie du territoire florentin qui portait et qui porte encore aujourd'hui le nom du géant; de plus, un coup de sa massue ayant imprimé sur le bouclier d'or d'Avérard la marque de ses six nœuds de fer, Avérard en fit ses armes. La tradition ne dit pas comment ces trous concaves se changèrent en boules convexes. — Voilà pour la fable.

Maintenant voici pour l'histoire. — La race des Médicis, au plus loin qu'on la découvre, apparaît toujours grande et populaire : pendant tous les troubles qui rougirent le lis blanc de la république, jamais elle ne changea ni son nom de famille, ni ses armes; ce qui prouve qu'elle ne fut jamais gibeline. Lorsque Totila s'empara de Florence, les Médicis quittèrent la ville et se réfugièrent dans le Mugello : de là l'origine de leurs châteaux et de leurs maisons de campagne. Mais lorsque Charlemagne eut rebâti Florence et lui eut rendu par sa protection une certaine importance, les fugitifs revinrent habiter la ville; d'abord ils demeurèrent dans le forum du roi, qui fut appelé depuis le Vieux-Marché, et qui était à cette époque le quartier de toute la noblesse. Leurs premières maisons et leurs premières tours furent élevées sur la place des Succhiellinai, déjà appelée place des Médicis, et furent enfermées dans l'enceinte du Ghetto.

Quant à leurs armes, qui, ainsi que nous l'avons dit, demeurèrent toujours les mêmes, leurs ennemis prétendaient que c'étaient tout bonnement les pilules d'un de leurs aïeux qui était médecin, et qui, ayant joui d'une certaine célébrité, avait pris son nom et son blason de la profession qu'il exerçait.

Quoi qu'il en soit, il n'existe peut-être pas une seule famille, non-seulement en Italie, mais encore dans aucun autre pays du monde, qui occupe une si large et si haute place dans l'histoire de son pays, que le fait celle des Médicis dans l'histoire de Florence. En effet, la suprême magistrature des prieurs ayant été créée en 1282, et le gonfaloniérat dix années après, un Médicis Ardingo de Buonayenta était déjà prieur en 1291, et gonfalonier en 1295; par la suite, la même famille compta parmi ses membres soixante et un prieurs et trente-cinq gonfaloniers.

Veut-on savoir où en était la famille des Médicis vers la fin du quatorzième siècle? Écoutons ce que dit d'elle-même, dans un livre de souvenirs écrits de sa main, un de ses plus illustres fils, Fuligno di Conte, qui s'adresse à ses descendants. — Le manuscrit porte la date de l'année 1370.

« Et je vous prie encore, dit-il, de conserver non-seulement la riche fortune, mais encore la haute position que vous ont acquise nos ancêtres, lesquelles sont grandes, et avaient coutume d'être plus grandes encore, mais commencent à baisser par la pénurie de vaillants hommes où nous nous trouvons à cette heure, nous, dont c'était la coutume de ne les pas compter, tant nous en avions; si bien que notre puissance était si haute, qu'on disait à tout homme qui était grand : — Tu es grand comme un Médicis; si bien que notre justice était si connue, que, toutes les fois qu'on racontait un acte de violence, on s'écriait : — Si un Médicis avait fait cela, que dirait-on? — Et cependant, comme, toute déchue qu'elle est, notre famille est toujours la première pour la position, les clients et la richesse, plaise au Seigneur de la conserver ainsi; car, au jour où j'écris ces paroles, Dieu en soit loué, nous sommes encore environ, de notre race, cinquante hommes de cœur. »

Il est vrai que Fuligno di Conte de Médicis écrivait ces lignes à la grande époque de la république, c'est-à-dire entre Farinata des Uberti qui en fut le Coriolan, et Pietro Capponi qui en fut le Scipion.

A Fuligno di Conte, connu par ses mémoires, succéda Sylvestre de Médicis, connu par ses actions. Il était né comme Dante venait de mourir; il avait joué enfant au pied du campanile de Giotto, qui sortait majestueusement de terre; il avait connu Pétrarque et Boccace, qui, à une année de distance l'un de l'autre, étaient allés rejoindre Dante; il était contemporain de ce Coluccio Salutati, duquel Visconti disait qu'il redoutait plus une seule de ses lettres que mille cavaliers florentins; il avait assisté à cette étrange conjuration de Ciompi qui avait tout changé dans la république, en élevant ce qui était bas, en abaissant ce qui était haut; il avait vu tomber sans jugement les têtes de Pietro Albizzi, de Iacopo Sacchetti, de Donato Barbadori, de Cipriano Mangione, de Giovanni Anselmi et de Filippo Strozzi, l'aïeul de cet autre Strozzi qui, deux siècles plus tard, devait mourir aussi pour la république; il avait vu exiler Michel de Lando, qui lui avait arraché des mains le gonfalon; il avait entendu raconter comment Jeanne de Naples, sa vieille ennemie, avait été étouffée au château de Muro entre un matelas et un lit de plumes; il avait constamment habité Florence, ce centre de la politique italienne : et cependant il avait trouvé moyen de passer au milieu de tout cela sans perdre de sa popularité envers les arts, sans perdre de sa dignité parmi la noblesse. Les préceptes de Fuligno di Conte, sans doute écrits pour lui, furent donc suivis par lui; et Jean de Médicis, en arrivant au gonfaloniérat, trouva qu'au milieu des troubles civils sa maison avait plutôt grandi qu'elle n'avait déchu.

Jean de Médicis était bien l'homme qu'il fallait pour continuer cette grandeur. Veut-on connaître non-seulement ce qu'en pensait, mais encore ce qu'en écrivait Machiavel, qui, comme on le sait, n'était pas prodigue de louanges, qu'on ouvre au livre IV son Histoire florentine, et on lira ce qui suit :

« Jean de Médicis fut miséricordieux en toutes choses : non-seulement il donnait l'aumône à qui la lui demandait, mais encore il allait au-devant des besoins de ceux qui ne la lui demandaient pas; il aimait d'un égal amour tous ses concitoyens, louant les bons, plaignant les méchants. Jamais il ne demanda aucun honneur, et il les eut tous; jamais il n'alla au palais sans y être appelé, mais pour toute chose importante on l'y appelait. Il se souvenait des hommes dans leur malheur, et les aidait à porter leur prospérité. Jamais au milieu des rapines générales il ne prit sa part du bien de l'État, et ne porta jamais la main sur le trésor public que pour l'augmenter. Affable entre tous les magistrats, le ciel lui avait donné en sagesse ce qu'il lui avait refusé en éloquence; quoiqu'au premier abord il parût mélancolique, on s'apercevait aux premiers mots qu'il était d'un caractère facile et gai. »

Il naquit l'an 1360, fut élu deux fois prieur, une fois gonfalonier, et une fois des Dix de la guerre. Ambassadeur près de Ladislas, roi de Hongrie, près du pape Alexandre V et près de la république de Gênes, non-seulement il mena toujours à bien les missions dont il était chargé, mais encore il acquit dans le maniement de ces hautes affaires une telle prudence, qu'à chaque fois sa puissance s'en augmenta près des grands, et sa popularité près des citoyens. Ce fut surtout dans la guerre contre Philippe Visconti que sa sagesse éclata doublement : car il s'était d'abord opposé à cette guerre en prédisant l'issue fatale qu'elle devait avoir; et quand les événements eurent justifié sa prédiction, et qu'aux impôts déjà existants il fallut ajouter un nouvel impôt, contre son intérêt et contre celui des grands, il l'établit de manière qu'il frappait non-seulement sur les biens territoriaux, mais encore sur les meubles, si bien que celui qui possédait cent florins devait déposer un demi-florin dans le trésor de la patrie. Ce fut le premier exemple d'un impôt reporté sur tous avec une égale proportion. Arrivé à ce point de sa vie, sa popularité était si grande, qu'il eût certes pu, aux applaudissements de tous, s'emparer de l'autorité publique; et beaucoup le lui conseillaient; mais il répondit sans cesse à ces mauvais conseillers qu'il ne voulait pas d'autre autorité dans la république que celle que la loi accordait aux autres citoyens comme à lui.

Jean de Médicis était en tout béni du Seigneur : il trouva dans Piccarda Bucri une femme digne de lui, et il en eut deux fils, Laurent l'ancien, et Côme, surnommé le Père de la patrie.

Il mourut vers la fin de février 1428, et fut enseveli dans la sacristie de la basilique de Saint-Laurent, qui datait du quatrième siècle, et qui avait été incendiée pendant l'année 1417 : les paroissiens avaient alors décidé de la faire rebâtir; mais Jean, le plus riche et le plus magnifique de tous, mécontent du plan mesquin qui lui avait été présenté, avait fait venir messire Filippo Brunelleschi, lequel devait trente ans plus tard s'immortaliser par la coupole du dôme, et lui avait commandé à ses frais un monument plus noble et plus grand. Brunelleschi s'était mis à l'œuvre; mais, si rapidement qu'eût marché l'ouvrage, il n'était point encore fini lorsque Jean de Médicis vint y réclamer sa place. Ses funérailles coûtèrent à ses fils trois mille florins d'or; et ils l'accompagnèrent à la sépulture avec vingt-huit de leurs parents et tous les ambassadeurs des différentes puissances qui se trouvaient alors à Florence.

Ici s'opère, dans l'arbre généalogique des Médicis, cette grande division qui prépare ses protecteurs aux arts et ses souverains à la Toscane. La tige glorieuse dans la république continuera de monter avec Côme, l'aîné des fils de Jean de Médicis, et donnera le duc Alexandre. La branche s'écartera avec Laurent son frère, et, glorieuse dans le principat, elle donnera Côme Ier.

L'ère brillante de la république florentine était venue. Les arts naissaient de tous côtés. Brunelleschi bâtissait ses églises, Donatello taillait ses statues, Orgagna découpait ses portiques,

Masaccio peignait ses chapelles; enfin la prospérité publique, marchant d'un pas égal avec les progrès des arts, faisait de la Toscane, placée entre la Lombardie, les États de l'Eglise et la république vénitienne, le pays non-seulement le plus puissant, mais encore le plus heureux de l'Italie. Côme arrivait donc dans des circonstances favorables.

En héritant des richesses privées de son père, Côme avait hérité aussi de son influence dans les affaires publiques. Le parti que ses ancêtres avaient constamment suivi, et qu'il avait lui-même l'intention de suivre, était le parti formé par les Alberti, parti qui avait pour but de limiter l'autorité de l'oligarchie, en relevant celle du peuple. Aussi prudent que son père, mais d'un caractère plus ferme que lui, les actes de Côme avaient plus de vigueur, sa parole plus de liberté, son intimité plus d'épanchement. En dehors du gouvernement, il ne l'attaquait point, mais aussi il ne le flattait pas. Faisait-il bien, il était sûr de sa louange : faisait-il mal, il était certain de son blâme. Et cette louange et ce blâme étaient d'une importance suprême : car sa gravité, ses richesses et ses clients donnaient à Côme l'influence d'un homme public : il n'était point encore le chef du gouvernement, mais déjà plus que cela peut-être, il en était le censeur.

L'homme qui dirigeait alors les affaires de Florence était Renaud des Albizzi. Son caractère, tout au contraire de celui de Côme, était impatient et orgueilleux; de sorte que, comme à travers le masque d'impartialité dont se couvrait son adversaire il pénétrait ses espérances, tout de sa part lui devenait insupportable, blâme et louange. En outre, les jeunes gens qui étaient avec lui aux affaires étaient aussi impatients que lui de ce froid contrôle, et n'attendaient qu'une occasion pour en venir à une rupture ouverte et armée, et pour chasser Côme de la ville; mais ils étaient retenus par la froide main d'un homme qui avait vieilli au milieu des divers mouvements de la république, et dont les cheveux avaient blanchi au milieu des émeutes populaires. En effet, Nicolas d'Uzzano, chef de la république à cette époque, avait vu les Florentins, épouvantés du gouvernement sanguinaire de Ciompi, las de voir tomber des têtes, se rallier à ceux qui lui promettaient un gouvernement plus tranquille; mais ceux-là avaient à leur tour dépassé leur mandat, et ils sentaient peu à peu les citoyens s'éloigner d'eux, repous-

sés qu'ils étaient par leur hauteur et par leur orgueil, et se rapprocher de celui qui leur promettait par ses antécédents un gouvernement plus populaire. Quant à Côme, il voyait s'amonceler contre lui la colère contenue, mais cela sans même tourner la tête du côté où menaçait l'orage, et tout en faisant achever la chapelle Saint-Laurent, bâtir l'église du couvent des dominicains de Saint-Marc, élever le monastère de Saint-Frédiano, et jeter les fondements du beau palais Riccardi. Puis, lorsque ses ennemis menaçaient trop ouvertement, il quittait Florence et s'en allait dans le Mugello, berceau de sa race, bâtir le couvent du Bosco et de Saint-François, rentrait pour donner un coup d'œil à ses chapelles du noviciat des pères de Sainte-Croix, du couvent des Anges, des camaldules; puis il sortait de nouveau pour presser ses villas magnifiques de Careggi, de Cafaggiolo, de Fiésole et de Trebbio; fondait à Jérusalem un hôpital pour les pauvres pèlerins, puis s'en revenait voir où en était son beau palais de Via Larga.

Et toutes ces bâtisses immenses poussaient à la fois, occupant un monde de manœuvres, d'ouvriers et d'architectes : cinq cent mille écus y passaient, c'est-à-dire cinq à six millions de notre monnaie actuelle, sans que le fastueux citoyen parût appauvri par cette éternelle et royale dépense.

C'est qu'en effet Côme était plus riche que bien des rois de l'époque : son père Jean lui avait laissé quatre à cinq millions; et lui, par le change, il avait décuplé son patrimoine; il avait, dans les différentes places de l'Europe, tant sous son nom que sous celui de ses clients, seize maisons de banque : à Florence, tout le monde lui devait, car sa bourse était ouverte à tout le monde; et cette générosité était tellement aux yeux de quelques-uns l'effet d'un calcul, qu'on disait qu'il avait l'habitude de conseiller la guerre pour forcer les citoyens ruinés à recourir à lui. Ainsi avait-il fait lors de la guerre de Lucques; si bien que Varchi dit de lui, qu'avec ses vertus visibles et patentes, et avec ses vices secrets et cachés, il se fit chef et presque prince d'une république déjà plus esclave que libre.

On doit comprendre quelle était l'influence d'un pareil homme, qui, malgré tout cela, ne trouvant point encore assez d'argent à dépenser dans sa patrie, fondait à Venise la bibliothèque des chanoines réguliers de Saint-Georges, et prêtait trois cent mille écus à Henri IV, roi d'Angleterre, lequel reconnaissait que c'était à ces trois cent

Son geôlier le rassura en goûtant le premier les mets qu'il venait de lui servir. — Page 6

mille écus qu'il devait le recouvrement de son royaume.

Plus cette puissance s'étendait, enveloppant Florence comme un filet doré, plus la haine de Renaud des Albizzi croissait contre Côme, et plus le vieux Nicolas d'Uzzano recommandait de ne rien faire ouvertement contre un homme qui avait entre les mains de pareils moyens de résistance. Mais Nicolas d'Uzzano mourut; et Renaud des Albizzi, demeuré à la tête du parti, n'attendait plus pour éclater qu'une chose, c'est que le hasard donnât à la république une sei-

gneurie où ses partisans fussent en majorité : or, comme le tirage au sort des magistrats avait lieu tous les trois mois, il y avait chance qu'une fois sur quatre la fortune favorisât ses calculs; ce n'était donc que six mois ou tout au plus une année à attendre.

Les prévisions de Renaud des Albizzi ne l'avaient point trompé. Au bout de deux ou trois renouvellements, le sort lui donna pour gonfalonier, pour les mois de septembre et d'octobre 1433, Bernard Guadagni; et huit autres nobles ennemis de Côme, entrés en même temps à la seigneurie, assurèrent à Renaud une majorité. Guadagni était au reste entièrement à la dévotion de Renaud, auquel il devait non-seulement le payement de ses dettes, mais encore l'acquit de ses contributions; et, ne possédant rien, il n'avait rien à perdre et tout à gagner dans une commotion civile.

L'impatience de la haine empêcha Renaud d'attendre plus longtemps. Sûr de sa majorité, il fit sommer le 7 décembre Côme de Médicis de comparaître au palais. Les amis de Côme s'effrayèrent, et lui conseillèrent de fuir ou d'appeler aux armes ses partisans; mais aucun de ces deux conseils n'était dans son caractère : il prit de l'or, qu'il cacha sur lui, et alla se présenter devant la seigneurie.

C'était un tribunal qui l'attendait : une accusation de péculat était portée contre lui à propos de la guerre de Lucques, et cette accusation entraînait la peine de mort. On le fit arrêter et enfermer dans la tour du palais.

Ce fut dans cette tour, qui existe encore aujourd'hui, que Côme passa certes les quatre jours les plus agités de sa vie; car pendant quatre jours il n'osa manger, de peur que la nourriture qu'on lui apportait ne fût empoisonnée : enfin son geôlier, s'étant aperçu de cette crainte, le rassura en goûtant lui-même le premier les mets qu'il venait de lui servir. Côme, voyant qu'il avait dans cet homme un ami, fit remettre par lui mille florins à Bernard de Guadagni, afin que celui-ci demandât son exil au lieu de demander sa tête.

Bernard des Albizzi convoqua une bâlie pour juger les criminels qui avaient conspiré contre le salut de l'Etat.

La bâlie était un tribunal que le peuple nommait dans les grandes occasions pour venir en aide à la seigneurie. Au premier abord on pourrait croire que cette nomination, qui semble le vœu de tous, promettait un tribunal impartial; il n'en était point ainsi : quand la seigneurie convoquait le peuple, le peuple savait d'avance dans quel but il était convoqué; alors tous les citoyens dont les opinions se trouvaient en harmonie avec le but que se proposait la seigneurie accouraient sur la place publique, tandis qu'au contraire les opposants, ou n'y venaient pas par crainte, ou en étaient écartés par violence. Il en fut pour Côme ainsi que cela avait l'habitude d'être; de sorte que les deux cents citoyens élus par le peuple se trouvaient être des partisans de Renaud des Albizzi.

Renaud des Albizzi se croyait donc sûr d'obtenir enfin sa vengeance. Côme fut amené devant la bâlie; et Guadagni rapporteur l'accusa d'avoir fait échouer les entreprises des Florentins sur Lucques en révélant les projets de la république à François Sforza son ami. La bâlie tout entière avait accueilli l'accusation en tribunal décidé d'avance à croire tout ce qu'on lui dira et à punir en conséquence, lorsque, au grand étonnement de Renaud des Albizzi, Guadagni, au lieu de conclure à la mort, conclut à l'exil. Les mille florins de Côme avaient été semés en bonne terre; et cette fois l'intérêt qu'ils rapportaient était la vie de celui qui les avait placés.

Côme fut pour dix ans exilé à Savone; le reste de sa famille et ses amis les plus intimes partagèrent sa proscription; ils quittèrent Florence dans la nuit du 3 octobre, et, en mettant le pied sur le territoire de Venise, ils furent reçus par une députation qu'envoyait au-devant d'eux la reine de l'Adriatique.

Cependant cette proscription de ses plus illustres citoyens avait été accueillie par Florence avec ce silence désapprobateur qui poursuit toujours les actions impopulaires des gouvernants. Côme absent, il sembla à la capitale de la Toscane qu'on venait de lui enlever le cœur : l'argent, ce sang commercial des peuples, semblait s'être tari à son départ; tous ces immenses travaux commencés par lui étaient restés interrompus; maisons de campagne, palais, églises, à peine sorties de terre, à moitié bâtis, ou non encore achevés, semblaient autant de ruines indiquant qu'un malheur avait passé par la ville. Devant les bâtisses interrompues, les ouvriers s'assemblaient demandant l'ouvrage et le pain qu'on leur avait ôtés, et chaque jour les groupes devenaient plus nombreux, plus affamés et plus menaçants. Jamais Côme n'avait été plus influent à Florence que depuis qu'il n'y était plus.

Lui, pendant ce temps, fidèle à son système de politique pécuniaire, faisait réclamer à ses nombreux débiteurs, mais doucement, sans menaces, comme un ami dans le besoin et non comme un créancier qui poursuit, les sommes qu'il leur avait prêtées, disant que l'exil seul le forçait à une pareille demande, qu'il n'eût certes pas faite de sitôt s'il eût continué de demeurer à Florence et d'y gérer par lui-même ses immenses affaires : si bien que, pris au dépourvu, la plupart de ceux auprès desquels il poursuivait des recouvrements, ou ne purent les rembourser, ou se génèrent en le remboursant, ce qui fit monter le mécontentement des ouvriers aux citoyens.

Nul n'avait rien dit encore, et cependant, quoiqu'un an à peine se fût écoulé depuis l'exil de Côme, l'impopularité du nouveau gouvernement était à son comble. Alors, comme il arrive presque toujours dans cette existence providentielle des États, le sort qui s'était déclaré un an auparavant pour Renaud des Albizzi se déclara tout à coup pour Côme de Médicis. Nicolas de Corso Donati fut appelé au gonfaloniérat pour les mois de septembre et octobre 1434, et avec lui furent élus huit seigneurs publiquement connus pour être partisans des Médicis : Florence salua leur élection par un cri de joie.

Renaud des Albizzi comprit ce que lui promettait cette démonstration populaire. Trois jours, selon l'usage, devaient s'écouler entre la nomination des nouveaux élus et leur entrée en exercice; pour trois jours encore Renaud des Albizzi était le maître : il voulut en profiter pour créer une bâlie, et pour faire annuler par elle l'élection qui venait d'avoir lieu; mais les plus chauds partisans de Renaud avaient compris quel terrain dévorant était cette lutte sur la place publique, teinte depuis un siècle du plus noble sang de Florence. Aussi Renaud des Albizzi ne trouva-t-il en eux qu'une insurmontable froideur; et il lui fallut attendre les événements au-devant desquels il voulait marcher.

Ces événements arrivèrent prompts et irrésistibles comme la foudre. A peine entré en fonctions, Corso Donati lança sur son prédécesseur la même accusation de péculat dont celui-ci avait poursuivi Côme, et le cita à comparaître au palais de la même façon que Côme avait été cité il y avait un an : mais, au lieu de suivre l'exemple de son prédécesseur, et de reconnaître la compétence du tribunal qui le forçait à comparaître, Renaud des Albizzi, accompagné de Nicolas Barbadori et de Ridolfo Peruzzi, se rendit en armes sur la place de San-Palinari avec tout ce qu'il put trouver de gens disposés à soutenir sa cause. Corso Donati n'avait pas cru à cette prompte levée de boucliers; et, n'ayant pas dans la ville des forces suffisantes pour combattre les rebelles, il entra en pourparler avec eux. Ceux-ci firent la faute de négocier au lieu de marcher sur le palais. Pendant la négociation, le gonfalonier et la confrérie firent rentrer à Florence les soldats épars dans les environs; puis, lorsqu'ils se sentirent sous la main une puissance

suffisante, ils convoquèrent le peuple pour élire une bâlie. Cette fois les amis des Médicis firent à leur tour ce qu'avaient fait les amis des Albizzi; ils se rendirent en foule au palais, et l'élection donna deux cents juges dont on aurait pu d'avance faire signifier la sentence : cette sentence fut la proscription de Renaud des Albizzi et le rappel de Côme.

Renaud des Albizzi reconnut aux cris de joie de la ville tout entière qu'il était perdu lui et les siens s'il essayait même de lutter contre l'opinion publique. Il se retira donc silencieux et sombre, mais sans résistance et sans murmure, et avec lui tomba le gouvernement oligarchique qui avait tiré Florence des mains viles et sanglantes de Ciompi, pour la porter sinon au plus haut degré de sa prospérité, du moins au plus haut degré de sa gloire. Trois membres de cette famille, Maso des Albizzi, Nicolas d'Uzzano et Renaud des Albizzi, s'étaient, pendant l'espace de cinquante-trois ans, succédé au pouvoir, sans que ni les uns ni les autres eussent jamais cessé d'être simples citoyens. Contre leur sagesse calme et froide, contre leur intégrité héréditaire, contre leur patriotisme inébranlable, étaient venus se briser les projets de Jean Galéas de Milan, les agressions de Ladislas, roi de Naples, et les tentatives de Philippe Marie Visconti. Comme autrefois Pompée et Caton, ils s'en allaient chassés par le flot populaire; mais, à Florence comme à Rome, le flot apportait avec lui les tyrans futurs de la patrie : le retour de Côme était, il est vrai, la victoire de la démocratie sur l'aristocratie; mais le triomphateur était par sa fortune et par ses richesses trop au-dessus de ceux qui l'élevaient encore, pour qu'il les considérât longtemps, je ne dirai pas comme des égaux, mais comme des citoyens. En effet, à partir de ce moment, Florence, qui s'était constamment appartenue à elle-même, allait devenir la propriété d'une famille qui, trois fois chassée, devait trois fois revenir, et lui rapporter d'abord des chaînes d'or, ensuite des chaînes d'argent, et enfin des chaînes de fer.

Côme rentra au milieu des fêtes et des illuminations publiques, et il se remit à son commerce, à ses bâtisses et à ses agiotages, laissant à ses partisans le soin de poursuivre sa vengeance. Elle fut cruelle. Antoine, fils de ce Renaud Guadagni, qui l'avait sauvé pour mille florins, fut décapité avec quatre autres jeunes gens de ses amis; Côme Barbadori et Zanobi Belfratelli furent arrêtés à Venise, livrés par le

V A BEAUCE　　　PISAN

Il se mit en défense, en appelant à son aide ses deux écuyers. — Page 15.

gouvernement vénitien, et reparurent à Florence pour monter sur un même échafaud. Chaque jour de nouvelles sentences d'exil allaient frapper les citoyens dans leur famille ; et les sentences étaient plus ou moins sévères, selon que la fortune ou la position de ceux qu'elles frappaient en pouvaient faire pour Côme des ennemis plus ou moins dangereux. Enfin les proscriptions furent si nombreuses, qu'un des plus grands partisans de Côme crut devoir aller lui dire qu'il finirait par dépeupler la ville : Côme leva la tête d'un calcul de change qu'il faisait,

posa la main sur l'épaule de son ami, et, le regardant fixement avec un imperceptible sourire : « J'aime mieux, lui dit-il, la dépeupler que la perdre. » Et l'inflexible arithméticien se remit à ses chiffres.

Côme mourut dans sa villa de Careggi le 1ᵉʳ août 1464, à l'âge de soixante-quinze ans, sans avoir vu baisser un seul instant son immense popularité. Sous lui les arts et les sciences avaient fait un pas immense : Donatello, Brunelleschi, Masaccio, avaient travaillé sous ses yeux et d'après ses ordres ; Constantinople tomba tout exprès pour lui donner l'occasion de re- cueillir an palais Riccardi les savants grecs qui fuyaient devant Mahomet II, emportant avec eux l'héritage d'Homère, d'Euripide, de Platon; enfin son propre pays, le couronnant de cette auréole qui trompa la postérité, le salua sur son lit de mort du titre de Père de la patrie.

Des deux fils qu'il avait eus de la comtesse Bardi sa femme, un seul lui survécut. Mais Pierre n'avait hérité que de l'esprit commercial de sa famille : il se contenta donc d'augmenter ses richesses; et, placé entre Côme le Père de la patrie et Laurent le Magnifique, il obtint pour tout surnom celui de Pierre le Goutteux.

Il laissait de sa femme Lucrezia Tornabuoni deux fils, lesquels, malgré les recommandations expresses faites par le défunt de le porter sans pompe à l'église Saint-Laurent, lui élevèrent, ainsi qu'à leur oncle Jean, un tombeau magnifi- que : ces deux fils n'étaient alors que deux en- fants, dont l'un s'appelait Laurent, et l'autre Julien.

La mauvaise santé, l'impéritie et l'avarice de Pierre avaient été fatales à la république : pen- dant les quinze années, selon les uns, ou les six années, selon les autres, que, succédant à son père, il se trouva de fait sinon de droit chef de la république, Florence, engourdie dans le repos qui suit les grandes catastrophes, cessa de diri- ger, comme elle l'avait fait jusqu'alors, les af- faires de l'Italie, et du premier rang descendit au second. La seule marque de distinction que Pierre reçut peut-être des autres États de l'Eu- rope, fut une lettre de Louis XI, qui l'autorisait à charger des trois fleurs de lis de France une des boules qui formaient ses armes.

Durant cette période, que l'on peut fixer de l'année 1464 à l'année 1470, les citoyens qui gouvernèrent Florence furent André de Pazzi, Thomas Soderini, Matteo Palmieri et Louis Guic- ciardini.

Quant à Pierre, retenu par ses souffrances et ses calculs d'agiotage dans l'une ou l'autre de ses villas, il ne venait à Florence que dans les grandes occasions, et pour ne pas se laisser tout à fait oublier du peuple; alors on l'apportait dans sa litière, à travers les ouvertures de la- quelle il saluait comme un roi.

A sa mort, ceux qui avaient gouverné pen- dant sa vie ne désespérèrent point de conserver le même pouvoir. Laurent, l'aîné des deux fils de Pierre, était né le 1er janvier 1448, et avait à peine vingt et un ans; il ne pouvait donc de sitôt

avoir la prétention de prendre de l'influence sur de vieux magistrats qui avaient blanchi dans le maniement des affaires publiques : aussi, loin d'inspirer de la crainte à Thomas Soderini, que les autres gouvernants semblaient avoir tacite- ment reconnu pour leur chef, celui-ci renvoya- t-il aussitôt aux deux Médicis les ambassadeurs et les citoyens qui, à la nouvelle de la mort de Pierre, étaient venus droit à lui. Mais les deux jeunes gens les reçurent avec une telle modes- tie, que nul, en les voyant si humbles, ne prit l'avenir en défiance.

En effet, six ou sept ans se passèrent dans une tranquillité profonde, et sans que Laurent ni son frère, occupés d'achever leurs études et de réunir des statues antiques, des pierres gra- vées et les tableaux de l'école florentine nais- sante, donnassent aucune inquiétude, même à ce qui restait de vieux républicains : ils étaient tout-puissants, il est vrai, mais ils semblaient tellement eux-mêmes ignorer leur puissance, qu'on la leur pardonnait en voyant le peu d'abus qu'ils en faisaient. De temps en temps, d'ail- leurs, les Médicis donnaient au peuple de si belles fêtes, et cela d'une façon qui paraissait si désintéressée, qu'on eût été mal venu à essayer de combattre leur popularité.

A peine maîtres de l'immense fortune que leur avait laissée leur père, une occasion se présenta de faire preuve de leur magnificence : au prin- temps de 1471, on annonça que le duc Galéas, pour accomplir un vœu, s'apprêtait à faire à Florence un pèlerinage avec sa femme Bonne de Savoie.

On apprit, en effet, qu'il s'était mis en route avec une pompe et un faste inconnus jusqu'alors : douze chars couverts de drap d'or étaient portés à dos de mulets à travers les Apennins, où nulle route frayée ne permettait encore de passer en voiture; ils étaient précédés de cinquante haque- nées pour la duchesse et ses femmes, et de cin- quante chevaux pour le duc et ses gardes, et étaient suivis de cinq cents fantassins, de cent hommes d'armes, et de cinquante estafiers ha- billés de drap de soie et d'argent; cinq cents va- lets tenaient en laisse cinq cents couples de chiens pour la chasse, et vingt-cinq autres por- taient sur leur poing vingt-cinq faucons, dont le duc avait l'habitude de dire qu'il ne donnerait pas le moindre pour deux cents florins d'or. Enfin, une somme d'environ huit millions de notre monnaie actuelle formait le trésor destiné à étaler la puissance de celui qui, cinq ans plus tard, devait être misérablement assassiné dans l'église de Saint-Ambroise de Milan.

La république ne voulut pas être en reste de magnificence avec son allié : elle décida que toute la suite du duc serait logée et nourrie aux frais de l'État. Laurent réclama pour lui le droit de recevoir Galéas, et celui-ci vint habiter le palais Riccardi.

Là, le faux luxe du duc milanais s'éclipsa devant la véritable magnificence du bourgeois florentin.

Laurent n'avait pas, comme son hôte illustre, des habits couverts d'or et de diamants, mais ses cabinets renfermaient toutes les merveilles de l'art antique et tous les essais de l'art moderne; il n'avait pas comme Galéas un monde de courtisans et de valets, mais il était entouré d'un cercle d'hommes illustres, de savants et d'artistes, comme aucun roi de l'époque n'en aurait pu avoir un. C'étaient les Politien, les Ermolao, les Chalcondyle, les Lascaris, les André Mantègne, les Pérugin, les Bramante et les Léonard de Vinci. Le duc de Milan fut étonné de pareilles richesses, et reconnut que l'on pouvait être plus grand que lui.

Aussi son séjour à Florence fut-il de courte durée; mais, si peu qu'il resta dans la cité dont jusqu'alors on avait vanté l'économie commerçante, ce fut assez pour l'éblouir par l'aspect de sa magnificence, de son oisiveté et de sa galanterie. Laurent sentit la ville tout entière frissonner de désirs; il comprit que Florence était à vendre comme une courtisane, et qu'elle serait à lui s'il était assez riche pour l'acheter.

Aussi, à partir de ce moment, redoubla-t-il de magnificence : chaque jour c'était quelque nouvelle fête qui avait pour but d'occuper le peuple et de substituer une vie de mollesse et de plaisir à la vie active qu'il était habitué à mener. Il est vrai qu'à mesure que les Florentins, fatigués des affaires, abandonnaient à des mains qui l'amusaient le gouvernement de la république, celle-ci devenait de plus en plus étrangère à la politique générale de l'Italie. Aussi tout tombait-il dans une torpeur universelle et inaccoutumée. Florence, la ville des délibérations bruyantes et des émeutes populaires, n'avait plus ni cris ni menaces, mais seulement des louanges et des encouragements. Laurent lui donne des fêtes, Laurent lui chante des vers. Laurent fait représenter des spectacles dans ses églises : que faut-il de plus à Florence, et qu'a-t-elle besoin de se fatiguer à des journées laborieuses, quand les Médicis veillent et travaillent pour elle!

Cependant il restait quelques hommes qui, il faut le dire encore, plutôt par intérêt privé que par amour du bien public, suivant des yeux ces envahissements successifs de Laurent et de son frère, attendaient le moment de rendre malgré lui la liberté à ce peuple qui en était las. Ces hommes étaient les Pazzi.

Jetons un regard en arrière, et faisons connaître à nos lecteurs la cause de cette haine, afin qu'ils puissent démêler clairement ce qu'il y avait d'égoïsme ou de générosité dans la conspiration que nous allons leur raconter.

En 1291, le peuple, lassé des dissensions obstinées de la noblesse, de son éternel refus de se soumettre aux tribunaux démocratiques, et des violences journalières par lesquelles elle entravait le gouvernement, avait rendu, sous le nom d'Ordinamenti della Giustizia, une ordonnance qui excluait à perpétuité du priorat trente-sept familles des plus nobles et des plus considérables de Florence, sans qu'il leur fût permis de reconquérir jamais les droits de cité, soit en se faisant enregistrer dans un corps de métier, soit même en exerçant réellement une profession; de plus, la seigneurie fut autorisée à ajouter de nouveaux noms à ces trente-sept noms chaque fois qu'elle croirait s'apercevoir que quelque nouvelle famille, — disait l'ordonnance, — en marchant sur les traces de la noblesse, méritait d'être punie comme elle. Les membres des trente-sept familles proscrites furent désignés sous le nom de Magnats, titre honorable qui devint dès lors un titre infamant.

Cette proscription durait depuis cent quarante-trois ans, lorsqu'en 1434 Côme de Médicis, ayant chassé de Florence Renaud des Albizzi et la noblesse populaire qui gouvernait avec lui, résolut de renforcer son parti de quelques-unes des familles exclues du gouvernement, en permettant à plusieurs d'entre elles de rentrer dans le droit commun, et de prendre, comme l'avaient fait autrefois leurs aïeux, une part active aux affaires publiques. Plusieurs familles acceptèrent ce rappel politique, et la famille Pazzi fut du nombre. Elle fit plus; oubliant qu'elle était de noblesse d'épée, elle adopta franchement sa position nouvelle, et ouvrit une maison de banque qui devint bientôt l'une des plus considérables et des plus considérées de l'Italie; si bien que les Pazzi, supérieurs aux Médicis comme gentilshommes, devenaient encore leurs rivaux comme marchands. Cinq ans plus tard, André des Pazzi, chef de la maison, siégeait dans la seigneurie, dont ses ancêtres avaient été exclus pendant un siècle et demi.

André des Pazzi eut trois fils : un d'eux épousa la petite-fille de Côme, et devint le beau-frère de Laurent et de Julien. Tant qu'avait vécu l'ambitieux vieillard, il avait maintenu l'égalité entre ses enfants en traitant son gendre comme s'il eût été son propre fils : car, en voyant combien promptement cette famille des Pazzi était devenue riche et puissante, il avait voulu non-seulement s'en faire une alliée, mais encore une amie. En effet, la famille s'était accrue en hommes aussi bien qu'en richesses ; car les deux frères qui s'étaient mariés avaient eu, l'un cinq fils, et l'autre trois. Elle grandissait donc de toutes façons, lorsque, contrairement à la politique de son père, Laurent de Médicis pensa qu'il était de son intérêt de s'opposer à un plus grand accroissement de richesse et de puissance. Or, une occasion de suivre cette nouvelle politique se présenta bientôt : Jean des Pazzi ayant épousé une des plus riches héritières de Florence, fille de Jean Borromei, Laurent, à la mort de celui-ci, fit rendre une loi par laquelle les neveux mâles étaient préférés même aux filles ; et cette loi, contre toutes les habitudes, ayant été appliquée à la femme de Jean des Pazzi, celle-ci perdit l'héritage de son père, et cet héritage passa ainsi à des cousines éloignées.

Ce ne fut pas la seule exclusion dont les Pazzi furent victimes : leur famille se composait de neuf hommes ayant l'âge et les qualités requises pour exercer la magistrature ; et cependant tous avaient été écartés de la seigneurie, à l'exception de Jacob, celui des fils d'André qui ne s'était jamais marié, et qui avait été gonfalonier en 1469, c'est-à-dire du temps de Pierre le Goutteux et de Jean, mari de sa sœur, et qui une fois avait siégé parmi les prieurs de la seigneurie. Un tel abus de pouvoir blessa tellement François Pazzi, qu'il s'expatria volontairement, et s'en alla prendre à Rome la direction d'un de ses principaux comptoirs. Là il devint banquier du pape Sixte IV et de Jérôme Riario son fils, les deux plus grands ennemis que les Médicis eussent alors dans toute l'Italie : le résultat de ces trois haines réunies fut une conjuration dans le genre de celle qui, deux ans auparavant, c'est-à-dire en 1476, avait privé de la vie Galéas Sforza dans la métropole de Milan.

Une fois décidés à tout trancher par le fer,

François Pazzi et Jérôme Riario se mirent à la recherche des complices qu'ils pourraient recruter. Un des premiers fut François Salviati, archevêque de Pise, auquel, par inimitié pour sa famille, les Médicis n'avaient pas voulu laisser prendre possession de son archevêché. Vinrent ensuite Charles de Montone, fils du fameux condottieri Braccio, qui était sur le point de s'emparer de Sienne lorsque les Médicis l'arrêtèrent ; Jean-Baptiste de Montesecco, chef des sbires au service du pape ; le vieux Jacob des Pazzi, qui autrefois avait été gonfalonier ; deux autres Salviati, l'un cousin et l'autre frère de l'archevêque ; Napoléon Francezi, Bernard Bandini, amis et compagnons de plaisir des jeunes Pazzi ; enfin Étienne Bagnoni, prêtre et maître de langue latine, professeur d'une fille naturelle de Jacob Pazzi, et Antoine Maffei, prêtre de Volterra et scribe apostolique. Un seul Pazzi, René, neveu de Jacob et fils de Pierre, refusa obstinément d'entrer dans le complot, et se retira à la campagne pour qu'on ne pût l'accuser de complicité.

Tout donc était d'accord, et la seule difficulté qui s'opposât désormais à la réussite de la conjuration était de pouvoir réunir Laurent et Julien dans un endroit public, et loin de leurs amis. Le pape espéra faire naître cette occasion en élevant à la dignité de cardinal le neveu du comte Jérôme, Raphaël Riario, qui, à peine âgé de dix-huit ans, terminait alors ses études à Pise.

En effet, un pareil événement devait être l'occasion de fêtes extraordinaires ; car, bien qu'au fond du cœur les Médicis fussent ennemis du pape, ils gardaient ostensiblement toutes les apparences d'une bonne et respectueuse amitié entre la république et le saint-siège. Jacob des Pazzi invita donc le nouveau cardinal à venir dîner chez lui à Florence, et il porta sur la liste de ses convives Laurent et Julien. L'assassinat devait avoir lieu à la fin du dîner : mais Laurent vint seul ; retenu par une intrigue d'amour, Julien avait chargé son frère de l'excuser : il fallut remettre à un autre jour l'exécution du complot. Ce jour, on le crut bientôt arrivé ; car Laurent, ne voulant pas être en reste de magnificence avec les Pazzi, avait à son tour invité le cardinal à Fiésole, et avec lui tous ceux qui avaient assisté au repas donné par Jacob. Mais cette fois encore Julien manqua ; il souffrait d'un mal de jambe : force fut donc de remettre encore l'exécution du complot à une nouvelle occasion.

Tout fut enfin fixé pour le 26 avril 1478, selon Machiavel. Pendant la matinée de ce jour, qui était jour de fête, le cardinal Riario devait entendre la messe dans la cathédrale; et comme il avait fait prévenir de son intention Laurent et Julien, il était probable que ceux-ci ne pourraient pas se dispenser d'assister à la cérémonie. On prévint tous les conjurés de cette nouvelle disposition, et l'on distribua à chacun le rôle qu'il devait jouer dans cette sanglante tragédie.

François Pazzi et Bernard Bandini étaient les plus acharnés contre les Médicis; et comme en même temps ils étaient les plus forts et les plus adroits, ils réclamèrent pour eux Julien, car le bruit courait que, timide de cœur et faible de corps, Julien portait habituellement une cuirasse sous ses vêtements, ce qui rendait l'assassinat plus difficile et plus dangereux. Le chef des sbires pontificaux, Jean-Baptiste Montesecco, avait déjà reçu et accepté la mission de tuer Laurent dans les deux repas auxquels il avait assisté, et où l'absence de son frère l'avait sauvé; et l'on ne doutait pas que cette fois il ne fût d'aussi bonne volonté que les autres: mais, au grand étonnement de tous, lorsqu'il eut appris que l'assassinat devait s'accomplir dans une église, il refusa, en disant qu'il était prêt à un meurtre, mais non à un sacrilége, et que pour rien au monde il ne le commettrait, si on ne lui montrait un bref d'absolution du pape. Malheureusement on avait négligé de se munir de cette pièce importante, de sorte que, malgré les plus grandes instances, Montesecco continua de refuser. On s'en remit donc, pour frapper Laurent, à Antoine de Volterra et à Étienne Bagnoni, qui, en leur qualité de prêtres, dit naïvement Antoine Galli, avaient un respect moins grand pour les lieux sacrés: le moment choisi pour agir était celui où l'officiant élèverait l'hostie.

Mais tout n'était pas accompli avec la mort des deux frères: il fallait encore s'emparer de la seigneurie, et forcer les magistrats à sanctionner le meurtre aussitôt que le meurtre serait exécuté.

Ce soin fut confié à l'archevêque Salviati, qui se rendit au palais avec Jacques Bracciolini et une trentaine de conjurés: à l'entrée principale il en laissa vingt, lesquels, mêlés au peuple qui allait et venait, devaient rester là inaperçus jusqu'au moment où, à un signal donné, ils s'empareraient de la porte. Puis, habitué aux détours du palais, il en conduisit dix autres à la chancellerie, en leur recommandant de tirer la porte derrière eux, et de ne sortir que lorsqu'ils entendraient du bruit; après quoi il revint trouver la première

troupe, se réservant d'arrêter lui-même le gonfalonier César Petrucci.

Cependant l'office divin avait commencé, et cette fois encore la vengeance paraissait sur le point d'échapper aux conjurés; car Laurent seul était venu. François Pazzi et Bernard Bandini se décidèrent à aller chercher Julien.

En conséquence, ils se rendirent chez lui, et le trouvèrent avec sa maîtresse. En vain prétexta-t-il la douleur que lui causait sa jambe; les deux envoyés lui dirent qu'il ne pouvait se dispenser d'assister à la messe, et lui assurèrent que son absence offenserait le cardinal. Julien, malgré les regards suppliants de la femme qui était chez lui, se décida donc à suivre les deux jeunes gens, et ceignit un couteau de chasse qu'il portait constamment; mais, au bout de quelques pas, comme l'extrémité du couteau battait sur sa jambe malade, il le remit à un de ses domestiques, qui le porta à la maison. Alors François de Pazzi lui passa en riant le bras autour du corps, comme on fait parfois entre amis, et s'assura que Julien, contre son habitude, n'avait pas sa cuirasse: ainsi le pauvre jeune homme se livrait à ses assassins sans armes offensives ni défensives.

Les trois jeunes gens rentrèrent dans l'église au moment de l'Évangile: Julien alla s'agenouiller auprès de son frère. Les deux prêtres étaient déjà à leur poste; François et Bernard se mirent au leur: un seul coup d'œil échangé entre les assassins leur indiqua qu'ils étaient prêts.

La messe continua; la foule qui remplissait l'église donnait aux assassins un prétexte pour serrer de près les deux frères: d'ailleurs ceux-ci étaient sans défiance, et se croyaient aussi en sûreté au pied de l'autel que dans leur villa de Careggi.

Le prêtre éleva l'hostie: en même temps on entendit un cri terrible, Julien, frappé par Bernard Bandini d'un coup de poignard à la poitrine, se relevait tout sanglant, et allait tomber à quelques pas au milieu de la foule épouvantée, poursuivi par ses deux assassins, dont l'un, François Pazzi, se jeta sur lui avec tant de fureur et le frappa de coups si redoublés, qu'il se blessa lui-même et s'enfonça son propre poignard dans la cuisse. Mais cet accident ne fit que redoubler sa colère, et il frappait encore, que déjà depuis longtemps Julien n'était plus qu'un cadavre.

Laurent avait été plus heureux que son frère: lorsqu'au moment de l'élévation il avait senti

une main s'appuyer sur son épaule, il s'était retourné, et avait vu briller la lame d'un poignard
dans la main d'Antoine de Volterra. Par un mouvement instinctif, il s'était alors jeté de côté, de
sorte que le fer qui devait lui traverser la gorge
ne fit que lui effleurer le cou; il se leva aussitôt,
et, d'un seul mouvement, tirant son épée de la
main droite et enveloppant son bras gauche de
son manteau, il se mit en défense, en appelant
à son aide ses deux écuyers. A la voix de leur
maître, André et Laurent Cavalcanti s'élancèrent
l'épée à la main, et les deux prêtres, voyant le
danger auquel ils étaient exposés, jetèrent leurs
armes et se mirent à fuir.

Au bruit que faisait Laurent en se défendant,
Bernard Bandini, qui était occupé avec Julien,
leva la tête et vit que la principale victime allait
lui échapper : il quitta donc le mort pour le vivant, s'élança vers l'autel ; mais il rencontra sur
sa route François Novi, qui lui barrait le chemin. Une courte lutte s'engagea : François Novi
tomba blessé à mort ; mais si courte qu'eût été
cette lutte, elle avait suffi à Laurent pour se débarrasser de ses deux ennemis. Bernard se trouva
donc seul contre trois ; François voulut accourir
à son secours, mais alors seulement il s'aperçut
à sa faiblesse qu'il était blessé, et se sentit prêt à
tomber en arrivant au chœur. Politien, qui accompagnait Laurent, profita de ce moment pour
le faire entrer dans la sacristie avec les quelques
amis qui s'étaient réunis autour de lui, et, malgré les efforts de Bernard et de deux ou trois
autres conjurés, il en repoussa les portes de
bronze et les ferma en dedans. En même temps,
Antoine Ridolfi, un des jeunes gens le plus attachés à Laurent, suçait la blessure qu'il avait
reçue au cou, craignant qu'elle ne fût empoisonnée, et y mettait le premier appareil, tandis que
Bernard Bandini, voyant que tout était perdu,
prenait par le bras François Pazzi, et l'emme-
nait aussi rapidement que le blessé pouvait le
suivre.

Il y avait eu dans l'église un moment de tu-
multe facile à comprendre. L'officiant s'était enfui en voilant de son étole le Dieu que l'on rendait témoin et presque complice de pareils crimes :
tous les assistants s'étaient précipités sur la place
par les différentes issues de l'église, à l'exception
de huit ou dix partisans des Médicis, qui s'étaient
réunis dans un coin, et qui, l'épée à la main,
accourant bientôt à la porte de la sacristie, ap-
pelèrent à grands cris Laurent, lui disant qu'ils
répondaient de tout, et que s'il voulait se confier

à eux, ils le reconduiraient sain et sauf à son
palais.

Mais Laurent n'avait point hâte de se rendre
à cette invitation ; il craignait que ne ce fût
une ruse de ses ennemis pour le faire retomber
dans le piége auquel il venait d'échapper. Alors
Sismondi della Stufa monta, par l'escalier de
l'orgue, jusqu'à une fenêtre de laquelle l'œil
plongeait dans l'église, et il la vit entièrement
déserte, à l'exception de la troupe d'amis qui
attendait Laurent à la porte de la sacristie, et
du corps de Julien, sur lequel était étendue une
femme si pâle et tellement immobile, que, sans
les sanglots qui s'échappaient de sa poitrine, on
eût pu la prendre pour un second cadavre.

Sismondi della Stufa descendit, et informa
Laurent de ce qu'il avait vu : alors celui-ci reprit courage; il se hasarda à sortir, et ses amis,
comme ils s'y étaient engagés, le reconduisirent
sain et sauf à son palais de Via Larga.

Cependant, au moment de l'élévation, les cloches avaient sonné comme d'habitude : c'était le
signal attendu par ceux qui s'étaient chargés du
palais. En conséquence, au premier tintement
du bronze, l'archevêque Salviati entra dans la
salle où était le gonfalonier, alléguant pour
prétexte de sa visite qu'il avait quelque chose de
secret à lui communiquer de la part du pape.

Ce gonfalonier était, comme nous l'avons dit,
César Petrucci, le même qui, huit ans auparavant, étant podesta de Prato, avait été surpris
dans une semblable conjuration par André
Nardi. Cette première catastrophe, dont il avait
failli être victime, avait laissé dans sa mémoire
des traces si profondes, que depuis ce temps il
était constamment sur ses gardes : aussi, quoique rien n'eût encore transpiré des événements
qui se préparaient, à peine eut-il remarqué l'é-
motion peinte sur le visage de l'archevêque qui
venait à lui, qu'au lieu de l'attendre, il s'élança
vers la porte, derrière laquelle il trouva Jacques
Bracciolini qui voulut lui barrer le passage; mais
Petrucci, qui réunissait à la présence d'esprit le
courage et la force, le saisit aux cheveux, le renversa, et, lui mettant un genou sur la poitrine, il
appela ses gardes, qui accoururent ; les conjurés
qui accompagnaient Bracciolini voulurent le secourir, mais les gardes les repoussèrent, en tuè-
rent trois, et en jetèrent deux par les fenêtres :
un seul se sauva en appelant du secours.

Alors ceux qui étaient dans la chancellerie
comprirent que le moment était arrivé, et voulurent courir à l'aide de leur camarade; mais la

porte qu'ils avaient fermée sur eux avait un secret qui l'empêchait de se rouvrir. Ils se trouvèrent donc prisonniers, et par conséquent dans
l'impossibilité de soutenir l'archevêque. Pendant ce temps César Petrucci avait couru à la
salle où les prieurs tenaient leur audience, et,
sans savoir précisément encore de quoi il s'agissait, il avait donné l'alarme : les prieurs s'é-
taient aussitôt réunis à lui, chacun armé de ce
qu'il put trouver. César Petrucci, en traversant
la cuisine, y prit une broche, et ayant fait entrer
toute la seigneurie dans la tour, il se plaça devant la porte, qu'il défendit si bien, que personne n'y pénétra.

Cependant, grâce à son costume sacré, l'archevêque avait traversé la salle où, près des cadavres de ses camarades, Bracciolini était prisonnier, et d'un geste il avait fait comprendre
au captif qu'il allait venir à son secours. En effet,
à peine eut-il paru à la porte du palais, que le
reste des conjurés se joignit à lui ; mais, au moment où ils se préparaient à remonter, ils virent
déboucher par la rue qui conduit au dôme une
troupe de partisans des Médicis qui s'appro-
chaient en poussant le cri ordinaire de la maison,
lequel était — Palle Palle! — Salviati comprit
qu'il ne s'agissait plus d'aller secourir Bracciolini, mais de se défendre lui-même.

En effet, la fortune avait changé de face, et le
danger s'était retourné contre ceux qui l'avaient
éveillé. Les deux prêtres avaient été poursuivis,
rejoints et mis en pièces par les amis des Médicis;
Bernard Bandini, après avoir vu Politien refermer entre lui et Laurent la porte de bronze de
la sacristie, avait, comme nous l'avons dit, emme-
né François Pazzi hors de l'église; mais, arrivé devant sa demeure, ce dernier s'était senti
si faible, qu'il n'avait pu aller plus loin, et, tandis que Bernard fuyait, il s'était jeté sur son lit et
attendait les événements. Alors, malgré son
grand âge, Jacob avait tenté de remplacer son
neveu; il était monté à cheval, et, à la tête d'une
centaine d'hommes qu'il avait réunis dans sa
maison, il se mit à parcourir la ville en criant :
« Liberté! liberté! » Mais déjà Florence était
sourde à ce cri : ceux des citoyens qui ignoraient
encore ce qui s'était passé le regardaient avec
étonnement; ceux qui connaissaient le crime
grondaient sourdement en le menaçant du geste
et en cherchant une arme pour joindre l'effet à
la menace. Jacob vit ce que les conjurés voient
toujours trop tard, c'est que les maîtres ne viennent que lorsque les peuples veulent être escla-

ves. Il comprit alors qu'il n'avait pas une minute à perdre pour songer à sa sûreté : il fit
volte-face avec sa troupe, gagna l'une des portes
de la ville, et prit la route de la Romagne.

Laurent se retira chez lui et laissa faire le
peuple.

Laurent avait raison : il était dépopularisé
pour tout le reste de sa vie s'il s'était vengé
comme on le vengeait.

Le jeune cardinal Riario, qui, instruit du
complot, ignorait la manière dont il devait s'accomplir, s'était mis à l'instant même sous la protection des prêtres de l'église, et avait été conduit par eux dans une sacristie voisine de celle
où s'était réfugié Laurent. L'archevêque Salviati,
ainsi que son frère, son cousin et Jacques Bracciolini, arrêtés par César Petrucci dans le palais
même de la seigneurie, furent pendus, les uns à
la ringhiera, les autres aux balcons des fenêtres. François Pazzi, trouvé sur son lit, et tout
épuisé de sang, fut traîné au vieux palais, au
milieu des malédictions et des coups de la populace, qu'il regardait en haussant les épaules et
le sourire du mépris sur les lèvres, et pendu à
côté de Salviati, sans que les menaces, les coups,
ni les tortures lui arrachassent une seule plainte.
Jean-Baptiste de Montesecco, qui avait refusé de
frapper Laurent dans une église, et qui l'avait
probablement sauvé en l'abandonnant au poignard des deux prêtres, n'en eut pas moins la
tête tranchée. René des Pazzi, le seul de la famille qui eût refusé d'entrer dans la conjuration,
et qui s'était retiré à la campagne, ne put, par
cette précaution, éviter son sort; il fut arrêté et
pendu à une fenêtre du palais. Enfin Jacob des
Pazzi, saisi avec sa troupe par des montagnards
des Apennins, avait été ramené par eux vivant à
Florence, malgré l'offre qu'il leur fit d'une
somme assez forte pour qu'ils le tuassent, et
pendu à côté de René.

Pendant quinze jours les exécutions durèrent,
d'abord sur les vivants, et ensuite sur les morts:
soixante-dix personnes furent mises en pièces
par la populace, et par elle traînées dans les
rues. Le corps de Jacob des Pazzi, qui avait été
déposé dans le tombeau de ses ancêtres, en fut
tiré comme blasphémateur, sur l'accusation
d'un de ses bourreaux, qui prétendit l'avoir entendu maudire le nom de Dieu au moment de sa
mort, puis enterré en terre profane le long des
murs; mais cette seconde sépulture ne devait pas
mieux le protéger que la première : des enfants
le tirèrent de la fosse déjà à moitié défiguré, et,

après l'avoir traîné longtemps par les rues et dans les ruisseaux de Florence, ils finirent par jeter le cadavre dans l'Arno.

C'est que la populace est la même partout, qu'elle venge la liberté, ou qu'elle venge les rois, qu'elle jette Paul Farnèse par la fenêtre, ou qu'elle mange le cœur du maréchal d'Ancre. Cependant, revenu un peu à lui, Laurent se rappela cette femme qu'il avait un moment aperçue agenouillée près du corps de son frère. Il ordonna qu'on la fît rechercher; mais les démarches furent longtemps infructueuses, tant elle s'était enfermée avec sa douleur : on la retrouva enfin, et Laurent déclara qu'il voulait se charger du fils dont elle venait d'accoucher. Cet enfant fut depuis Clément VII.

Enfin, deux ans à peine s'étaient écoulés depuis cette catastrophe, lorsqu'un matin le peuple aperçut un cadavre pendu à une des fenêtres du Bargello. Ce cadavre était celui de Bernard Bandini, qui s'était réfugié à Constantinople, et que le sultan Mahomet II avait livré à Laurent, en signe de son désir de conserver la paix avec la république.

Ce fut le seul danger personnel que Laurent courut pendant toute sa vie, et ce danger le rendit plus cher au peuple : la paix, qu'il signa, le 5 mars 1480, avec Ferdinand de Naples, mit le comble à sa puissance; de sorte que, tranquille au dedans, tranquille au dehors, il put se livrer à son goût pour les arts et à la magnificence avec laquelle il les récompensait. Il est vrai que, moins scrupuleux que son aïeul, quand l'argent manquait à sa caisse particulière, il puisait sans scrupule dans celle de l'État ; et ce fut surtout à son retour de Naples qu'il fut obligé de recourir à cette extrémité. En effet, son voyage avait été celui d'un roi et non celui d'un simple particulier; au point qu'en outre de la dépense qu'il avait faite pour ses équipages et pour la suite qui l'accompagnait, et des cadeaux qu'il avait distribués aux artistes et aux savants, il avait encore doté de mille florins cent jeunes filles de la Pouille et de la Calabre qui se marieraient pendant son séjour à Naples.

Peu d'événements importants vinrent agiter le reste de la vie de Laurent. A la mort de Sixte IV, son ennemi mortel, le nouveau pape Innocent VIII s'empressa de se déclarer l'ami des Médicis, en faisant épouser à son propre fils, Franceschetto Cibo, Madeleine, fille de Laurent, et en faisant à celui-ci force promesses, que, selon son habitude, il ne tint pas. Laurent put

donc tout entier se livrer à son goût pour les sciences et pour les arts, et réunir autour de lui Politien, Pic de la Mirandole, Marcello Puïci, Landino Scalaficino, André Montègne, le Pérugin, Léonard de Vinci, Sangallo, Bramante, Ghirlandaio et le jeune Michel-Ange. Ajoutons à cela qu'il vit naître, pendant les vingt années qu'il gouverna Florence, le Giorgione, le Gufaloro, fra Bartolommeo, Raphaël, Sébastien del Piombo, André del Sarto, le Primatice et Jules Romain, gloires et lumières à la fois du siècle qui s'en allait et du siècle qui allait venir.

Ce fut au milieu de ce monde de savants, de poëtes et d'artistes, que, retiré à sa villa de Careggi, Laurent sentit venir la mort, malgré les soins étranges de Pierre Leoni de Spolette, son médecin, lequel, proportionnant les remèdes non point au tempérament, mais à la richesse du malade, lui faisait avaler des décompositions de perles et de pierres précieuses : il vit donc, au moment de quitter ce monde, qu'il était temps de penser à l'autre, et il fit appeler, pour lui aplanir le chemin du ciel, le dominicain Jérôme Savonarola.

Le choix était étrange : au milieu de la corruption du clergé, Jérôme Savonarola était resté pur et austère; au milieu de l'asservissement de la patrie, Jérôme Savonarola se souvenait de la liberté.

Laurent était dans son lit de mort lorsque, pareil à un de ces hommes de marbre qui viennent frapper à la porte des voluptueux au milieu de leurs fêtes et de leurs orgies, Jérôme Savonarola s'approcha lentement de son chevet. Laurent allait mourir; et cependant le moine, dévoré par les veilles et par l'extase, était plus pâle que lui. C'est que Savonarola était prophète : il avait prédit l'arrivée des Français en Italie, et devait prédire à Charles VIII qu'il repasserait les monts; enfin, semblable à cet homme qui, tournant autour de la ville sainte, avait crié pendant huit jours : « Malheur à Jérusalem ! » et cria le neuvième jour : « Malheur à moi-même ! » Savonarola devait prédire lui-même sa mort; et plus d'une fois déjà il s'était réveillé, ébloui d'avance par les flammes de son bûcher.

Le moine demanda une seule chose à Laurent en échange de l'absolution de ses péchés, la liberté de sa patrie. Laurent refusa, et le moine sortit la douleur peinte sur le visage.

Un instant après, on entra dans la chambre du moribond, et on le trouva expiré, serrant entre ses bras un Christ magnifique qu'il venait d'arracher à la muraille, et au pied duquel il avait collé ses lèvres, comme s'il en appelait au Seigneur des arrêts de son inflexible ministre.

Ainsi mourut, léguant à Florence une lutte de trente-huit ans contre sa famille, celui que ses contemporains appelaient le magnifique Laurent, et que la postérité devait appeler Laurent le Magnifique.

Et comme sa mort devait entraîner beaucoup de calamités, le ciel en voulut donner des présages : la foudre tomba sur le dôme de l'église de Sainte-Reparata, métropole de Florence, et Roderic Borgia fut élu pape.

Pierre succéda à son père : c'était un bien faible héritier pour le patronat qu'au risque de son âme lui avait légué Laurent. Né en 1471, et par conséquent à peine âgé de vingt et un ans, Pierre était un beau jeune homme, qui, outrant toutes les qualités de son père, fut faible au lieu d'être bon, courtois au lieu d'être flatteur, prodigue au lieu d'être magnifique.

Au point où en était l'Europe, il eût fallu, pour marcher en avant, ou la politique profonde de Côme, Père de la patrie, ou la volonté puissante de Côme Ier. Pierre n'avait ni l'une ni l'autre; aussi se perdit-il lui-même, et en se perdant manqua-t-il de perdre l'Italie.

Jamais, dit l'historien Guicciardini, depuis l'époque fortunée où l'empereur Auguste faisait le bonheur de cent vingt millions d'hommes, l'Italie n'avait été aussi heureuse, aussi riche et aussi tranquille qu'elle l'était vers l'an 1492. Une paix presque générale régnait sur tous les points du paradis du monde : soit que le voyageur, descendant des Alpes piémontaises, s'acheminât vers Venise à travers la Lombardie, soit que de Venise il se rendît à Rome en longeant l'Adriatique, soit que de Rome enfin il suivît les monts Apennins jusqu'à l'extrémité de la Calabre, partout il voyait des plaines verdoyantes ou des coteaux couverts de vignes, au milieu ou au penchant desquels il rencontrait des villes riches, bien peuplées, et, sinon libres, du moins heureuses. En effet, la négligence et la jalousie de la république florentine n'avaient pas encore fait un marais des places de Pise; le marquis de Marignan n'avait pas encore rasé cent vingt villages sur le seul territoire de Sienne; enfin les guerres des Orsini et des Colonna n'avaient pas encore changé les fertiles campagnes de Rome en ce désert aride et poétique qui enveloppe aujourd'hui la ville éternelle : et Favio Blondo, qui décrivait en 1450 la ville d'Ostie, à

peine aujourd'hui peuplée de trente habitants, se contentait de dire qu'elle était moins florissante que du temps d'Auguste, époque à laquelle elle renfermait cinquante mille citoyens.

Quant aux paysans italiens, ils étaient bien certainement à cette époque les paysans les plus heureux de la terre : tandis que les serfs d'Allemagne ou les manants de France vivaient disséminés dans de pauvres cabanes ou parqués comme des animaux dans de misérables villages, ils habitaient des bourgades fermées de murs, qui défendaient leurs récoltes, leur bétail et leurs instruments aratoires. Ce qui reste de leurs maisons prouve qu'ils étaient mieux logés et avec plus d'art que ne le sont aujourd'hui les bourgeois de nos villes : de plus, ils avaient des armes, un trésor commun, des magistrats élus; et, lorsqu'ils combattaient, c'était pour défendre des foyers et une patrie.

Les bourgeois n'étaient pas moins heureux : c'était entre leurs mains que le commerce secondaire était remis, et l'Italie d'un bout à l'autre était un vaste bazar; la Toscane surtout était couverte de fabriques, où se travaillaient la laine, la soie, le chanvre, les pelleteries, l'alun, le soufre et le bitume. Les produits étrangers étaient amenés de la mer Noire, de l'Égypte, de l'Espagne et de la France dans les ports de Gênes, de Pise, d'Ostie, de Naples, d'Amalfi et de Venise, et étaient échangés contre des produits indigènes, ou repartaient pour les pays où ils étaient venus quand le travail et la main-d'œuvre en avaient triplé ou quadruplé la valeur. Ni les bras ni le travail ne manquaient : le riche apportait ses marchandises, le pauvre son industrie, et les nobles et les seigneurs échangeaient contre de l'argent comptant le produit de cette association.

Les souverains de l'Italie, en jetant les yeux sur ces grasses moissons, sur ces riches villages, sur ces florissantes fabriques, et en les reportant ensuite au delà des monts ou des mers, sur ces peuples pauvres, barbares et grossiers qui les entouraient, avaient compris que le jour n'était pas éloigné où ils apparaîtraient comme une proie aux autres nations : aussi, dès l'année 1480, Florence, Milan, Naples et Ferrare avaient-elles signé entre elles une ligne offensive et défensive pour faire face au danger, qu'il naquît au dedans ou qu'il vînt du dehors.

Les choses en étaient donc là lorsque, comme nous l'avons dit, Roderic Borgia fut nommé pape, et monta sur le saint-siège en s'imposant le nom d'Alexandre VI.

Charles VIII le reçut à cheval. — Page 18.

A chaque exaltation nouvelle la coutume était alors que tous les États chrétiens envoyassent à Rome une ambassade solennelle pour renouveler individuellement leur serment d'obéissance au saint-père. Chaque ville nomma donc ses ambassadeurs, et Florence fit choix, pour la représenter, de Pierre des Médicis et de Gentile, évêque d'Arezzo.

Chacun des deux messagers avait reçu cette mission avec une joie extrême : Pierre des Médicis y avait vu l'occasion de montrer son luxe et Gentile son éloquence; de sorte que Gentile avait préparé son discours, et Pierre des Médicis avait mis en réquisition tous les tailleurs de Florence, et s'était fait préparer des habits splendides tout brodés de pierres précieuses : le trésor de sa famille, le plus riche de toute l'Italie en perles, en rubis et en diamants, était parsemé sur les habits de ses pages; et l'un d'eux, son favori, devait porter autour du cou un collier de cent mille ducats, c'est-à-dire un million à peu près de notre monnaie actuelle. Tous deux attendaient donc avec impatience le moment de produire chacun son effet, lorsqu'ils apprirent que Louis Sforza, qui, de son côté, avait vu dans l'élection du nouveau pape une occasion non-seulement de resserrer la ligue de 1480, mais encore de la faire apparaître dans toute son unité, avait eu l'idée de réunir les ambassadeurs des quatre puissances, afin qu'ils fissent leur entrée le même jour, et avait imaginé de charger un seul des envoyés, celui de Naples, de porter la parole au nom de tous. Les choses, au reste, étaient déjà plus qu'un projet, car Louis Sforza avait la promesse de Ferdinand de se conformer au plan qu'il avait proposé.

Or ce plan renversait celui de Pierre et de Gentile : si les quatre ambassadeurs entraient le même jour et en même temps dans les rues de Rome, l'élégance et la richesse de Pierre des Médicis se confondaient avec celles de ses compagnons; si l'envoyé de Naples portait la parole, le discours de Gentile était perdu.

Ces deux graves intérêts changèrent la face de la Péninsule; ils amenèrent cinquante ans de guerre en Italie et la chute de la liberté florentine. Voici comment :

Pierre et Gentile, ne voulant pas renoncer à l'effet que devaient produire, l'un l'éclat de ses diamants, l'autre les fleurs de son éloquence, obtinrent de Ferdinand qu'il retirât la parole donnée à Louis Sforza. Celui-ci, qui connaissait la politique tibérienne du vieux roi de Naples, chercha à son manque de parole une tout autre cause que celle qu'il avait réellement, crut y voir une ligue formée contre lui, et, voulant opposer une force égale à celle qui le menaçait, se retira de l'ancienne association, et forma une alliance nouvelle avec le pape Alexandre VI, le duc Hercule III de Ferrare et la république de Venise : cette alliance devait, pour le maintien de la paix publique, tenir sur pied une armée de vingt mille chevaux et de dix mille fantassins.

A son tour Ferdinand s'effraya de cette ligue, et ne vit qu'un seul moyen d'en neutraliser les effets : c'était de dépouiller Louis Sforza de la régence qu'il tenait au nom de son neveu, régence qui, contre toutes les habitudes, s'était prolongée déjà jusqu'à l'âge de vingt-deux ans. En conséquence, il invita positivement, en sa qualité de tuteur naturel du jeune prince, le duc de Milan à résigner le pouvoir souverain entre les mains de son neveu. Sforza, qui était homme de ressource et de résolution, d'une main présenta un breuvage empoisonné à son neveu, et de l'autre signa un traité d'alliance avec Charles VIII.

Le traité portait :

Que le roi de France tenterait la conquête du royaume de Naples, sur lequel il réclamait les droits de la maison d'Anjou, usurpés par celle d'Aragon;

Que le duc de Milan donnerait au roi de France le passage par ses États, et l'accompagnerait avec cinq cents lances;

Que le duc de Milan permettrait au roi de France d'armer à Gênes autant de vaisseaux qu'il le voudrait;

Qu'enfin le duc de Milan prêterait au roi de France deux cent mille ducats, payables au moment de son départ.

De son côté, Charles VIII promit :

De défendre l'autorité personnelle de Louis Sforza sur le duché de Milan contre quiconque tenterait de l'en dépouiller;

De laisser dans Asti, ville appartenant au duc d'Orléans par l'héritage de Valentine Visconti, son aïeule, deux cents lances françaises toujours prêtes à secourir la maison Sforza;

Enfin d'abandonner à son allié la principauté de Tarente aussitôt que le royaume de Naples serait conquis.

Le 20 octobre 1494, Jean Galéas était mort, et Louis Sforza proclamé duc de Milan.

Le 1er novembre, Charles VIII était devant Sarzane, demandant le passage et le logement à travers la ville de Florence et les États de Toscane.

Pierre se rappela que, dans des circonstances à peu près semblables, Laurent son père avait été trouver le roi Ferdinand, et, malgré le désavantage de sa position, avait signé avec lui une paix merveilleusement favorable à la république : il résolut d'imiter cet exemple, fit nommer une ambassade, se plaça à la tête des ambassadeurs, et alla trouver le roi Charles VIII.

Mais Laurent était un homme de génie, consommé en politique et en diplomatie; Pierre n'était qu'un écolier, qui ne connaissait pas même la marche de ce grand jeu d'échecs qu'on appelle le monde : aussi, soit crainte, soit inhabileté, fit-il sottise sur sottise. Il est vrai de dire que le roi de France eut avec lui des manières auxquelles les Médicis n'étaient pas accoutumés.

Charles VIII le reçut à cheval, et lui demanda d'un ton hautain, comme un maître eût fait à son valet, d'où était venue à lui et à ses concitoyens la hardiesse de vouloir lui disputer le passage à travers la Toscane. Pierre de Médicis répondit que cela tenait à d'anciens traités passés, du consentement même de Louis XI, entre Laurent son père et Ferdinand de Naples ; mais il ajouta humblement que, ces engagements lui étant à charge, il était décidé à ne pas pousser plus loin son dévouement à la maison d'Aragon et son opposition à celle de France ; et que, par conséquent, il ferait ce que désirerait le roi. Charles VIII, qui ne s'attendait pas à tant de condescendance, demanda que la ville de Sarzane lui fût livrée, que les clefs de Pietra-Santa, de Pise, de Librafatta et de Livourne lui fussent remises ; enfin que, pour être sûre de sa protection royale, la magnifique république lui prêtât une somme de deux cent mille florins. Pierre de Médicis consentit à tout, quoique ses instructions ne l'autorisassent à rien de tout cela. Alors Charles VIII lui ordonna de monter à cheval, et de commencer l'exécution de ses promesses par la remise des places fortes. Pierre obéit ; et l'armée ultramontaine, conduite par l'héritier de Côme, Père de la patrie, et de Laurent le Magnifique, commença sa marche triomphale à travers la Toscane.

Mais, en arrivant à Lucques, Pierre de Médicis apprit que les lâches concessions qu'il avait faites au roi de France avaient soulevé contre lui une terrible opposition ; il demanda en conséquence à Charles VIII la permission de le précéder à Florence, en donnant pour prétexte à son départ l'emprunt des deux cent mille florins. Charles avait en sa possession les villes et les forteresses qu'il avait demandées ; il ne vit donc aucun inconvénient à laisser partir un homme qui paraissait si dévoué à la cause française, et l'avertit, en le congédiant, que dans deux ou trois jours il serait lui-même à Florence. Pierre partit de Lucques vers quatre heures du soir, rentra dans la nuit à Florence, et gagna son palais de Via Larga sans avoir été reconnu de personne.

Le lendemain matin, 9 novembre, après avoir pendant la nuit pris conseil de ses parents et de ses amis, qu'il trouva tout découragés, Pierre voulut tenter un dernier effort, et alla droit au palais de la seigneurie. Mais le palais était fermé ; et, en arrivant sur la place, il trouva le gonfalonier Jacob Nerli qui l'attendait pour lui signifier de ne pas aller plus loin, et qui, à l'appui de cette signification, lui montra Lucas Corsini, l'un des prieurs, debout à la porte et l'épée à la main : c'était une réaction complète contre le pouvoir des Médicis.

Pierre se retira sans dire une parole : sans prier, sans menacer, comme un enfant auquel on ordonne et qui obéit, il se retira dans son palais et écrivit à Paul Orsini, dont il avait épousé la sœur, de venir à son aide avec ses hommes d'armes. La lettre ayant été interceptée, la seigneurie y vit une tentative de rébellion, et, heureusement pour Pierre, en fit publiquement la lecture en appelant les citoyens aux armes. Prévenu de cette manière, Orsini accourut au secours de son beau-frère, qu'il plaça avec Julien au milieu de ses hommes d'armes, et parvint à gagner la porte Saint-Gallo, tandis que le cardinal Jean, qui fut depuis Léon X, plus belliqueux que ses frères, voulant tenter un dernier effort, essayait de réunir ses partisans au cri de Palle, Palle! mot de guerre de sa maison. Mais ce mot, si magique du temps de Côme l'Ancien et de Laurent le Magnifique, avait perdu toute sa puissance.

En arrivant à la rue Calzajoli, le belliqueux cardinal vit qu'elle était barrée par le peuple, et les menaces et les murmures de la multitude lui apprirent qu'il serait dangereux d'aller plus loin. Il se retira donc ; mais, selon son habitude de poursuivre les fuyards, le peuple s'élança sur ses traces.

Grâce à son cheval, Jean gagnait du terrain, lorsqu'il aperçut au bout de la rue une autre troupe armée qui devait infailliblement l'arrêter : il sauta à bas de son cheval, et s'élança dans une maison dont la porte était ouverte. La maison, par bonheur, communiquait avec un couvent de franciscains ; un des moines lui prêta sa robe, et le cardinal, grâce à cet humble incognito, put gagner la campagne, et, guidé par les indications des paysans, rejoignit ses deux frères dans les Apennins.

Le même jour, les Médicis furent proclamés traîtres à la patrie : un décret les déclara rebelles, confisqua leurs biens, et promit cinq mille ducats à qui les amènerait vivants, et deux mille à celui qui apporterait leur tête. Toutes les familles proscrites lors du retour de Côme l'Ancien en 1434, et après la conspiration des Pazzi en 1478, rentrèrent à Florence ; et Giovanni et Lorenzo des Médicis, fils de Pierre-François et neveu des bannis, pour n'avoir plus rien de commun avec eux, répudièrent leur nom de Médicis pour prendre celui de Popolani ; et changeant leur blason, qui était d'or à six globes posés, trois, deux et un, dont cinq de gueules, et celui du milieu et du chef d'azur chargé de trois fleurs de lis d'or, prirent celui des Guelfes, qui était de gueules à la croix d'argent.

Puis, ces premières mesures prises, on envoya des ambassadeurs à Charles VIII. Ces ambassadeurs étaient : Piero Capponi, Giovanni Cavalcanti, Pandolfo Rucellai, Tanai des Nerli et le père de Jérôme Savonarola, celui-là même qui avait refusé l'absolution à Laurent de Médicis, parce qu'il ne voulait pas rendre la liberté à sa patrie.

Ces ambassadeurs trouvèrent Charles VIII occupé de rendre leur indépendance aux Pisans, qui depuis quatre-vingt-sept ans étaient tombés sous la domination florentine.

Ce fut Savonarola qui porta la parole ; il parla avec ce ton d'enthousiasme prophétique qui lui était habituel, et qui produisait un si grand effet sur ses concitoyens, qui croyaient à son inspiration. Mais Charles VIII, qui était tant soit peu barbare, et qui n'avait jamais entendu parler de l'illustre dominicain, écouta les promesses et les menaces de l'ambassadeur comme il eût écouté un sermon, et lorsque le sermon fut fini, il fit le signe de la croix, et dit qu'il arrangerait toutes les choses à Florence.

En effet, le 17 novembre au soir, le roi se présenta à la porte de San Friano, par laquelle on était prévenu qu'il devait faire son entrée : il y trouva la noblesse florentine dans ses habits d'apparat, accompagnée du clergé qui chantait des hymnes, et suivie du peuple, qui, toujours avide de changement, croyait retrouver dans la chute des Médicis quelques débris de sa vieille liberté. Charles VIII trouva à la porte un baldaquin d'or sous lequel il s'arrêta un instant pour répondre quelques paroles évasives aux compliments de bienvenue qui lui furent faits; puis, ayant pris sa lance des mains de son écuyer, il l'appuya sur sa cuisse, et donna l'ordre d'entrer dans la ville, qu'il traversa presque entière en passant sous le palais Strozzi ; et, suivi de son armée, qui portait les armes hautes, et de son artillerie, qui roulait sourdement, il s'en alla loger au palais de Via Larga.

Les Florentins avaient cru recevoir un hôte, mais Charles VIII, en portant sa lance à la main, avait donné à entendre qu'il entrait en vainqueur : de sorte que, le lendemain, lorsqu'on en vint aux négociations, chacun se trouva loin de compte. La seigneurie venait ratifier le traité des Médicis; mais Charles VIII répondit à la seigneurie que le traité n'existait plus par le fait même de la chute de celui qui l'avait signé;

qu'il n'avait, au reste, encore rien décidé à l'égard de ce qu'il ordonnerait de Florence, et qu'ils eussent à revenir le lendemain pour savoir si son bon plaisir était de rétablir les Médicis ou de déléguer son autorité à la seigneurie.

La réponse était terrible : mais les Florentins étaient trop près encore de leur ancienne vertu pour l'avoir oubliée. Déjà à tout hasard chaque maison puissante avait depuis deux jours rassemblé autour d'elle tous ses serviteurs, avec l'intention de ne point commencer les hostilités, mais aussi avec la détermination de se défendre si les Français attaquaient. En effet, lors de son entrée, Charles VIII avait été étonné de cette population étrange qui se pressait dans les rues, et qui garnissait toutes les ouvertures des maisons, depuis les soupiraux des caves jusqu'aux terrasses des toits. La seigneurie donna de nouveaux ordres, et la population s'augmenta d'un tiers encore pendant cette nuit d'attente, qui devait décider du sort de Florence.

Le lendemain, à l'heure convenue, les députés furent de nouveau introduits près du roi : ils le trouvèrent assis, la tête couverte, et ayant au pied de son trône le secrétaire royal, qui tenait à la main les clauses du traité. Lorsque chacun eut pris sa place, il déploya le papier, et commença à lire, article par article, les conditions imposées par le roi de France ; mais, à peine au tiers de la lecture, les députés florentins l'interrompirent, et la discussion commença.

Comme cette discussion fatiguait Charles VIII : « Messires, dit-il, puisqu'il en est ainsi, je vais faire sonner mes trompettes. » A ces mots, Pierre Capponi, qui était secrétaire de la république, ne pouvant à son tour se contenir plus longtemps, s'élança vers le secrétaire, lui arracha des mains la capitulation honteuse qu'on proposait, et, la déchirant en morceaux : « Eh bien, sire, répondit-il, faites sonner vos trompettes ; nous ferons sonner nos cloches. » Puis, jetant les morceaux du traité à la figure du lecteur stupéfait, il sortit suivi des autres ambassadeurs pour donner l'ordre sanglant qui allait faire de Florence tout entière un champ de bataille.

Cette réponse hardie sauva Florence par sa hardiesse même : soit crainte, soit générosité, Charles VIII rappela Capponi ; on débattit de nouvelles conditions, qui, acceptées et signées par les deux parties, furent publiées le 26 novembre, pendant la messe, dans la cathédrale de Sainte-Marie-des-Fleurs.

J.A. BEAUCE.

H. CELAVILLE

En bien, sire, faites sonner vos trompettes ; nous ferons sonner nos cloches. — Page 20.

Voici quelles étaient ces conditions :

La seigneurie s'engageait à payer au roi de France, à titre de contribution de guerre, la somme de cent vingt mille florins, en trois termes.

La seigneurie s'engageait à lever le séquestre mis sur les biens des Médicis, et à révoquer le décret qui mettait leur tête à prix ;

La seigneurie s'engageait à pardonner aux Pisans, moyennant quoi ceux-ci rentreraient sous l'obéissance des Florentins ;

Enfin la seigneurie reconnaîtrait les droits du duc de Milan sur Sarzane et Pietra-Santa, et ces droits une fois reconnus seraient appréciés et jugés par arbitres.

De son côté, le roi de France s'engageait à restituer les forteresses qui lui avaient été remises par Pierre de Médicis, dès qu'il aurait conquis le royaume de Naples, ou qu'il aurait terminé la guerre par une paix, ou même par une trêve de deux ans ; soit enfin lorsqu'il aurait quitté l'Italie.

Deux jours après, Charles VIII quitta Florence et s'avança vers Rome par la route de

Sienne, après avoir très-probablement fait exécuter son portrait par Léonard de Vinci (1).

Mais les onze jours pendant lesquels il était resté au palais de Via Larga avaient suffi pour mettre au pillage toute cette magnifique collection de tableaux, de statues, de pierres gravées et de médailles, rassemblée à grands frais par Côme et par Laurent : chaque seigneur de la suite du roi en avait emporté ce qui lui avait plu, non pas fixé dans son choix par la valeur des objets, mais entraîné par son caprice; si bien que, grâce à la barbarie et à l'ignorance même des courtisans, beaucoup de choses précieuses furent cependant sauvées, la valeur desquelles n'était pas dans la matière, mais dans le travail.

Quant à Pierre de Médicis, il usa le reste de sa vie, qui au reste fut courte, à essayer de rentrer dans Florence, soit par surprise, soit par force. Puis un jour on apprit qu'il était mort misérablement comme il avait vécu : comme il se rendait à Gaète sur un bâtiment chargé d'artillerie, le bâtiment s'enfonça dans le Garigliano, et Pierre de Médicis fut noyé. Il laissait de sa femme, Alphonsina de Roberto Orsini, un fils nommé Laurent.

Ce fut ce même Laurent, duc d'Urbin, dont toute la célébrité consiste à avoir été le père de Catherine de Médicis, qui fit la Saint-Barthélemy, et d'Alexandre, qui étouffa les derniers restes de la liberté florentine. Ajoutez à cela qu'il dort dans un tombeau sculpté par Michel-Ange : aussi sa statue est-elle plus connue qu'il ne l'est lui-même; et beaucoup, qui ignorent ce que c'est que le pauvre et lâche duc d'Urbin, savent ce que c'est que le terrible Pensiero.

L'exil des Médicis dura dix-huit ans : en 1512, ils rentrèrent à Florence, ramenés par les Espagnols; et ils y furent admis, dit la capitulation, non pas comme princes, mais comme simples citoyens.

Avant même que les Médicis fussent rentrés, la capitulation qui leur rouvrait les portes de la patrie était violée. Vingt-cinq ou trente conjurés, partisans des Médicis, éblouis par la gloire littéraire du Magnifique, et qui, pendant les vingt ans de révolution que l'Italie avait subis depuis sa mort, avaient dans les jardins de Bernardo Rucellai fait une espèce d'académie à l'instar de celle d'Athènes, virent dans les suc-

cesseurs de Laurent les continuateurs de sa gloire, et résolurent de leur remettre aux mains une autorité plus grande encore que celle qu'ils avaient perdue. En conséquence, ils mirent à leur tête Bartolomeo Valori, les Rucellai, Paolo Vettori, Francesco des Albizzi, Tornabuoni et Vespucci, et le 31 au matin, le lendemain de la prise de Prato par le vice-roi Raymond de Cardone, ils entrèrent dans le palais de la seigneurie, armés sous leurs manteaux d'épées et de cuirasses, pénétrèrent jusqu'à l'appartement du gonfalonier Soderini, l'enlevèrent de force, et le conduisirent dans la maison de Paul Vettori. située sur le quai de l'Arno. Puis, lorsqu'ils se furent ainsi assurés de lui, ils assemblèrent la seigneurie, les collèges, les capitaines du parti guelfe, les décemvirs de la liberté, les huit de la bâlie, les conservateurs des lois, et sommèrent cette assemblée générale des représentants de Florence de déposer Soderini; mais, contre leur attente, sur soixante-dix membres, neuf seulement votèrent pour la déposition. Alors François Vettori élevant la voix : « Ceux, dit-il, qui ont voté pour le maintien de l'ancien gonfalonier ont voté pour sa mort; car si on ne peut le déposer, on le tuera. » A un second tour de scrutin, Soderini fut déposé à l'unanimité.

Deux jours après, Julien de Médicis, frère de Pierre qui s'était noyé dans le Garigliano, rentra dans Florence sans même attendre qu'une sentence des nouveaux magistrats vînt abolir le décret de bannissement porté par les anciens, et alla se loger dans le palais des Albizzi. Sous son influence, une nouvelle loi fut présentée : elle réduisait à une année les fonctions du gonfalonier, et une bâlie remplaçait le grand conseil, qui, sans être supprimé, était réduit à des fonctions intérieures. Jean-Baptiste Ridolfi, proche parent des Médicis, fut élu gonfalonier à la majorité de onze cent trois voix, sur une totalité de quinze cent sept suffrages; et le cardinal Jean, qui était resté à Prato pour attendre le résultat de toutes ces menées, fit à son tour son entrée dans Florence le 14 septembre, non pas comme légat de Toscane, non pas entouré de prêtres et de moines, mais escorté de fantassins bolonais et d'hommes d'armes romagnols. Puis, avec cette garde, il alla descendre au palais de Via Larga, recevant comme un souverain pendant deux jours les hommages de ses sujets, et ne pensant à aller offrir les siens à la seigneurie que le troisième.

On comprend que les hommages à rendre

(1) Ce portrait, fait à Milan ou à Florence, est au Musée de Paris.

n'étaient qu'un prétexte : pour faire plus d'honneur à la seigneurie, qui n'avait pas encore eu le temps de réorganiser sa garde, le cardinal Jean se rendit au palais avec la sienne. Sur un mot de lui, les soldats s'emparèrent de toutes les issues, tandis que Julien, se présentant au grand conseil, le sommait d'appeler le peuple et de convoquer une bâlie.

Le peuple fut convoqué et fit tout ce qu'on voulut, tant il était déjà prêt pour la servitude. Il abolit toutes les lois portées depuis 1494, c'est-à-dire depuis l'exil de Pierre; il nomma une bâlie dans laquelle étaient réunis tous les pouvoirs du gouvernement, depuis celui de gonfalonier jusqu'à ceux des adjoints, avec le droit de prolonger elle-même son autorité d'année en année; enfin Jean-Baptiste Ridolfi, qui, du temps de Savonarola, s'était montré un peu trop zélé pour la liberté, et un peu trop enclin à des opinions populaires, fut sommé d'abdiquer ses fonctions de gonfalonier, ce qu'il fit le 1er novembre suivant.

Ce fut ainsi que le gouvernement florentin passa du régime constitutionnel et de la liberté républicaine à une étroite oligarchie : ce furent les chaînes d'argent dont nous avons parlé.

Grâce à cette révolution, les autres Médicis suivirent bientôt Julien et le cardinal Jean, tous deux fils de Laurent le Magnifique. C'était Laurent II, fils de Pierre, qui s'était noyé dans le Garigliano, seul descendant légitime qui restât, avec ses oncles, de la grande race de Côme, Père de la patrie; c'était Alexandre, son fils bâtard, qui fut depuis duc de Florence; c'était le bâtard de Julien II, Hippolyte, qui fut depuis cardinal; c'était enfin Jules, chevalier de Rhodes et prieur de Capoue, bâtard de ce Julien assassiné par les Pazzi, et qui fut depuis Clément VII.

Sept ou huit mois après, la puissance des Médicis s'affermit encore par l'exaltation de Léon X au trône pontifical, sur lequel nous le retrouverons plus tard en suivant à Rome Michel-Ange et Raphaël.

A la nouvelle de cette exaltation, Julien, croyant voir s'ouvrir devant lui une carrière plus belle et surtout plus sûre à la cour de son frère, remit entre les mains de Laurent, son neveu, le gouvernement de Florence, et partit pour Rome, où Léon X le fit gonfalonier, capitaine général de l'Eglise, et vicaire de Modène, de Reggio, de Parme et de Plaisance. Ce n'était pas tout : Julien étendait déjà une main vers le duché de Milan et l'autre vers le royaume de Naples, lorsque la fièvre le saisit, au moment où, à la tête de son armée, il marchait contre Bayard et la Palisse. Il remit aussitôt le capitanat aux mains de son neveu Laurent, et se fit transporter dans l'abbaye de Fiésole, où il mourut après une longue et douloureuse agonie, le 17 mai 1516, quatre ans après son rappel, à l'âge de vingt-sept ans.

A peu près un an avant sa mort, il avait épousé la sœur de Philibert et de Charles, ducs de Savoie, et tante maternelle du roi François Ier; mais, comme il avait été presque toujours séparé d'elle, il n'en eut point d'enfants; sa seule descendance fut donc Hippolyte, son fils naturel. Quant au duché de Nemours, qui lors de son mariage lui avait été donné par François Ier, il retourna après sa mort à la couronne de France.

Sous le rapport des arts, c'était le digne fils de Laurent : son amour pour les belles-lettres surtout s'était encore accru par le séjour qu'il avait fait à la cour d'Urbin. Bembo en fait un des interlocuteurs de son discours sur la langue toscane.

Le 18 août, Laurent de Médicis, successeur de son oncle au capitanat, obtint en outre le duché d'Urbin. Ce fut en défendant ce dernier titre qu'il reçut au siège de Mondolfo un coup d'arquebuse à la tête. Florence, qui le crut mort, en tressaillit de joie; et il ne lui fallut rien moins que sa présence, au bout de quarante jours de convalescence passés à Ancône, pour qu'elle se décidât à croire à sa guérison. Encore, au dire de l'historien Giovio Cambi, beaucoup persistèrent-ils à croire que Laurent était réellement mort, et que le corps qui reparaissait devant eux n'était qu'un spectre ranimé par le démon.

Au reste, ceux qui désiraient sa mort avec tant d'ardeur n'avaient pas longtemps à attendre. Le duc d'Urbin avait épousé Madeleine de la Tour d'Auvergne; et déjà atteint de la maladie que les Français reprochaient aux Napolitains, et que les Napolitains baptisaient du nom de française, il la communiqua à sa femme, qui, affaiblie par elle, mourut le 25 avril 1519, en donnant le jour à Catherine de Médicis, la future épouse de Henri II, laquelle, en échange de sa race éteinte ou prête à s'éteindre, devait donner trois rois à la France et une reine à l'Espagne.

Cinq jours après la naissance de sa fille et la mort de sa femme, c'est-à-dire le 28 avril, Laurent mourut à son tour; et Léon X, seul descendant légitime qui restât de Côme, Père de la

Laurent de Médicis.

patrie, vit la branche aînée des Médicis réduite à trois bâtards : Jules, qui était déjà cardinal, et Hippolyte et Alexandre, qui étaient encore enfants, le premier n'ayant que huit ans et le second neuf.

Si bien qu'on disait tout haut à Florence qu'il fallait raser la maison qu'habitaient le cardinal Jules et ses deux neveux, et en faire une place, qui s'appellerait la place des Trois-Mulets.

Mais la même année, pour répondre à cette plaisanterie, le 11 juin 1519, naissait un enfant qui reçut au baptême le nom de Côme, et qui devait vingt ans après y ajouter celui de Grand.

Cette année était celle des grands événements : seize jours après la naissance de cet enfant, qui devait avoir une si grande influence sur la Toscane, Charles-Quint fut nommé empereur, après que ses compétiteurs, l'électeur de Saxe et François 1er, eurent été écartés.

Florence, qui ne pouvait pas lire dans l'avenir ce que lui réservaient de malheurs cet empereur qu'on venait d'élire, et de servitude cet enfant qui venait de naître, se crut à tout jamais délivrée des Médicis en voyant Léon X sur le trône, et la race de Côme, le Père de la patrie, à demi éteinte : mais déjà le pape avait disposé de la Toscane en faveur du cardinal Jules, son cousin; et Laurent n'était pas encore mort que déjà Jules était venu de Rome pour réclamer son héritage.

Cependant les Florentins gagnèrent quelque chose à la mort de Laurent : en effet, le cardinal Jules annonça publiquement aux magistrats que son intention n'était pas de leur rendre la liberté perdue, mais de respecter ce qui leur en restait : et, contre l'habitude de ceux qui arrivent au pouvoir, il tint plus qu'il n'avait promis. En cessant de s'arroger la nomination des emplois lucratifs, Jules laissa la pauvre ville reprendre peu à peu dans son gouvernement une certaine apparence républicaine, ce qui lui valut une grande popularité. Il est vrai qu'il prit sa revanche dès qu'il s'appela Clément VII, et qu'il reperdit alors au delà de ce qu'il avait gagné.

Mais la mort était dans la famille : le 24 novembre 1521, au bruit du canon du château Saint-Ange, qui lui annonçait la prise de Milan, Léon X se sentit assez gravement indisposé pour se faire transporter de son jardin de Maliana, où il était, au palais du Vatican à Rome : il se souvint alors que la veille son échanson, Bernard Malaspina, lui avait présenté, à souper, un vin d'un goût si étrange, qu'il s'était retourné après l'avoir bu, et lui avait demandé où il avait pris un vin si amer. Les médecins, prévenus de cette circonstance, appliquèrent les contre-poisons; mais sans doute il était trop tard : l'état de Léon X alla toujours empirant; et le 1er décembre, après avoir reçu la veille la nouvelle de la prise de Plaisance, et le jour même celle de la prise de Parme (qu'il désirait tant, que souvent on lui avait entendu dire qu'il la payerait volontiers de sa vie), il mourut vers les onze heures de la nuit.

Le lendemain, au point du jour, l'échanson Bernard Malaspina prit en laisse une couple de chiens, comme s'il voulait aller à la chasse; et il essayait de sortir de Rome lorsque les gardes, auxquels il parut étrange que peu d'heures après la mort du pape un de ses serviteurs les plus intimes pensât à prendre un pareil amusement, l'arrêtèrent et le firent mettre en prison; mais le cardinal Jules de Médicis, aussitôt son arrivée à Rome, lui rendit la liberté, — de peur, disent naïvement Nardi dans son *Histoire florentine*, et Paris de Grassis dans ses *Annales ecclésiastiques*,

que le nom de quelque grand prince ne se trouvât mêlé au crime de ce misérable échanson, et qu'on ne rendît ainsi quelque homme puissant l'ennemi implacable de sa famille.

Léon X avait régné huit ans huit mois et dix-neuf jours, et laissait la descendance de Côme l'Ancien réduite à trois bâtards.

Il est vrai que, dix-huit mois après la mort de Léon X, l'un de ces trois bâtards monta sur le trône pontifical, non pas sous le nom de Jules III, comme on s'y attendait, mais sous celui de Clément VII, qu'il s'était imposé, assure-t-on, afin de rassurer ses ennemis, en leur annonçant d'avance que son intention était de pratiquer la plus sainte des vertus royales.

A peine l'oncle fut-il sur le trône, tous ses soins et toutes ses affections se tournèrent vers ses deux neveux, Alexandre et Hippolyte; et cela d'autant plus naturellement, disait-on, que le premier, qui était reconnu ostensiblement pour être le fils de Laurent, duc d'Urbin, passait secrètement pour être le résultat d'un des amours de jeunesse du cardinal Jules, au temps où il n'était encore que chevalier de Rhodes. Toute son influence fut donc d'abord employée à maintenir les restes illégitimes de la branche aînée dans la haute position que les Médicis avaient toujours occupée à Florence.

Malheureusement, celui qu'il leur avait choisi pour tuteur, et qu'en outre il avait donné pour chef provisoire à la république, Silvio Passerini, cardinal de Cortone, ne possédait aucune des qualités qui eussent pu faire oublier aux Florentins les griefs qu'ils avaient contre la maison des Médicis : c'était à la fois un avare et un imprudent, qui aliéna à ses pupilles le peu de cœurs qui étaient restés attachés à leur famille.

De son côté, Clément VII adopta une politique toute contraire à celle de Léon X : au lieu de déclarer comme lui qu'il ne se croirait tranquille et affermi sur le trône que lorsque les Français ne posséderaient plus un pouce de terre en Italie, il avait fait alliance avec eux. Cette alliance amena le sac de Rome; et le sac de Rome, en renfermant le saint-père dans le château de Saint-Ange, et en brisant momentanément son influence temporelle, permit aux Florentins de se révolter, et de chasser une troisième fois les Médicis. Cette dernière révolution eut lieu le 17 mai 1527.

Clément VII, comme on le sait, se tira d'affaire en vendant sept chapeaux de cardinaux, avec lesquels il paya une partie de sa rançon, et en mettant cinq autres cardinaux en gage pour répondre du reste; alors, comme moyennant ces garanties on lui laissait un peu plus de liberté, il en profita pour s'échapper de Rome sous l'habit d'un valet, et gagna Orviète. Les Florentins se croyaient donc bien tranquilles sur l'avenir en voyant Charles V vainqueur et le pape fugitif.

Mais ce que l'intérêt divisa, l'intérêt peut le rapprocher. Charles V, élu empereur en 1519, n'était pas encore couronné par le pape; et cependant cette solennité, au moment du schisme de Luther, de Zwingle et de Henri VIII, était devenue de la plus haute importance aux intérêts du roi catholique : il fut donc convenu que Clément VII couronnerait l'empereur, que l'empereur s'emparerait de Florence, et lui donnerait pour duc le bâtard Alexandre, auquel il marierait sa fille bâtarde Marguerite d'Autriche. Quant à l'autre bâtard, Hippolyte, Clément II avait, deux ans auparavant, pourvu à son avenir en le faisant cardinal.

Les deux promesses furent religieusement tenues : Charles-Quint fut couronné à Bologne; car, dans la tendresse toute nouvelle qu'il portait au pape, il ne voulait pas voir les ravages que ses troupes avaient faits à la cité sainte : Charles-Quint, disons-nous, fut couronné à Bologne le 24 février 1525, jour doublement anniversaire, et de sa naissance et de sa victoire à Pavie sur le roi très-chrétien; et après un siége terrible, où Florence, défendue par Michel-Ange, fut livrée par Malatesta, le 31 juillet 1531, le duc Alexandre fit son entrée dans la future capitale de son grand-duché.

Côme avait apporté les chaînes d'or; Laurent, les chaînes d'argent. Alexandre apporta les chaînes de fer.

Alexandre avait à peu près tous les vices de son époque, et très-peu des vertus de sa race : fils d'une Mauresque, il en avait hérité les passions ardentes; constant dans sa haine, inconstant dans son amour, il essaya de faire assassiner Pierre Strozzi, et fit empoisonner le cardinal Hippolyte, son cousin, lequel, au dire de Varchi, était un beau et agréable jeune homme, doué d'un esprit heureux, affable de cœur, généreux de la main, libéral et grand comme Léon X, et qui donna d'une seule fois quatre mille ducats de rente à François-Marie Molza, noble modenais versé dans l'étude de la grande et bonne littérature, et dans celle des trois belles langues, qui étaient à cette époque le grec, le latin et le toscan.

Aussi y eut-il, pendant les six ans de son règne, force conspirations contre lui. Philippe Strozzi déposa une somme considérable entre les mains d'un frère dominicain de Naples, qui avait, disait-on, une grande influence sur Charles-Quint, pour qu'il obtînt de lui la liberté de sa patrie. Jean-Baptiste Cibo, archevêque de Marseille, essaya de profiter des amours d'Alexandre avec sa sœur, laquelle, séparée de son mari, habitait le palais des Pazzi, pour le faire tuer un jour qu'il viendrait la voir dans ce palais : et comme il savait qu'Alexandre portait ordinairement sous son habit une jacque de mailles si merveilleusement faite qu'elle était à l'épreuve de l'épée et du poignard, il avait fait remplir de poudre un coffre sur lequel il avait l'habitude de s'asseoir lorsqu'il venait voir la marquise, et il devait y faire mettre le feu; mais cette conspiration et toutes les autres qui la suivirent furent découvertes, à l'exception d'une seule. Mais aussi dans celle-là il n'y avait qu'un conjuré, qui, à lui seul, devait tout accomplir. Ce conjuré était Laurent de Médicis, l'aîné de cette branche cadette qui s'écarta du tronc paternel avec Laurent, frère de Côme, le Père de la patrie, et qui, dans sa marche ascendante, s'était, tout en côtoyant la branche aînée, séparée elle-même en deux rameaux.

Laurent était né à Florence le 23 mars 1514, de Pierre François de Médicis, deux fois neveu de Laurent, frère de Côme; et de Maria Soderini, femme d'une sagesse exemplaire et d'une prudence reconnue.

Laurent perdit son père de bonne heure, et, comme il avait neuf ans à peine, sa première éducation se fit alors sous l'inspection de sa mère; mais, comme, à cause de la grande facilité que l'enfant avait à apprendre, cette éducation fut faite très-rapidement, il sortit de cette tutelle féminine pour entrer sous celle de Philippe Strozzi. Là son caractère étrange se développa : c'était un mélange de raillerie, d'inquiétude, de désir, de doute, d'impiété, d'humilité et de hauteur, qui faisait que, tant qu'il n'eut pas de motifs de dissimuler, ses meilleurs amis ne le virent jamais deux fois de suite sous la même face. Caressant tout le monde, n'estimant personne, aimant tout ce qui était beau sans distinction de sexe, c'était une de ces créatures hermaphrodites comme la nature capricieuse en produit dans les époques de dissolution. De temps en temps, de ce composé d'éléments hétérogènes jaillissait un vœu ardent de gloire et d'immortalité d'autant plus inattendu qu'il partait d'un corps si frêle et si féminin, qu'on ne l'appelait que Lorenzino. Ses meilleurs amis ne l'avaient jamais vu ni rire, ni pleurer, mais toujours railler et maudire. Alors son visage, plutôt gracieux que beau, car il était naturellement brun et mélancolique, prenait une expression si infernale, que, quelque rapide qu'elle fût (puisqu'elle ne passait jamais sur sa face que comme un éclair), les plus braves en étaient épouvantés. A quinze ans il avait été étrangement aimé du pape Clément, qui l'avait fait venir à Rome, et qu'il avait eu plusieurs fois l'intention d'assassiner; puis, à son retour à Florence, il s'était mis à courtiser le duc Alexandre avec tant d'adresse et d'humilité, qu'il était devenu, non pas un de ses amis, mais peut-être son seul ami.

Il est vrai qu'avec Lorenzino pour familier, Alexandre pouvait se passer des autres. Lorenzino lui était bon à tout : c'était son bouffon, c'était son complaisant, c'était son valet, c'était son espion, c'était son amant, c'était sa maîtresse ; il n'y avait que lorsque le duc Alexandre avait envie de s'exercer aux armes, qu'alors son compagnon éternel lui faisait faute, et se couchait sur quelque lit moelleux ou sur quelque coussin bien doux, en disant que toutes ces cuirasses étaient trop dures pour sa poitrine, et toutes ces dagues et ces épées trop lourdes pour sa main. Alors lui, tandis qu'Alexandre s'exerçait avec les plus habiles spadassins de l'époque, lui, Lorenzino, jouait avec un petit couteau de femme, aigu et affilé, en essayait la pointe en perçant des florins d'or, et disant que c'était là son épée à lui, et qu'il n'en voulait jamais porter d'autre. Si bien qu'en le voyant si mou, si humble et si lâche, on ne l'appelait plus Lorenzino, mais Lorenzaccio.

Aussi, de son côté, le duc Alexandre avait-il une merveilleuse confiance en lui, et la preuve la plus certaine qu'il lui en donnait, c'est qu'il était l'entremetteur de toutes ses intrigues amoureuses. Quel que fût le désir du duc Alexandre, soit que ce désir montât au plus haut, soit qu'il descendît au plus bas, soit qu'il poursuivît une beauté profane, soit qu'il pénétrât dans quelque saint monastère, soit qu'il eût pour but l'amour de quelque épouse adultère ou de quelque chaste jeune fille, Lorenzo entreprenait tout, Lorenzo menait tout à bien : aussi Lorenzo était-il le plus puissant et le plus détesté à Florence après le duc.

De son côté, Lorenzo avait un homme qui lui était aussi dévoué que lui-même paraissait l'être au duc Alexandre : cet homme était tout bonnement un certain Michel del Tovallaccino, un sbire, un assassin, qu'il avait fait gracier pour un meurtre, et que ses camarades de prison avaient baptisé du nom de Scoronconcolo, nom qui lui était resté à cause de sa bizarrerie même. Dès lors cet homme était entré à son service et faisait partie de sa maison, lui témoignant une reconnaissance extrême; si bien qu'une fois, Lorenzo s'étant plaint devant lui de l'ennui que lui donnait un certain intrigant, Scoronconcolo avait répondu : « Maître, dites-moi seulement quel est le nom de cet homme, et je vous promets que demain il ne vous gênera plus. » Et comme Lorenzo s'en plaignait encore un autre jour : « Mais dites-moi donc qui il est, demanda le sbire; fût-ce quelque favori du duc, je le tuerai. » Enfin, comme une troisième fois Lorenzo revenait encore à se plaindre du même homme : « Son nom ! son nom ! s'était écrié Scoronconcolo ; car je le poignarderai, fût-ce le Christ. » Mais, pour cette fois, Lorenzo ne lui dit rien encore. Le temps n'était pas venu.

Un matin, le duc fit dire à Lorenzo de le venir voir plus tôt que de coutume. Lorenzo accourut, et trouva le duc encore couché. La veille il avait vu une très-jolie femme, celle de Léonard Ginori, et il la voulait avoir : c'était pour cela qu'il faisait appeler Lorenzo; et il avait d'autant plus compté sur lui, que celle dont il avait envie était sa tante.

Lorenzo écouta la proposition avec la même tranquillité que s'il se fût agi d'une étrangère, et répondit à Alexandre, comme il avait coutume de lui répondre, qu'avec de l'argent toutes choses étaient faciles. Alexandre répliqua qu'il savait bien où était son trésor, et qu'il n'avait qu'à prendre ce dont il avait besoin. Puis Alexandre passa dans une autre chambre, et Lorenzo sortit ; mais en sortant il mit sous son manteau, sans être vu du duc, cette merveilleuse jaque de mailles qui faisait la sûreté d'Alexandre, et la jeta en sortant dans le puits de Seggio Capovano.

Le lendemain, le duc demanda à Lorenzo où il en était de sa mission : mais Lorenzo lui répondit qu'ayant affaire cette fois à une femme honnête, la chose pourrait bien traîner en quelque longueur; puis il ajouta en riant qu'il n'avait qu'à prendre patience avec ses religieuses. En effet, le duc Alexandre avait un couvent dont il avait séduit d'abord l'abbesse, et ensuite les religieuses, et dont il s'était fait un sérail. Alexandre se plaignit aussi ce jour-là d'avoir perdu sa cuirasse; non pas tant, dit-il, qu'il crût en avoir besoin, mais parce qu'elle s'était si bien assouplie à ses mouvements, qu'il en était arrivé (tant il en avait l'habitude) à ne la plus sentir. Lorenzo lui donna le conseil d'en commander une autre : mais le duc répondit que l'ouvrier qui l'avait faite n'était plus à Florence, et qu'aucun autre n'était assez habile pour le remplacer.

Quelques semaines se passèrent ainsi, le duc demandant toujours à Lorenzo où il en était près de la signora Ginori, et Lorenzo le payant toujours de belles paroles; si bien qu'il était arrivé à l'amener, par le retard même, à un désir immodéré de posséder celle qui résistait ainsi.

Enfin un matin, c'était le 6 janvier 1536 (vieux style), Lorenzo fit dire au sbire de venir déjeuner avec lui, ainsi que dans ses jours de bonne humeur il avait déjà fait plusieurs fois; puis, lorsqu'ils furent attablés et qu'ils eurent amicalement vidé deux ou trois bouteilles : « Or çà, dit Lorenzo, revenons à cet ennemi dont je t'ai parlé; car, maintenant que je le connais, je suis certain que tu ne me manqueras pas davantage dans le danger que je ne te manquerais moi-même. Tu m'as offert de le frapper; eh bien, le moment est venu, et je le conduirai ce soir en un endroit où nous pourrons faire la chose à coup sûr : es-tu toujours dans la même résolution? » Le sbire renouvela ses promesses, en les accompagnant de ces serments impies dont se servent en l'occasion ces sortes de gens.

Le soir, en soupant avec le duc et plusieurs autres personnes, Lorenzo, ayant comme d'habitude pris sa place près d'Alexandre, se pencha à son oreille, et lui dit qu'il avait enfin, à force de belles promesses, disposé sa tante à le recevoir, mais à la condition expresse qu'il viendrait seul, et dans la chambre de Lorenzo; voulant bien avoir cette faiblesse pour lui, mais voulant néanmoins garder toutes les apparences de la vertu. Lorenzo ajouta qu'il était important que personne ne le vît entrer ni sortir, cette condescendance de la part de sa tante étant à la condition du plus grand secret. Alexandre était si joyeux, qu'il promit tout. Alors Lorenzo se leva pour aller, disait-il, tout préparer, puis sur la porte il se retourna une dernière fois, et Alexandre lui fit signe de la tête qu'il pouvait compter sur lui.

Aussitôt le souper, le duc se leva et passa dans sa chambre; là il mit bas l'habit qu'il portait et s'enveloppa d'une longue robe de satin fourrée de zibeline. Alors, demandant ses gants à son valet de chambre : « Mettrai-je, dit-il, mes gants de guerre ou mes gants d'amour? » Car il avait en effet, sur la même table, des gants de mailles et des gants parfumés; et comme, avant de lui présenter les uns ou les autres, le valet attendait sa réponse : « Donnez-moi, lui dit-il, mes gants d'amour; » et le valet lui présenta ses gants parfumés.

Alors il sortit du palais Médicis avec quatre personnes seulement : le capitaine Giustiniano de Cesena; un de ses confidents, qui portait comme lui le nom d'Alexandre, et deux autres de ses gardes, dont l'un se nommait Giomo et l'autre le Hongrois; et lorsqu'il fut sur la place Saint-Marc, où il était allé pour détourner tout soupçon du véritable but de sa sortie, il congédia Giustiniano, Alexandre et Giomo, disant qu'il voulait être seul; et, ne gardant avec lui que le Hongrois, il prit le chemin de la maison de Lorenzo; et arrivé au palais Sostegni, qui était presque en face de celui de Lorenzo, il ordonna à ce dernier de demeurer là et de l'y attendre jusqu'au jour; et, quelque chose qu'il vît ou qu'il entendît, quelles que fussent les personnes qui entrassent ou qui sortissent, de ne parler ni bouger, sous peine de sa colère. Au jour, si le duc n'était point sorti, le Hongrois pouvait retourner au palais, mais le Hongrois, qui était familier avec ces sortes d'aventures, se garda bien d'attendre le jour : dès qu'il vit le duc entré dans la maison de Lorenzo, qu'il savait être son ami, il s'en revint au palais, se jeta, selon son habitude, sur un matelas qu'on lui étendait chaque soir dans la chambre du duc, et s'y endormit.

Pendant ce temps, le duc était monté dans la chambre de Lorenzo, où brûlait un bon feu, et où l'attendait le maître de la maison : alors il détacha son épée, et alla s'asseoir sur le lit. Aussitôt Lorenzo prit l'épée, et roulant autour d'elle le ceinturon qu'il passa deux fois dans la garde, afin que le duc ne l'en pût pas tirer du fourreau, il la posa au chevet du lit, et, disant au duc de prendre patience et qu'il allait lui amener celle qu'il attendait, il sortit, tira la porte après lui, et, comme la porte était de celles qui se ferment avec un ressort, le duc, sans s'en douter, se trouva prisonnier.

Lorenzo avait donné rendez-vous à Scoronconcolo à l'angle de la rue, et Scoroneoncolo, fidèle à la consigne, était à son poste. Alors Lorenzo, tout joyeux, alla à lui, et, lui frappant sur l'épaule : « Frère, lui dit-il, l'heure est venue; je tiens enfermé dans ma chambre cet ennemi dont je t'ai parlé; es-tu toujours dans l'intention de m'en défaire? — Marchons, » fut la seule réponse du sbire; et tous deux rentrèrent dans la maison.

Arrivé à moitié de l'escalier, Lorenzo s'arrêta. « Ne fais pas attention, dit-il en se retournant vers Scoronconcolo, si cet homme est l'ami du duc, et ne m'abandonne pas, quel qu'il soit. — Soyez tranquille, » dit le sbire.

Sur le palier, Lorenzo s'arrêta de nouveau. « Quel qu'il soit, entends-tu bien? ajouta-t-il en s'adressant une dernièrefois à son acolyte. — Quel qu'il soit, répondit avec impatience Scoronconcolo, fût-ce le duc lui-même. — Bien! bien! » murmura Lorenzo en tirant son épée et en la mettant nue sous son manteau; et il ouvrit doucement la porte, et entra suivi du sbire. Alexandre était couché sur le lit, le visage tourné contre le mur, et probablement à moitié assoupi, car il ne se retourna pas au bruit; si bien que Lorenzo s'avança tout proche de lui, et tout en lui disant : « Seigneur, dormez-vous? » lui donna un si terrible coup d'épée, que la pointe, qui lui entra d'un côté au-dessus de l'épaule, lui sortit de l'autre au-dessous du sein, lui traversant le diaphragme, et par conséquent lui faisant une blessure mortelle.

Mais, quoique frappé mortellement, le duc Alexandre, qui était puissamment fort, s'élança d'un seul bond au milieu de la chambre, et allait gagner la porte restée ouverte, lorsque Scoronconcolo, d'un coup du taillant de son épée, lui ouvrit la tempe et lui abattit presque entièrement la joue gauche. Le duc s'arrêta chancelant, et Lorenzo, profitant de ce moment, le saisit à bras-le-corps, le repoussa sur le lit, et le renversa en arrière en pesant sur lui de tout le poids de son corps. Alors Alexandre, qui, comme une bête fauve prise au piège, n'avait encore rien dit, poussa un cri en appelant à l'aide. Aussitôt Lorenzo lui mit si violemment la main gauche sur la bouche, que le pouce et une partie de l'index y entrèrent. Alors, par un mouvement instinctif, Alexandre serra les dents avec tant de violence, que les os qu'il broyait craquèrent, et que ce fut Lorenzo, à son tour, qui, vaincu par la douleur, se renversa en arrière en jetant un cri terrible. Alors, quoique perdant son sang par deux blessures, quoique le vomissant par la bouche, Alexandre se rua sur son adversaire, et, le pliant

sous lui comme un roseau, il essaya de l'étouffer avec ses deux mains. Alors il y eut un instant terrible; car le sbire voulait en vain venir au secours de son maître, les deux lutteurs se tenant tellement enlacés, qu'il ne pouvait frapper l'un sans risquer de frapper l'autre. Il donna bien quelques coups de pointe à travers les jambes de Lorenzo, mais il n'avait rien fait autre chose que percer la robe et la fourrure du duc, sans autrement atteindre son corps, quand tout à coup il se souvint qu'il avait sur lui un couteau. Alors il jeta sa grande épée, qui lui devenait inutile, et, saisissant à son tour le duc dans ses bras, il se mêla à ce groupe informe, qui luttait dans la demi-obscurité des feux de la cheminée, cherchant un endroit où frapper : enfin il trouva la gorge d'Alexandre, y enfonça de toute sa longueur la lame de son couteau, et, comme il vit que le duc ne tombait point encore, il la tourna et retourna tellement, qu'à force de chicoter, dit l'historien Varchi, il lui coupa l'artère, et lui sépara presque la tête des épaules. Le duc tomba en poussant un dernier râlement. Scoronconcolo et Lorenzo, qui étaient tombés avec lui, se retirèrent et firent chacun un pas en arrière; puis, s'étant regardés l'un l'autre, effrayés eux-mêmes du sang qui couvrait leurs habits, et de la pâleur qui couvrait leurs visages : « Je crois qu'il est enfin mort, » dit le sbire. Alors, comme Lorenzino secouait la tête en signe de doute, il alla ramasser son épée, et revint en piquer lentement le duc, qui ne fit aucun mouvement : ce n'était plus qu'un cadavre.

Alors tous deux le prirent, l'un par les pieds, l'autre par les épaules, et, tout souillé de sang, ils le mirent sur le lit, et jetèrent sur lui la couverture; puis, comme il était tout haletant de la lutte et prêt à se trouver mal de douleur, Lorenzo s'en alla ouvrir une fenêtre qui donnait sur Via Larga, afin de respirer et de se remettre, et pour voir aussi en même temps si le bruit qu'ils avaient fait n'avait attiré personne. Ce bruit avait bien été entendu par quelques voisins, et surtout par madame Marie Salviati, veuve de Jean des Bandes Noires et mère de Côme, laquelle s'était étonnée de ce long et obstiné trépignement; mais comme, dans la prévision de ce qui venait d'arriver, vingt fois Lorenzo, pour y accoutumer les voisins, avait fait un bruit pareil, en l'accompagnant de cris et de malédictions, chacun crut reconnaître dans cette rumeur le train habituel que menait celui que les uns regardaient comme un insensé, les autres comme un lâche : de sorte que personne, à tout prendre, n'y avait fait attention, et que, dans la rue et dans les maisons attenantes, tout paraissait tranquille.

Alors Lorenzo et Scoronconcolo, un peu remis, sortirent de la chambre, qu'ils fermèrent non-seulement au ressort, mais encore à la clef; et Lorenzo étant descendu chez son intendant, Francesco Zeffi, prit tout l'argent comptant qu'il y avait pour le moment à la maison, ordonna à un de ses domestiques, nommé Freccia, de le suivre, et, sans autre suite que le sbire et lui, il s'en alla, grâce à une licence qu'il avait demandée d'avance dans la journée à l'évêque de Marzi, prendre des chevaux à la poste; et sans s'arrêter, et tout d'une haleine, il s'en alla jusqu'à Bologne, où seulement il s'arrêta pour panser sa main, dont les deux doigts étaient presque détachés, et qui cependant reprirent, mais en laissant une cicatrice éternelle; puis, remontant à cheval, il gagna Venise, où il arriva dans la nuit du lundi. Aussitôt arrivé, il fit appeler Philippe Strozzi, qui, exilé depuis quatre ou cinq ans, était à cette heure à Venise; puis, lui montrant la clef de sa chambre : « Tenez, lui dit-il, vous voyez cette clef? Eh bien, elle ferme la porte d'une chambre où est le cadavre du duc Alexandre, assassiné par moi. » Philippe Strozzi ne voulait pas croire une pareille nouvelle; mais Lorenzo tira de sa valise ses vêtements tout ensanglantés, et, lui montrant sa main mutilée : « Tenez, dit-il, voilà la preuve. »

Alors Philippe Strozzi se jeta à son cou en l'appelant le Brutus de Florence et en lui demandant la main de ses deux sœurs pour ses deux fils.

Ainsi fut assassiné Alexandre de Médicis, premier duc de Florence et dernier descendant de Côme, le Père de la patrie; car Clément VII était mort en 1534, et le cardinal Hippolyte en 1535. Et à l'occasion de cet assassinat on remarqua une chose étrange, qui était la plus sextuple combinaison du nombre 6 : Alexandre ayant été assassiné en l'année 1536, à l'âge de 26 ans, le 6 du mois de janvier, à 6 heures de la nuit, de 6 blessures, après avoir régné 6 ans.

Cependant la journée du dimanche matin était arrivée; et vers le midi, Giomo et le Hongrois, voyant que le duc ne reparaissait pas, commencèrent à prendre une sérieuse inquiétude : et, courant chez le cardinal Cibo, ils lui dirent quel soupçon les amenait devant lui, et lui racontèrent tout ce qu'ils savaient. Aussitôt le cardinal envoya chez l'évêque, pour lui faire demander, sans lui dire encore dans quel but il faisait cette question, si personne n'était sorti de la ville pendant la nuit; et l'évêque ayant répondu que Lorenzo de Médicis, avec deux de ses familiers, était venu demander des chevaux de poste, et avait pris la route de Bologne, le cardinal ne douta plus du meurtre. Mais, se trouvant isolé et presque sans soldats, dans une ville où le duc était généralement détesté, il craignit quelque émeute; et, quoique le peuple fût désarmé, il connaissait tellement l'esprit public, qu'il pensa que, si de fermes précautions n'étaient pas prises, ce peuple pourrait bien, rien qu'à coups de pierre, chasser tous ceux qui avaient pris part à la tyrannie d'Alexandre. En conséquence, sans même faire ouvrir la chambre, sans même s'assurer que le duc était bien mort, le cardinal écrivit à Pise, à Lorenzo son frère, de venir le trouver avec le plus d'hommes d'armes qu'il pourrait réunir; à Alexandre Vitelli, qu'il quittât Città di Castello, et qu'il accourût à Florence avec sa garnison; au capitaine qui commandait les bandes du Mugello, qu'il en fît autant avec ses hommes; et enfin à Jacques de Médicis, gouverneur d'Arezzo, qu'il fît bonne garde. Pendant ce temps, et pour tenir les esprits occupés et loin de la vérité, on fit jeter du sable devant le palais; et lorsque, selon l'usage, les courtisans vinrent pour se présenter à son lever, on leur répondit que le duc ayant passé joyeusement toute la nuit à jouer, il dormait encore et avait recommandé qu'on ne le réveillât point, devant la nuit suivante faire une mascarade.

La journée passa ainsi sans qu'on se doutât de rien; puis, le soir venu, on fit enfin ouvrir la chambre de Lorenzino, et, comme on s'y attendait, le duc fut trouvé mort et dans la même position où les assassins l'avaient laissé, personne n'étant entré dans la chambre. Aussitôt, à la faveur de l'obscurité, on le transporta, roulé dans un tapis, à Saint-Jean, et de là dans la vieille sacristie de Saint-Laurent, où on le laissa. Au reste, pendant la nuit les troupes demandées entrèrent à Florence par différentes portes, de sorte que le lundi au matin le cardinal se trouva en mesure de faire à peu près face à tous les événements.

Il était temps : avec la rapidité ordinaire aux nouvelles terribles, l'annonce de la mort du duc s'était répandue par la ville; mais, tout en y causant une joie que personne ne se donnait la peine de cacher, elle n'y occasionnait aucun mouvement offensif. Il est vrai que cela tenait à une chose : c'est que déjà pareille nouvelle s'était deux fois répandue, produisant semblable joie, et qu'elle avait été démentie; si bien que tous craignaient de se laisser prendre à un piège où d'autres avaient déjà laissé, les uns la liberté et les autres la vie. Mais lorsque le jour commença à baisser et que les citoyens virent que la bienheureuse nouvelle ne se démentait pas, ils s'enhardirent à quitter le pas de leurs portes et à sortir sur les places; et là, se réunissant en groupes plus ou moins animés, chacun se mit à discuter sur la forme de gouvernement qu'on devait substituer à celui qui était tombé avec le duc, et sur celui qui était le plus digne d'être nommé gonfalonier, soit à temps, soit à vie; puis venaient les noms de ceux qui devaient être récompensés ou punis, selon qu'ils étaient restés fidèles à la république ou qu'ils avaient trahi la liberté. Et comme tous bavardaient ainsi, les frères dominicains de Saint-Marc vinrent se mêler au peuple, disant que les temps prédits par le bienheureux martyr Savonarola étaient arrivés, et que maintenant on pouvait reconnaître si ses prophéties étaient vraies ou fausses; et que Florence allait enfin recouvrer sa vieille et sainte liberté, et tous ces biens, toutes ces félicités et toutes ces grâces qui avaient été prédits par sa bouche à la ville bien-aimée de Dieu : et il y en avait beaucoup qui avaient réellement foi en ces paroles, et beaucoup qui n'y croyaient pas, mais qui feignaient d'y croire.

Tout cela se disait et se faisait tandis que les Quarante-Huit, appelés par les massiers, se réunissaient au palais Médicis, appelé aujourd'hui palais Riccardi, chez le cardinal Cibo, pour aviser à ce qu'on allait faire : mais ceux-là aussi, qui avaient vu l'agitation du peuple, et qui partageaient ses espérances, ses craintes et ses passions, si ce n'eût été la peur des émigrés qui étaient hors de la ville, et la peur du peuple qui était dedans, ne se seraient peut-être jamais accordés à rien, tant les vœux de chacun étaient différents. Enfin l'un d'eux, Dominique Canigiani, demanda la parole, obtint le silence, et demanda, au lieu du duc Alexandre, d'élire son fils naturel Jules. Mais, à cette proposition, chacun se mit à rire; car celui que l'on proposait n'avait que cinq ans, et c'était trop ostensiblement remettre, non pas la tutelle, mais la toute-puissance aux mains du cardinal : aussi chacun se mit-il à rire en secouant la tête, si

bien que le cardinal, voyant le mauvais effet qu'avait produit cette ouverture, fut le premier à la retirer; alors un autre se leva, qui proposa le jeune Côme de Médicis, le même dont nous avons constaté la naissance en l'année 1519, et qui, pour lors, se trouvait avoir dix-sept ans; et à cette proposition chacun cessa de rire, et regarda son voisin en faisant de la tête un signe approbatif, qui voulait dire que c'était peut-être ce qu'il y avait de mieux à faire, d'autant plus qu'à la sympathie se réunissait le droit, puisqu'après Lorenzo, qui avait pris la fuite, c'était Côme qui était le plus proche parent du duc Alexandre, et par conséquent l'héritier du principat. Mais alors Palla Rucellai, qui avait vu avec quelle faveur le nom de Côme avait été accueilli, et qui avait à proposer celui de Philippe Strozzi, dont il était le partisan, n'osa point exposer son patron à la lutte, mais s'opposa de toute sa force à ce qu'on allât plus avant dans la délibération, tant qu'un si grand nombre d'illustres bannis étaient absents; mais cette espèce d'amendement fut repoussé à la fois par François Guicciardini et François Vettori; néanmoins Palla Rucellai tint bon, et fit si bien, que la séance se termina sans qu'on eût rien décidé, sinon qu'on remettait pour trois jours l'autorité entre les mains du cardinal.

Mais ce mezzo-termine, qui ne remédiait à rien, qui n'allait au-devant de rien, et qui laissait toutes choses en suspens, ne satisfit personne, et le peuple donna hautement des marques de son mécontentement; car, chaque fois que passaient devant les boutiques quelques-uns de ceux qui avaient pris part à cette délibération, les ouvriers frappaient avec leurs instruments sur leurs tables, leurs établis ou leurs enclumes, disant à haute voix : « Si vous ne savez pas, si vous ne voulez pas ou si vous ne pouvez pas faire la besogne publique, appelez-nous, nous autres, et nous la ferons. »

Et d'un bout à l'autre de la ville on était dans cette agitation, depuis si longtemps inconnue à Florence, lorsque tout à coup on entendit de grands cris de joie, et que chacun se précipita vers la porte San Gallo, au-devant d'un beau jeune homme qui s'avançait à cheval, à la tête d'une nombreuse compagnie, avec une majesté si royale, qu'il semblait, dit Varchi, bien plutôt mériter l'empire que le désirer. Le jeune homme, c'était Côme de Médicis, qui, averti par ses amis à son palais de Trebbio, où il était, venait jeter dans la balance, où l'on pesait à cette heure les affaires publiques, le poids de sa présence et de sa popularité.

C'est qu'en effet Côme était merveilleusement aimé, aimé pour lui, aimé pour son aïeul ; car son aïeul était Laurent, fils d'Avérard et frère de Côme, Père de la patrie, et son père était le fameux capitaine Jean de Médicis. Voici en deux mots ce qu'était cet illustre condottiere.

C'était le fils d'un autre Jean de Médicis et de Catherine, fille de Galéas, duc de Milan : son père mourut jeune ; et sa mère, restée veuve dans ses belles années, changea son nom de baptême, qui était Louis, en celui de Jean, afin de faire, autant qu'il était en elle, revivre dans son fils son époux mort. Bientôt elle eut de telles craintes pour ce fils si cher, et il y avait de si grands intérêts à ce que la branche dont il était le seul rejeton ne s'éteignît pas, que, pour le sauver du danger qui le menaçait, elle le revêtit d'habits de fille et le cacha dans le monastère d'Annalena. Ainsi avait fait Thétis pour son fils Achille ; mais ni la déesse ni la femme ne purent tromper le destin : les deux enfants étaient destinés à devenir des héros et à mourir jeunes.

Lorsque l'enfant eut douze ans, il fut impossible de le laisser plus longtemps chez ses jeunes compagnes : chaque parole, chaque geste trahissait le mensonge de ses habits ; il rentra donc dans la maison maternelle, et commença bientôt ses premières armes en Lombardie, où il acquit de bonne heure le surnom d'invincible. Peu de temps après, il fut créé capitaine de la république, à propos des mouvements faits entre le duc d'Urbin et Malatesta Baglioni ; enfin il venait de retourner en Lombardie comme capitaine de la Ligue pour le roi de France, lorsqu'en s'approchant de Borgoforte il fut blessé au-dessus du genou par un coup de fauconneau à l'endroit même où il avait déjà reçu une autre blessure à Pavie. La plaie était si grave qu'il fallut lui couper la cuisse : et comme c'était la nuit, Jean ne voulut pas qu'aucun autre que lui tînt la torche pour éclairer les chirurgiens, et il la tint jusqu'à la fin de l'amputation, sans qu'une seule fois, pendant sa durée, sa main tremblât assez fort pour faire vaciller la flamme. Mais, soit que la blessure fût mortelle, soit que l'opération eût été mal faite, le surlendemain Jean de Médicis expira à l'âge de vingt-neuf ans.

Cette mort fut une grande joie pour les Allemands et les Espagnols, dont il était la terreur. Jusqu'à lui, dit Guicciardini, l'infanterie italienne était nulle et ignorée ; ce fut lui qui l'organisa et la rendit célèbre : aussi aimait-il tant cette troupe, qui était sa fille, qu'il lui abandonnait toujours sa part du butin, ne se réservant jamais que sa part de gloire ; et, de leur côté, ses soldats l'aimaient si tendrement, qu'ils ne l'appelaient jamais que leur maître et leur père. Si bien qu'à sa mort ils prirent tous le deuil, et déclarèrent qu'ils ne quitteraient jamais cette couleur : serment qu'ils tinrent avec une telle fidélité, que Jean de Médicis fut, à partir de cette époque, appelé Jean des Bandes Noires ; surnom sous lequel il est plus connu que sous le nom paternel.

Tels étaient les antécédents avec lesquels Côme se présentait à la succession d'Alexandre : aussi avait-il été reçu, comme nous l'avons dit, avec de grandes démonstrations de joie ; et le peuple, parmi lequel était mêlée une foule de vieux soldats qui avaient servi sous Jean des Bandes Noires, l'accompagna-t-il jusqu'au palais de sa mère, joyeux et pleurant tout à la fois, criant : « Vive Côme, et vive Jean! vive le père, et vive le fils ! »

Le lendemain du jour où Côme avait fait son entrée dans la ville, c'est-à-dire le mardi, le cardinal lui fit dire qu'il l'attendait au palais. Mais alors sa mère, dont il était le fils unique, et qui avait perdu son mari si jeune, voyant tant de peuple et entendant tant de cris, commença, quoiqu'elle fût d'un grand et noble cœur, à prier son fils de rester près d'elle ; mais Côme l'interrompit aussitôt en lui disant : « Plus la fortune de ce malheureux pays est tombée bas, plus les périls que je cours sont grands, plus franchement je dois me dévouer à lui, et m'exposer à eux ; et je le fais d'autant plus volontiers, que je me rappelle en ce moment d'avoir eu pour père monseigneur Jean, à qui le danger, si grand qu'il fût, n'a jamais fait baisser les yeux, ni faire un pas en arrière, et pour mère la fille de Jacques Salviati et de madame Lucrèce de Médicis, qui m'a toujours dit que, tant que je craindrais et que j'honorerais Dieu, je n'avais pas autre chose à craindre. » Et, à ces mots, il embrassa sa mère et sortit à pied ; mais à peine eut-il mis le pied dans la rue, qu'il fut entouré par le peuple, soulevé dans les bras et porté en triomphe au palais.

Il y trouva le cardinal, qui, aussitôt qu'il l'eut aperçu, le tira à part, et, le conduisant dans l'embrasure d'une fenêtre, l'accueillit avec force bonnes paroles et lui demanda si, dans le cas

Enfin il trouva la gorge d'Alexandre. — Page 29.

où il serait élu duc, il observerait quatre choses,
qui étaient :

1° De rendre indifféremment la justice, et aux
riches comme aux pauvres ;

2° De ne jamais consentir à relever l'autorité
de Charles-Quint ;

3° De venger la mort du duc Alexandre ;

4° De bien traiter le seigneur Jules et la signora Julia ; ses enfants naturels.

Côme répondit que les quatre choses étaient
justes, et que par conséquent il s'engageait sur
l'honneur à les observer. Alors le cardinal entra
dans la salle du conseil en disant ces deux vers
de Virgile, dont le premier devint plus tard la
devise de Côme :

> . . . . Primo avulso, non deficit alter
> Aureus ; et simili frondescit virga metallo.
> Æn., lib. VI.

L'allusion était visible ; aussi une imposante
majorité l'accueillit-elle par ses applaudissements, et, à l'instant même, les conditions suivantes furent arrêtées :

1° Que le seigneur Côme, fils du seigneur

Jean de Médicis, était élu, non pas comme duc, mais comme chef et gouverneur de la république;

2° Que le seigneur Côme devait, quand il sortirait de la ville, laisser à sa place un lieutenant, et que ce lieutenant serait toujours Florentin et jamais étranger;

3° Qu'il serait payé au seigneur Côme, à titre de traitement, comme chef et gouverneur de la république, la somme de douze mille florins d'or, sans que jamais cette somme pût s'élever plus haut.

En outre, **huit** citoyens furent élus pour former un conseil avec lequel Côme aurait à débattre les affaires de l'État.

Ces huit citoyens furent : messire François Guicciardini, messire Mathieu Niccolini, messire Robert Acciaiuoli, Mathieu Strozzi, François Vettori, Julien Capponi, Jacques Gianfighazzi et Raphaël de Médicis.

Côme accepta les conditions avec humilité, et le peuple accepta Côme avec enthousiasme.

Puis, le **28** de février **1537**, arriva un privilége de l'empereur Charles V, qui disait que le principat de la ville de Florence appartenait au seigneur Côme, en sa qualité de fils de Jean de Médicis, et à ses successeurs descendant légitimement de lui, attendu qu'il était l'héritier le plus proche du feu duc Alexandre.

Voilà comment cessa de régner la branche aînée des Médicis, et comment monta sur le trône la branche cadette.

BRANCHE CADETTE

COME Ier.

l arriva pour Côme ce qui arrive pour tous les hommes de génie qu'une révolution porte au pouvoir : sur le premier degré du trône, ils reçoivent des conditions ; sur le dernier, ils en imposent.

La position était difficile, il fallait lutter à la fois contre les ennemis du dedans et les ennemis du dehors, il fallait substituer un gouvernement ferme, un pouvoir unitaire et une volonté durable à tous ces gouvernements flasques ou tyranniques, à tous ces pouvoirs opposés l'un à l'autre, et par conséquent destructifs l'un de l'autre, et à toutes ces volontés qui, tantôt parties d'en haut, tantôt parties d'en bas, faisaient un flux et un reflux éternel d'aristocratie ou de démocratie, sur lequel il était impossible de rien fonder de solide ou de durable ; et cependant, avec tout cela, il fallait ménager les libertés de tout ce peuple, afin que ni nobles, ni citoyens, ni artisans, ne sentissent le maître : il fallait gouverner enfin ce cheval encore indocile à la tyrannie avec une main de fer dans un gant de soie.

Côme était bien de tout point l'homme qu'il fallait pour mener à bout une telle œuvre : dissimulé comme Louis XI, passionné comme Henri VIII, brave comme François Ier, persévérant comme Charles V, magnifique comme Léon X, il avait tous les vices qui font la vie privée sombre, et toutes les vertus qui font la vie publique éclatante. Aussi sa famille fut-elle malheureuse et son peuple heureux.

Voici pour le côté sombre : — Côme avait cinq fils et quatre filles.

Les fils étaient François, qui régna après lui ; Ferdinand, qui régna après François ; don Pierre, Jean et Garcias. Je ne parle pas d'un autre Pierre, qui ne vécut qu'un an.

Les quatre filles étaient Marie, Lucrèce, Isabelle et Virginie.

Disons rapidement comment la mort se mit dans cette riche lignée, où elle entra comme dans la famille primitive : par un fratricide.

Jean et Garcias chassaient dans les Maremmes ; Jean, qui n'avait que dix-neuf ans, était déjà cardinal ; Garcias n'était encore rien que le favori de sa mère, Éléonore de Tolède. Le reste de la cour était à Pise, où Côme, qui avait institué un mois auparavant l'ordre de Saint-Étienne, était venu se faire reconnaître grand maître.

Les deux frères, qui depuis longtemps gardaient l'un contre l'autre une certaine inimitié (Garcias contre Jean, parce que Jean était le bien-aimé de son père ; Jean contre Garcias, parce que Garcias était le bien-aimé de sa mère), se prirent de dispute à propos d'un chevreuil que chacun des deux prétendit avoir tué. Au milieu de la discussion, Garcias tira son couteau de chasse et en porta un coup à son frère ; Jean, blessé à la cuisse, tomba en appelant au secours. Les gens de la suite des deux princes arrivèrent, trouvèrent Jean tout seul et baigné dans son sang, le transportèrent à Livourne, et firent prévenir le grand-duc de l'accident qui venait d'arriver. Il accourut à Livourne, pansa lui-même son fils, car le grand-duc avait des connaissances médicales ; mais, malgré ces soins paternels, Jean expira dans les bras de son père, le 26 novembre 1562, cinq jours après celui où il avait été blessé.

Côme revint à Pise : à voir ce masque de bronze dont il avait l'habitude de recouvrir son visage, on eût dit que rien ne s'était passé. Garcias l'y avait précédé, et s'était réfugié dans l'appartement de sa mère, où elle le tenait caché : cependant, au bout de quelques jours, voyant que Côme ne parlait pas plus de son fils mort que s'il n'avait jamais existé, elle encouragea le meurtrier à aller se jeter aux genoux de son père et à lui demander pardon. Mais le jeune homme tremblait de tous ses membres à la seule idée de se trouver en face de son juge ; pour le rassurer, sa mère l'accompagna. Côme était assis et pensif dans un des appartements les plus reculés de son palais.

Le fils et la mère entrèrent : Côme se leva à leur vue; aussitôt le fils courut à ses pieds, embrassant ses genoux, pleurant et demandant pardon. La mère resta à la porte, étendant les bras vers son mari : Côme avait la main enfoncée dans son pourpoint, il en tira un poignard qu'il avait l'habitude de porter sur sa poitrine, et en frappa don Garcias en disant : « Je ne veux pas de Caïn dans ma famille. » La pauvre mère avait vu briller la lame, et elle s'était élancée vers Côme; mais, à moitié du chemin, elle reçut dans ses bras son fils, qui, blessé à mort, s'était relevé en chancelant et en criant : « Ma mère! ma mère! » Le même jour, 6 décembre 1562, don Garcias expira.

Et à compter de l'instant où il était trépassé, Éléonore de Tolède se coucha près de son fils, ferma les yeux, et ne voulut plus les rouvrir; huit jours après, elle expira elle-même, les uns disent de sa seule douleur, les autres de faim.

Les trois cadavres rentrèrent nuitamment et sans pompe dans la ville de Florence; et l'on dit que les deux fils et la mère avaient été emportés tous trois par le mauvais air des Maremmes.

Le nom d'Éléonore de Tolède était un nom qui portait malheur : la fille de don Garcias, parrain de cette autre Éléonore de Tolède dont nous venons de raconter la mort, était venue toute jeune à la cour de sa tante, et là elle avait fleuri, au soleil de Toscane, comme une de ces belles fleurs qui ont donné leur nom à Florence; on disait tout bas à la cour que le grand-duc Côme s'était pris d'un violent amour pour elle, et, comme on connaissait les amours de Côme, on ajoutait qu'il avait séduit par l'or ou effrayé par les menaces les domestiques de la jeune princesse, avait pénétré dans sa chambre, et n'en était sorti que le lendemain matin; puis, que les nuits suivantes il était revenu, et que le commerce adultère avait fini par faire un tel bruit, qu'il avait marié sa jeune et belle maîtresse à son fils Pierre. Ce qu'il y avait de plus sûr dans tout cela, c'est qu'au moment où on s'y attendait le moins, et sans que don Pierre eût même été consulté, l'union avait été décidée et le mariage avait eu lieu.

Mais, soit l'effet des bruits étranges qui avaient couru sur le compte de sa femme, soit que le plaisir que don Pierre éprouvait dans la compagnie des beaux jeunes gens l'emportât sur les sentiments d'amour que pouvait lui inspirer une belle femme, les nouveaux époux étaient tristes et vivaient à peu près séparés. Éléonore était jeune, elle était belle, elle était de ce sang espagnol qui brûle jusqu'au pied des autels les veines dans lesquelles il coule, si bien que, délaissée par son mari, elle se prit d'amour pour un jeune homme florentin nommé Alexandre, lequel était fils d'un célèbre capitaine nommé François Gagi; mais ce premier amour n'eut pas d'autre suite : le jeune homme, prévenu que sa passion était connue du mari de celle qu'il aimait, et pouvait causer à la belle Éléonore de grandes douleurs, se retira dans un couvent de capucins, et étouffa ou du moins cacha son amour sous un cilice, et, tandis qu'il priait pour Éléonore, Éléonore l'oublia.

Celui qui le lui fit oublier, en lui succédant, était un jeune chevalier de Saint-Étienne, qui, plus indiscret que le pauvre Alexandre, ne laissa bientôt plus aucun doute à toute la ville qu'il ne fût aimé; aussi, peut-être, plus encore pour cet amour que pour la mort de François Ginori, qu'il venait de tuer en duel entre le palais Strozzi et la Porte-Rouge, avait-il été exilé à l'île d'Elbe : mais l'exil n'avait point tué l'amour, et, ne pouvant plus se voir, les deux amants s'écrivaient; une lettre tomba entre les mains du grand-duc François, l'amant fut ramené secrètement de l'île d'Elbe dans la prison de Bargello; la nuit même de son arrivée, on fit entrer dans sa prison un confesseur et un bourreau; puis, lorsque le confesseur eut fini, le bourreau l'étrangla. Le lendemain Éléonore apprit de la bouche même de son beau-frère l'exécution de son amant.

Elle le pleurait depuis onze jours, tremblante pour elle-même, lorsqu'elle reçut le 10 juillet l'ordre de se rendre au palais de Cafaggiolo, que depuis plusieurs mois son mari habitait : dès lors, elle se douta que tout était fini pour elle; mais elle ne résolut pas moins d'obéir, car elle ne savait ni où ni de qui obtenir un refuge; elle demanda jusqu'au lendemain, voilà tout; puis elle alla s'asseoir près du berceau de son fils Côme, et passa la nuit à pleurer et à soupirer, couchée sur son enfant.

Les préparatifs du départ occupèrent une partie de la journée, de sorte qu'Éléonore ne partit que vers les trois heures de l'après-midi; et encore (comme instinctivement à chaque minute elle retenait les chevaux) n'arriva-t-elle qu'à la nuit tombante à Cafaggiolo : à son grand étonnement, la maison était déserte.

Je ne veux pas de Caïn dans ma famille. — Page 36.

Le cocher détela ses chevaux; et, tandis que les valets et les femmes qui l'avaient accompagnée enlevaient les paquets de la voiture, Eléonore de Tolède entra seule dans la belle villa, qui (privée de toute lumière) lui semblait à cette heure triste et sombre comme un tombeau. Elle monta l'escalier silencieuse comme une ombre, et toute tremblante elle s'avança (toutes portes ouvertes devant elle) vers sa chambre à coucher; mais, en arrivant sur le seuil, elle vit de derrière la portière sortir un bras et un poignard; elle se sentit frappée,

poussa un cri, et tomba : elle était morte. Don Pierre, ne s'en rapportant à personne du soin de sa vengeance, l'avait assassinée lui-même.

Alors, la voyant étendue dans son sang et immobile, il sortit du rideau, qui retomba derrière lui; regarda attentivement celle qu'il venait de frapper, et, voyant qu'elle était déjà expirée, tant le coup avait été donné d'une main sûre et habile, il se mit à genoux près du cadavre, leva ses mains sanglantes au ciel, demanda pardon à Dieu du crime qu'il venait de commettre, et jura en expiation de ne jamais se remarier : étrange

serment! que, si l'on croit les bruits scanda-
leux de l'époque, sa répugnance pour les femmes
lui permettait de tenir plus facilement que tout
autre.

Puis le bourreau devint ensevelisseur : il mit
dans un cercueil tout préparé le corps dont il
venait de chasser l'âme, ferma la bière, et l'ex-
pédia à Florence, où elle fut enterrée la même
nuit et en secret dans l'église de Saint-Laurent.

Au reste, don Pierre ne tint pas même son
serment : il épousa, en 1593, Béatrix de Menes-
ser; il est vrai que c'était dix-sept ans après l'assassinat d'Éléonore, et que Pierre de Médicis,
avec son caractère, devait avoir oublié non-seulement le serment fait, mais la cause qui le lui
avait fait faire.

Laissons les hommes auxquels l'empoisonne-
ment de François et de Bianca Cappello nous
forcera de revenir plus tard, et passons aux
femmes.

Marie était l'aînée : c'était, à dix-sept ans,
comme le dit Shakspeare de Juliette, une des
plus belles fleurs du printemps de Florence. Le
jeune Malatesti, page du grand-duc Côme, en
devint amoureux; la pauvre enfant, de son côté,
l'aima de ce premier amour qui ne sait rien refuser : un vieil Espagnol surprit les deux amants
dans un tête-à-tête, et rapporta à Côme ce qu'il
avait vu.

Marie mourut empoisonnée à l'âge de dix-
sept ans; Malatesti fut jeté en prison, et, étant
parvenu à s'échapper au bout de dix ou douze
ans, gagna l'île de Candie, où son père commandait pour les Vénitiens : deux mois après,
on le trouva un matin assassiné au coin d'une
rue.

Lucrèce était la seconde : elle avait dix-neuf
ans lorsqu'elle épousa le duc de Ferrare; un jour
arriva à la cour de Toscane un courrier annonçant que la jeune princesse était morte subite-
ment. On dit, à la cour, qu'elle avait été enlevée
par une fièvre putride; on dit, dans le peuple,
que son mari l'avait assassinée dans un moment
de jalousie.

Isabelle était la troisième : celle-là était la
bien-aimée de son père.

Un jour que Georges Vasari, caché par son
échafaudage, peignait le plafond d'une des salles
du Palais-Vieux, il vit entrer Isabelle dans cette
salle : c'était vers le midi, l'air était ardent;
ignorant que quelqu'un se trouvait dans la même
pièce qu'elle, elle tira les rideaux, se coucha
sur un divan et s'endormit. Côme entra à son

tour, et aperçut sa fille; bientôt Isabelle jeta un
cri : mais à ce cri Vasari ne vit plus rien, car, à
son tour, il ferma les yeux et fit semblant de dormir.

En ouvrant les rideaux, Côme se rappela que
cette salle devait être celle où peignait Vasari : il
leva les yeux au plafond, et vit l'échafaudage;
une idée lui vint. Il monta doucement à l'échelle;
arrivé à la plate-forme, il trouva Vasari, qui, le
nez tourné au mur, dormait dans un coin de
son échafaudage; il marcha vers lui, tira son
poignard, et le lui approcha lentement de la poitrine pour s'assurer s'il dormait réellement ou
s'il feignait de dormir. Vasari ne fit pas un
mouvement, sa respiration resta calme et égale;
et Côme, convaincu que son peintre favori dormait, remit son poignard au fourreau, et descendit de l'échafaudage.

A l'heure où il avait l'habitude de sortir, Vasari sortit, et revint le lendemain à l'heure à
laquelle il avait l'habitude de venir : ce sang-
froid le sauva; s'il s'était enfui, il était perdu;
partout où il eût fui le poignard ou le poison des
Médicis fût allé le chercher.

Cela se passait vers l'année 1557.

L'année d'ensuite, comme Isabelle avait seize
ans, il fallut songer à la marier; parmi les pré-
tendants à sa main, Côme fit choix de Paul
Giordano Orsini, duc de Bracciano : mais une
des conditions du mariage fut, dit-on, qu'Isabelle continuerait de demeurer en Toscane au
moins six mois de l'année.

Le mariage, contre toute attente, fut visible-
ment froid et contraint : on ne savait comment
expliquer cette étrange indifférence d'un jeune
mari envers une femme jeune et belle; mais enfin, quelle qu'en fût la cause, cette répugnance
existait, et Paul Giordano Orsini se tenait la
plus grande partie de l'année à Rome, laissant
(quelles que fussent ses plaintes) sa femme rester de son côté à la cour de Toscane. Jeune,
belle, passionnée, au milieu d'une des cours les
plus galantes du monde, Isabelle ne tarda point
à faire oublier, sous des accusations nouvelles,
la vieille accusation qui l'avait tachée. Cependant Paul Giordano Orsini se taisait, car Côme
vivait toujours; et tant que Côme était vivant, il
n'eût point osé se venger de sa fille : mais Côme
mourut en 1574.

Paul Giordano Orsini avait laissé en quelque
sorte sa femme sous la garde d'un de ses proches
parents nommé Troïlo Orsini, et depuis quelque
temps ce gardien de son honneur lui écrivait

qu'Isabelle menait une conduite régulière et telle qu'il la pouvait désirer; de sorte qu'il avait presque rènoncé à ses projets de vengeance, lorsque, dans une querelle particulière, et sans témoins, Troilo Orsini tua d'un coup de poignard Lelio Torello, page du grand-duc François : ce qui le força de fuir.

Alors on sut pourquoi Troilo avait tué Lelio; ils étaient tous deux amants d'Isabelle, et Troilo voulait être seul. Paul Giordano Orsini apprit à la fois la double trahison de son parent et de sa femme : il partit aussitôt pour Florence, et y arriva comme Isabelle (qui craignait le sort de sa belle-sœur Éléonore de Tolède, assassinée il y avait cinq jours) se préparait à quitter la Toscane, et à s'enfuir près de Catherine de Médicis, reine de France; mais cette apparition inattendue l'arrêta court au milieu de ses dispositions.

Cependant, à la première vue, Isabelle se rassura : son mari paraissait revenir à elle plutôt comme un coupable que comme un juge; il lui dit qu'il avait compris que tous les torts étaient de son côté, et que, désireux de vivre désormais d'une vie plus heureuse et plus régulière, il venait lui proposer d'oublier les torts qu'il avait eus, comme de son côté il oublierait ceux qu'elle avait pu avoir. Le marché, dans la situation où Isabelle se trouvait, était trop avantageux pour qu'elle n'acceptât point; cependant il n'y eut pour ce jour aucun rapprochement entre les deux époux.

Le lendemain, 16 juillet 1576, Orsini invita sa femme à une grande chasse qu'il devait faire à sa villa di Cerreto : Isabelle accepta, et y arriva le soir avec ses femmes; à peine entrée, elle vit venir à elle son mari conduisant en laisse deux magnifiques lévriers qu'il la pria d'accepter, et dont il l'invita à faire usage le lendemain, puis on se mit à table.

Au souper, Orsini fut plus gai qu'on ne l'avait jamais vu, accablant sa femme de prévenances et de petits soins, comme un amant aurait pu le faire pour sa maîtresse; si bien que, quelque habituée qu'elle fût à voir autour d'elle des cœurs dissimulés, Isabelle y fut presque trompée. Cependant, lorsque après le souper son mari l'eut invitée à passer dans sa chambre, et, lui donnant l'exemple, l'y eut précédée, elle se sentit instinctivement frissonner et pâlir, et, se retournant vers la Frescobaldi, sa première dame d'honneur : « Madame Lucrèce (lui demanda-t-elle), irai-je ou n'irai-je pas? » Cependant, à la voix de son mari, qui, revenant sur le seuil, lui demandait

en riant si elle ne voulait pas revenir, elle reprit courage, et le suivit.

Entrée dans la chambre, elle n'y trouva aucun changement; son mari avait toujours le même visage, et le tête-à-tête parut même augmenter sa tendresse. Isabelle, trompée, s'y abandonna, et lorsqu'elle fut dans une situation à ne pouvoir plus se défendre, Orsini tira de dessous l'oreiller une corde toute préparée, la passa autour du cou d'Isabelle, et, changeant tout à coup ses embrassements en une étreinte mortelle, il l'étrangla, malgré ses efforts pour se défendre, sans qu'elle eût eu le temps de jeter un cri.

Ce fut ainsi que mourut Isabelle.

Reste Virginie : celle-là fut mariée à César d'Est, duc de Modène; voilà tout ce qu'on sait d'elle. Sans doute elle eut un meilleur sort que ses trois sœurs; l'histoire n'oublie que les heureux.

Voilà le côté sombre de la vie de Côme : maintenant, voici le côté brillant.

Côme était un des hommes les plus savants de l'époque; entre autres choses, dit Baccio Baldini, il connaissait une grande quantité de plantes, savait les lieux où elles naissaient, où elles vivaient plus longtemps, où elles avaient le plus de goût, où elles ouvraient les plus belles fleurs, où elles portaient les plus beaux fruits, et quelle était la vertu de ces fleurs ou de ces fruits pour guérir les maladies ou les blessures des hommes et des animaux : puis, comme il était excellent chimiste, il en faisait des eaux, des essences, des huiles, des médicaments, des baumes, qu'il donnait à ceux qui lui en demandaient, qu'ils fussent riches ou pauvres, qu'ils fussent sujets toscans ou citoyens étrangers, qu'ils habitassent Florence ou toute autre partie de l'Europe.

Côme aimait et protégeait les lettres : en 1541, il fonda l'Académie florentine, qu'il nommait son académie très-chère et très-heureuse; on devait y lire et commenter Dante et Pétrarque; ses séances se tenaient d'abord au palais Via-Larga; puis, pour qu'elle fût plus libre et plus à l'aise, il lui donna la grande salle du Conseil au Palais-Vieux, qui, depuis la chute de la république, était devenue inutile.

L'université de Pise, déjà protégée par Laurent de Médicis, avait brillé alors d'un certain éclat, mais, abandonnée par les successeurs du Magnifique, elle était fermée : Côme la fit rouvrir, lui accorda de grands priviléges pour assurer son

Il se mit à genoux près du cadavre et demanda pardon à Dieu du crime qu'il venait
de commettre. — Page 37.

existence, et y adjoignit un collége, dans lequel il voulut que quarante jeunes gens pauvres, mais ayant des dispositions, fussent élevés à ses propres frais.

Il fit mettre en ordre, et livrer aux savants, tous les manuscrits et tous les livres de la bibliothèque Laurenziana que le pape Clément XII avait commencé de réunir.

Il assura, par un fonds destiné à son entretien, l'existence de l'université de Florence et de celle de Sienne.

Il ouvrit une imprimerie, fit venir d'Allemagne Laurent Torrentino, et fit exécuter les plus belles éditions, qui portent le nom de ce célèbre typographe.

Il accueillit Paul Jove, qui était errant, et Scipion Ammirato (l'Ancien), qui était proscrit : et le premier étant mort à sa cour, il lui fit élever un tombeau avec sa statue.

Il voulait que chacun écrivît librement, selon son goût, son opinion et sa capacité, et il encouragea à faire ainsi Benoît Varchi, Philippe de Nerli, Vincent Borghini, et tant d'autres, que des seuls volumes qui lui furent dédiés par la reconnaissance des historiens, des poëtes, ou des savants contemporains, l'on pourrait fonder une bibliothèque.

Enfin il obtint que le *Décameron* de Boccace, défendu par le concile de Trente, fût revisé par Pie V, qui mourut en le revisant, et par Grégoire XIII, qui lui succéda : la belle édition de 1573 est le résultat de la censure pontificale; il poursuivait la même restitution pour les œuvres de Machiavel, lorsqu'il mourut avant de l'avoir obtenue.

Côme était artiste; ce ne fut pas sa faute s'il arriva au moment où les grands hommes s'en allaient : de toute cette brillante pléiade qui avait éclairé les règnes de Jules II et de Léon X, il ne restait plus que Michel-Ange. Côme fit tout ce qu'il put pour l'avoir, il lui envoya un cardinal en ambassade, lui offrit une somme d'argent qu'il fixerait lui-même, le titre de sénateur, et une charge à son choix; mais Paul III le tenait, et ne le voulut point céder : alors, au défaut du géant florentin, il rassembla tout ce qu'il put trouver de mieux; l'Ammanato, son ingénieur, lui bâtit (sur les dessins de Michel-Ange) le beau pont de la Trinité, et lui tailla le Neptune en marbre de la place du Grand-Duc.

Il fit faire à Baccio Bandinelli l'Hercule, le Cacus, la statue du pape Léon X, la statue du pape Clément VII, la statue du duc Alexandre, la statue de Jean de Médicis son père, sa propre statue à lui-même, la loge du Marché-Neuf, et le chœur du Dôme.

Il rappela de France Benvenuto Cellini, pour lui fondre son Persée en bronze, pour lui tailler des coupes d'agate, et pour lui graver des médailles d'or : et comme on avait retrouvé dans les environs d'Arezzo (dit Benvenuto dans ses mémoires) une foule de petites figures de bronze auxquelles il manquait, à celle-ci la tête, à celle-là les mains, et aux autres les pieds, Côme les nettoyait lui-même, et en faisait tomber la rouille avec précaution, pour qu'elles ne fussent pas endommagées; si bien qu'un jour Benvenuto Cellini, entrant pour lui faire visite, le trouva avec des marteaux et des ciseaux : après avoir donné le marteau à Cellini, il lui ordonna de frapper, tandis qu'il conduisait le ciseau lui-même; et ainsi ils n'avaient plus l'air, l'un d'un souverain, l'autre d'un artiste, mais tout simplement de deux ouvriers orfévres qui travaillaient au même établi.

A force de recherches chimiques il retrouva avec François Ferrucci, de Fiésole, l'art de tailler le porphyre, perdu depuis les Romains, et il en profita à l'instant pour faire tailler la belle vasque du palais Pitti, et la statue de la Justice, qu'il dressa sur la place Sainte-Trinité, au haut de la colonne de granit qui lui avait été donnée par le pape Pie IV, et à l'endroit même où il apprit la victoire que ses capitaines venaient de remporter sur Pierre Strozzi.

Il accueillit et employa Jean de Boulogne, qui fit pour lui le Mercure et l'Enlèvement des Sabines, puis devint l'architecte de son fils François.

Il fit élever Bernard Buontalenti, qu'il donna ensuite pour maître de dessin au jeune grand-duc.

Il donna à l'architecte Tribolo la direction des bâtisses et des jardins de Castello.

Il acheta le palais Pitti, auquel il laissa son nom, et dont il fit faire la belle cour.

Il fit venir Georges Vasari, architecte, peintre et historien, et commanda à l'historien une histoire de l'art, donna au peintre le Palais-Vieux à peindre, et ordonna à l'architecte le corridor qui joint le palais Pitti au Palais-Vieux, et la fameuse GALERIE DES OFFICES dont nous allons publier aujourd'hui l'illustration, et qui (ainsi que l'indique son nom) fut d'abord destinée à réunir en une seule résidence les différents tribunaux des magistrats, qui étaient épars dans toute la ville : cette bâtisse plut tant à Pignatelli, lorsqu'il n'était encore que nonce à Florence, que (devenu pape sous le nom d'Innocent XII) il fit faire sur le même modèle la Curia-Innocenziana de Rome.

Enfin il plaça dans le palais de Via-Larga, dans le Palais-Vieux et dans le palais Pitti, tous les tableaux qu'il put réunir, toutes les statues, toutes les médailles, antiques et modernes, qui avaient été sculptées, frappées ou retrouvées dans des fouilles par Côme l'Ancien, par Laurent le Magnifique, et par Alexandre, et qui deux fois avaient été dispersées et pillées; la première lors du passage de Charles VIII, et la seconde lors de l'assassinat du même duc par Laurenzino : si bien que la louange contemporaine l'emporta sur le blâme de la postérité, et que la partie sombre de la vie du monarque se perdit dans la partie éclatante du protecteur des arts, des sciences et des lettres.

Il est à remarquer que les contemporains de Côme Ier furent Henri VIII, Philippe II, Charles IX, Christian II, Paul III !...

Côme mourut le 21 avril 1574, laissant le trône à son fils François Ier, qu'il avait associé au pouvoir depuis plusieurs années : au reste, il lui avait fait la route facile ; et Louis XIV ne trouva pas le chemin mieux déblayé par Richelieu, que le nouveau grand-duc par l'homme de génie qui venait de mourir à cinquante-quatre ans après un règne de trente-huit.

En effet, les dix premières années du règne de Côme s'étaient passées à calmer ce vieil orage florentin qui soulevait des flots de peuple chaque fois que soufflait le vent de la liberté : l'année même de son avénement, il avait rendu une loi qui ordonnait, sous peine de vingt-cinq florins d'amende, à tout citoyen d'éclairer la nuit le devant de sa maison, et qui défendait, à quiconque n'en avait pas permission expresse, de sortir passé minuit dans les rues de Florence, sous peine d'être dépouillé de tous ses vêtements et d'avoir le poignet coupé.

Une autre loi succéda à celle-ci, laquelle portait défense, en cas d'émeute, à tout citoyen de sortir de sa maison, sous peine d'une amende de cinq cents florins ; en outre, si le contrevenant était tué, sa famille n'avait rien à dire, et toute poursuite judiciaire lui était interdite.

Puis vint une autre loi contre les homicides, loi qui mettait le coupable hors de toutes les autres lois, qui accordait une récompense à qui tuerait celui qui avait tué, et le double à qui le livrerait vivant ; en outre, le meurtrier (eût-il échappé à la mort publique ou à la mort secrète) était condamné, sans amnistie, sans miséricorde, à ne jamais plus rentrer dans sa patrie, à moins qu'il n'eût tué un rebelle ou un banni : ce qui lui rouvrait les portes de Florence.

Ce n'était pas tout que de punir la rébellion ou l'homicide, il fallait les prévenir. Côme divisa la ville (qu'il avait désarmée par une loi précédente) en cinquante quartiers, attacha à chaque quartier deux dénonciateurs en titre, renouvelés tous les ans, et tirés au sort parmi les plus habiles espions : ils n'avaient pas d'appointements fixes, mais recevaient des récompenses proportionnées à la grandeur des services qu'ils rendaient ; puis, en outre, ils étaient exempts de toute contrainte par corps.

Enfin, après la politique, la religion ; après l'obéissance au grand-duc, le respect à Dieu : une loi fut rendue qui condamnait tout blasphémateur à avoir la langue percée avec un clou.

François Ier trouva donc Florence calme, la forteresse de San Miniato la tenait en bride : il trouva les côtes de la Toscane purgées de corsaires turcs et barbaresques ; les chevaliers de l'ordre de Saint-Étienne, institué par son père, les avaient chassés : il trouva les deux places de Livourne et de Portoferraio à l'abri de toute attaque extérieure et intérieure ; Côme les avait fortifiées : enfin il trouva les bannis lassés de leur exil ; car Laurent (leur Brutus) avait été assassiné à Venise par Bebo et Riccio de Volterra, et Philippe Strozzi (leur Caton d'Utique) s'était poignardé dans sa prison, en évoquant avec son sang un vengeur qui ne vint pas.

Quant au commerce florentin, de pauvre et ruiné qu'il était, Côme l'avait fait brillant et riche : en montant sur le trône, il ne trouva dans Florence (si merveilleusement approvisionnée de marchés, de fabriques et de manufactures au temps de Charles VIII) ni fabrique de verres, ni manufacture de cire ; et, lors de son mariage avec Éléonore de Tolède, il fut forcé de commettre à Naples toutes les argenteries nécessaires à l'établissement qu'il voulait avoir : car la patrie de Benvenuto Cellini manquait d'ouvriers pour fondre, et d'artistes pour ciseler. Bien plus, l'art de tisser la laine (cette antique source des richesses florentines) était tombé si bas, que vers la même époque, où toutes les autres choses manquaient, il n'y avait plus que soixante-trois maisons qui fissent ce commerce ; tandis qu'en 1551, c'est-à-dire dix ans après, on en comptait jusqu'à cent trente-six.

Enfin, malgré ces lois si sévères, promulguées vers le commencement de son règne, Côme, en mourant, laissa le peuple plus affectionné qu'il n'avait jamais été, peut-être, à la maison des Médicis ; car, pendant la longue disette de 1550 à 1551, il avait nourri de ses propres deniers, et avec les approvisionnements qu'il avait fait faire, jusqu'à neuf mille pauvres par jour : générosité qui ne l'empêcha point de laisser à son fils six millions et demi de Toscane, c'est-à-dire plus de trente millions de francs, tant en lingots d'or et d'argent qu'en piastres et en florins.

La machine gouvernementale était donc remontée pour de longues années, et François, en arrivant au trône, n'eut à s'occuper que de plaisirs et d'amour : aussi, à part la Camilla Martelli, maîtresse de son père, qu'il fit emprisonner ; sa belle-sœur Éléonore de Tolède, qu'il excita son frère à assassiner ; sa sœur Isabelle, dont il toléra l'étranglement, et Girolami, qu'il fit assassiner en France avec un couteau empoisonné, son règne fut assez tranquille. Un événement inattendu fit de son histoire un long roman.

Un jour que François passait à cheval sur la

place Saint-Marc, une fleur tomba à ses pieds, il leva les yeux et vit, sous une jalousie soulevée, la tête blonde et fraîche d'une jeune fille de dix-sept à dix-huit ans : la tête se retira aussitôt, mais pas si vite cependant que le prince ne fût frappé de sa beauté.

François n'avait lui-même alors que vingt-deux ans : c'est l'âge des amours sympathiques et des passions romanesques ; il ne voulut pas voir dans cette fleur tombée à ses pieds un simple accident du hasard ; il était beau, et (comme il est facile de l'imaginer) passablement gâté par les femmes de la cour : il crut à une avance, et se promit bien d'en profiter si celle qui la lui avait faite en valait la peine.

Le lendemain, à la même heure, le prince repassa au même endroit : cette fois la jalousie était fermée, mais il lui sembla voir briller au travers les beaux yeux noirs de la jeune fille.

Les jours suivants il passa encore, mais la jalousie resta constamment fermée. Alors François fit venir un de ses valets et lui ordonna de prendre des informations sur les gens qui habitaient la maison de la place Saint-Marc, et de lui venir dire, aussitôt qu'il le saurait, quelles étaient ces gens. Le valet remplit la commission dont il était chargé, et s'en revint dire au prince que la maison qu'il lui avait désignée était habitée par deux vieux époux nommés Bonaventuri, lesquels, depuis quelque temps, avaient recueilli chez eux un jeune homme et une jeune fille ; mais nul ne savait si ce jeune homme et cette jeune fille étaient frère et sœur, ou mari et femme, ni comment ils s'appelaient. Le prince vit qu'il n'en tirerait pas davantage de son valet, et résolut de s'adresser à un plus habile que lui.

François n'eut pas longtemps à chercher l'homme qu'il lui fallait ; cet homme était près de lui : c'était un grand seigneur, moitié Espagnol, moitié Napolitain, né, dans la Terre de Labour, d'une famille aragonaise, et qui se nommait don Fabio Arazola, marquis de Mont-Dragone. Le prince le fit venir, lui dit que depuis une semaine il était fou d'amour ; que celle qu'il aimait habitait une petite maison de la place Saint-Marc, qu'il lui désigna, et il ajouta que, de quelque façon que ce fût, il voulait avoir une entrevue avec cette femme. Mont-Dragone lui demanda quinze jours, le prince voulait débattre ; mais le marquis répondit qu'il ne se chargeait de rien si on ne lui accordait pas ce temps, qu'il regardait comme nécessaire : François était habitué à céder à Mont-Dragone, qui était son an-

cien gouverneur ; il accorda donc les quinze jours, et promit (jusqu'à ce qu'ils fussent écoulés) de ne faire, de son côté, aucune tentative pour voir la belle inconnue.

Mont-Dragone revint tout pensif au beau palais qu'il avait fait bâtir par l'Ammanato, raconta à sa femme tout ce qui venait de se passer entre lui et le jeune prince, lui fit sentir le profit et la faveur qu'ils pourraient tirer d'une pareille intrigue, et l'invita à s'introduire dans la maison et à se lier avec la vieille Bonaventuri.

Dès le lendemain, la marquise alla se placer, dans son coche et avec un coureur à cheval, à un angle de la place Saint-Marc, presque au point du jour. Vers les huit heures, la bonne femme sortit, un panier au bras, pour aller au marché ; la Mont-Dragone la suivit au coin de la rue du Cocomero et de celle des Pucci ; le coureur de la marquise passa au galop si près de la bonne femme, qu'elle jeta les hauts cris ; la marquise, qui suivait, descendit aussitôt de sa voiture, prétendit qu'elle était blessée, se désola d'être cause de cet accident, et, quelque chose que la pauvre Bonaventuri pût lui dire, la força de monter près d'elle, la reconduisit, et ne la quitta que dans sa chambre en lui faisant toutes les offres de service possibles. Les vieux époux ne pouvaient pas revenir de ce qu'une si grande dame fût en même temps une si bonne dame.

Le lendemain, la Mont-Dragone revint : c'était tout simple, elle venait demander des nouvelles de celle qu'elle avait failli blesser la veille : car elle savait que la peur de l'accident est quelquefois pire que l'accident lui-même. Cette fois elle s'assit, resta quelques instants, et laissa échapper qu'elle était dame de la cour, et que son mari était précepteur du jeune prince François. Les deux vieux époux se regardèrent en échangeant un signe qui ne put être caché à la vue de la Mont-Dragone ; en quittant la maison, celle-ci renouvela aux Bonaventuri ses offres de service en les prévenant qu'elle reviendrait encore pour savoir des nouvelles de sa vieille amie.

Elle revint en effet le jour suivant. Le marquis, de son côté, avait appris que les Bonaventuri avaient un fils à Venise, et que ce fils, accusé d'avoir enlevé une jeune fille noble, avait été mis au ban de la république : dès lors il n'y avait plus de doute, la jeune fille qui avait laissé tomber la fleur aux pieds du prince François, la belle inconnue que l'on cachait avec tant de soin, était la noble Vénitienne. Dans la conversation, la marquise demanda sans affectation à la bonne femme s'il y avait longtemps qu'elle n'avait reçu des nouvelles de son fils Pierre. La bonne femme pâlit et s'écria : « Vous savez donc tout ? » La Mont-Dragone répondit qu'elle ne savait rien, mais que, s'il y avait quelque chose, il fallait le lui dire, attendu qu'elle était en position (de quelque genre qu'ils fussent) de rendre à la pauvre famille, près du prince François, tous les bons offices qu'elle en pourrait désirer. Alors la Bonaventuri raconta à la marquise une histoire si étrange, qu'elle eût paru à celle-ci un roman, sans l'air de parfaite bonne foi qu'avait celle qui la racontait ; cette histoire, la voici :

Il y avait dix-huit mois, à peu près, que Pierre Bonaventuri, cherchant fortune et craignant de ne la pas trouver à Florence, était parti pour Venise. Là, grâce à un oncle qu'il avait, nommé Baptiste Bonaventuri, il était entré comme caissier dans la banque des Salviati, l'une des meilleures et des plus riches maisons de la sérénissime république.

Cette banque était en face du palais de Barthélemi Cappello, gentilhomme vénitien des plus nobles et des plus estimés ; ce gentilhomme avait une fille d'une beauté merveilleuse, qui s'appelait Blanche. Or le hasard fit que la mansarde de Pierre Bonaventuri plongeât dans la chambre de Blanche Cappello, et que la jeune fille, curieuse et imprudente comme on l'est à quinze ans, ne tînt pas la fenêtre exactement fermée.

Comment la fière et belle héritière des nobles Cappello se prit-elle d'amour pour le pauvre Bonaventuri, c'est là un de ces mystères du cœur que le cœur sent et que la raison n'explique pas. Mais, soit qu'elle le prît pour un Salviati, soit qu'elle connût son humble condition, le fait est que Blanche l'aima et de cet amour ardent comme celui de Juliette, qui lui faisait dire en voyant Roméo : « Je serai à lui ou à la tombe. » Elle fut à lui.

Il n'y avait aucun moyen pour Bonaventuri de pénétrer dans le palais des Cappello, qui était gardé à la fois comme une forteresse et comme un harem. Ce fut Blanche qui vint le trouver. Toutes les nuits elle quittait sa chambre, descendait pieds nus les escaliers, ouvrait la porte qui se fermait en dedans, traversait la rue comme une ombre, venait trouver son amant dans sa mansarde ; puis, une heure avant le jour, elle rentrait par la porte qu'elle avait laissée entrebâillée.

Cela dura ainsi plusieurs mois ; mais, un matin que les jeunes gens n'avaient point calculé aussi exactement l'heure du départ, un garçon boulanger vint demander au palais Cappello à quel moment de la journée il devait cuire le pain, et, en s'en allant, il tira la porte. Blanche arriva un instant après pour rentrer à son tour, et trouva la porte fermée. Appeler, c'était se perdre. Blanche prit son parti avec cette rapidité de résolution qui était le côté dominant de son caractère. Elle remonta chez son amant, en lui disant qu'elle était perdue, et lui aussi, s'ils ne s'enfuyaient à l'instant même. Bonaventuri, qui connaissait l'orgueil des Cappello, comprit au premier mot tout le danger de la situation : le jour n'était point encore venu, il s'habilla à la hâte, prit le peu d'argent qu'il avait, redescendit avec Blanche, qui n'était vêtue que d'une simple robe de serge noire par-dessus sa chemise (robe qu'elle s'était fait faire afin de n'être point aperçue dans les escaliers ni dans la rue), sortit par une porte de derrière qui donnait sur le canal, appela un gondolier, se fit conduire chez le podestat (qu'il connaissait pour l'avoir vu souvent chez son patron), le fit réveiller, et lui dit qu'il avait besoin d'une permission de sortie du port, attendu qu'il était forcé de se rendre immédiatement à Ferrare, pour une affaire qui pouvait porter un grave préjudice à la maison Salviati, si elle éprouvait le moindre retard. Le podestat, sans aucun soupçon, et reconnaissant le gondolier pour un des premiers commis de cette maison, lui donna la permission qu'il demandait. Bonaventuri revint tout joyeux auprès de Blanche, qu'il trouva toute tremblante dans la cabine de sa gondole. Les deux jeunes amants passaient devant Saint-Georges-Majeur comme l'horloge de la place sonnait cinq heures du matin ; c'était au mois de décembre ; ils avaient donc encore une heure de nuit, et il ne leur en fallait pas davantage pour être sur la route de Ferrare. Quatre autres heures devaient s'écouler à peu près avant qu'on ne s'aperçût de la fuite de Blanche. Quand on commencerait à la chercher, ils seraient donc déjà loin ; en effet, ils dépassèrent bientôt Piovega et atteignirent Chiozza ; là, Pierre congédia son gondolier, prit une barque plus commode, poursuivit son chemin, sortit sans difficulté du port, et, en employant presque tout ce qu'il avait d'argent à se procurer des chevaux, il arriva le soir même à Ferrare. Les deux amants étaient sauvés ; car, en supposant qu'ils eussent été poursuivis, les émissaires du Conseil des Dix n'auraient point osé les venir chercher dans cette ville, avec laquelle la république était en ce moment en discussion à cause de certaines terres de la Polésine, dont chacune d'elles se disputait la possession. Blanche se reposa donc la nuit à Ferrare; puis, au point du jour, les deux amants repartirent, et arrivèrent quatre jours après, sans accident, à Florence. Ils se présentèrent aussitôt chez les vieux parents de Bonaventuri, qui n'avaient point besoin de ce surcroît de dépense; et qui cependant les reçurent comme un père et une mère reçoivent leurs enfants. On renvoya la seule servante qu'il y eût à la maison, la vieille femme se chargea du ménage, et, du reste de leur argent, Blanche se fit acheter de la soie et du fil d'or et d'argent pour faire des broderies. Quant aux deux hommes, ils trouvèrent des écritures à faire; de sorte que Pierre put surveiller sans sortir de la maison : quelques jours après, un prêtre, ami de la famille, vint les y marier.

Au reste, Blanche ne s'était pas trompée dans ses prévisions : toute la police de Venise était à leurs trousses. Barthélemi Cappello, qui (nonseulement par lui-même, mais par sa seconde femme, la belle-mère de Blanche, laquelle était de la maison Grimani et sœur du patriarche d'Aquilée) tenait un des premiers rangs dans la république, avait demandé justice à grands cris de l'enlèvement de sa fille; le patriarche d'Aquilée, de son côté, avait fait rage, déclarant que le corps de la noblesse tout entier était insulté en sa personne et en celle de son beau-frère; si bien, qu'ils firent arrêter le pauvre Baptiste Bonaventuri, comme s'il eût dû répondre des actions de son neveu, et mettre celui-ci au ban de la république, avec condamnation préalable de deux mille ducats, moitié payable dans la caisse des Dix, moitié payable à la maison Capello; en outre, des sbires furent envoyés partout où les amants pouvaient se trouver, avec une récompense de cinq cents ducats à ceux qui livreraient Bonaventuri mort, et de mille ducats à ceux qui l'amèneraient vivant.

Voilà où en étaient les choses lorsque, par accident, Blanche avait laissé tomber son bouquet aux pieds du cheval du prince, et que la Mont-Dragone, envoyée par son mari, avait trouvé moyen de s'introduire dans la maison. Comme on le voit, la protection du jeune grandduc était on ne peut plus instante; aussi la Mont-Dragone vit-elle du premier coup tout le parti qu'elle pouvait tirer de la position. Elle parut profondément touchée des malheurs de la belle Blanche, et demanda si elle ne pourrait pas voir la charmante enfant à laquelle elle s'intéressait de tout son cœur : on ne pouvait rien refuser à la femme du favori du prince. Blanche fut appelée. Au premier coup d'œil, la Mont-Dragone jugea celle qu'elle avait sous les yeux, et décida qu'elle serait la maîtresse du prince.

En conséquence, elle fit force amitiés à Blanche, l'invitant fort à la venir voir à son tour; mais Blanche lui répondit que la chose était impossible, attendu qu'elle n'osait sortir de peur d'être reconnue, et que, d'ailleurs, noble et Vénitienne, et par conséquent fière comme il convenait que fût une Cappello, elle ne voulait pas, sous les pauvres habits qui la couvraient, entrer dans un palais qui lui rappellerait celui de son père. La Mont-Dragone se paya en souriant de ces réponses, et le lendemain elle envoya son carrosse avec une de ses plus belles robes à la jeune femme; le carrosse était pour qu'elle ne fût pas vue, la robe pour qu'elle n'eût point à rougir; elle y ajoutait une lettre dans laquelle elle disait avoir parlé à son mari d'un sauf-conduit pour Pierre, que son mari était merveilleusement disposé à obtenir ce sauf-conduit du prince, mais qu'il désirait voir celle à qui sa femme s'intéressait, et entendre de sa propre bouche le récit de ses aventures; la vieille mère était invitée à accompagner sa belle-fille.

Blanche avait grande envie d'aller chez la Mont-Dragone; la société bourgeoise des bonnes gens avec lesquels elle vivait commençait à lui paraître bien lourde, comparée à la société qu'elle voyait chez son père. Puis peut-être dans cette âme ardente y avait-il ce besoin de l'inconnu, qui chez les hommes est la source des grandes actions, et chez les femmes celle des grandes fautes : le sauf-conduit lui servait de prétexte pour mentir à sa propre conscience : elle s'habilla des riches habits que lui avait envoyés la Mont-Dragone, se regarda dans un miroir, se trouva mille fois plus belle qu'avec ses pauvres vêtements; de ce jour elle fut perdue, la fille d'Ève avait mordu dans la pomme.

Les deux femmes montèrent dans le carrosse et se rendirent via dei Carnesecchi, près de Sainte-Marie-Nouvelle, où était situé le palais Mont-Dragone; elles trouvèrent la marquise qui les attendait dans un petit salon, et qui leur dit qu'elle allait faire prévenir son mari que quelqu'un le demandait : le mari fit répondre qu'il ne pouvait venir en ce moment, parce qu'il était attendu chez le prince et par le prince; la marquise ordonna au domestique de retourner dire à son mari que les personnes qui le demandaient étaient la signora Blanche Cappello et sa belle-mère; un instant après Mont-Dragone entra.

Le marquis parut frappé de la beauté de Blanche, et, en effet, Blanche, à l'âge de dix-huit ans, devait être admirablement belle; le marquis connaissait sa cour, et savait qu'à tout hasard l'admiration ne gâterait rien.

Blanche se leva, et voulut raconter au marquis ce que sa belle-mère avait déjà raconté à la marquise; mais, à ses premières paroles, Mont-Dragone répondit qu'il n'était besoin que de la voir pour croire à sa vertu; qu'une si jolie bouche ne pouvait mentir, et que de si beaux yeux ne pouvaient tromper. En conséquence, il promit à Blanche de parler le jour même au prince, et s'engagea presque positivement à rapporter le sauf-conduit le lendemain; puis, s'excusant auprès de ces dames sur ce que le jeune grand-duc l'attendait, il prit aussitôt congé d'elles avec force compliments et courut au palais prévenir François que Blanche était chez lui. Blanche pleurait de reconnaissance, la vieille Bonaventuri était folle d'orgueil et de joie de se voir accueillie et choyée par de si grands personnages.

Les femmes voulurent se lever; mais la marquise les retint en leur disant que, si elles partaient ainsi, elle croirait qu'elles n'étaient venues que pour son mari, et non pour elle : cette raison fit rasseoir Blanche; et comme la belle-mère réglait tous ses mouvements sur ceux de sa fille, elle se rassit de son côté. Au bout d'un instant, la Mont-Dragone prit la jeune femme par la main. « A propos, dit-elle, il faut que je vous fasse voir ma maison dans tous ses détails, et que vous me disiez si elle approche de vos magnifiques palais de Venise. Votre mère, que la course fatiguerait, nous attendra ici; dans un instant nous la rejoindrons. » Alors les deux femmes sortirent, se tenant embrassées comme deux anciennes amies, tandis que la bonne vieille rendait grâce à Dieu du bonheur inespéré qui lui arrivait.

Elles traversèrent ainsi une multitude de chambres plus riches les unes que les autres et s'arrêtèrent enfin dans un délicieux petit boudoir dont la marquise ouvrit les fenêtres, qui donnaient sur un jardin plein de fleurs; car du mois de décembre, où les fugitifs avaient quitté Venise, on était arrivé au commencement du printemps; aussitôt qu'il fit jour dans le charmant réduit, la marquise tira d'une armoire un écrin, et de l'écrin une foule de bijoux : diadèmes, colliers, bagues, pendants d'oreilles, le tout en diamants, en émeraudes et en saphirs; elle s'amusa à en parer Blanche, qui, comme une enfant vaniteuse, se laissa faire; puis tout à coup : « Continuez de vous parer vous-même, lui dit-elle, je vais vous chercher des habits faits à la mode de votre pays, avec lesquels, je suis sûre, vous serez charmante. Attendez-moi ici, je reviens, » et elle sortit à ces mots, laissant Blanche seule et sans défiance aucune.

Blanche continua de se parer; elle se regardait dans une glace, la plus grande qu'elle eût jamais vue, quoiqu'elle fût de Venise, lorsque tout à coup elle vit dans la glace un homme debout derrière elle : elle se retourna; c'était le jeune prince. Blanche jeta un cri et voulut courir à la porte, mais François la retint; alors elle se douta de tout, et mettant un genou en terre :

— Monseigneur, lui dit-elle, puisqu'il a plu à Dieu de m'éloigner de mes parents, qui ne peuvent plus me protéger; de m'enlever ma position, mes biens, ma fortune et ma patrie; puisqu'il ne me reste plus rien que l'honneur, je le mets sous la sauvegarde de Votre Altesse.

— Ne craignez rien, madame, répondit François en la relevant, je ne suis point venu ici en de lâches desseins; mais, attiré par l'intérêt que m'inspire votre position. me voici : puis-je vous être utile? Regardez-moi comme un protecteur et comme un frère, et à ce double titre demandez-moi ce que vous voudrez; et, ce que vous m'aurez demandé, vous l'obtiendrez, s'il est au pouvoir d'un homme, d'un prince ou d'un roi de vous l'accorder.

Puis, pour ne point effrayer Blanche par une plus longue visite, il s'inclina respectueusement et sortit. La jeune fille était encore tout étourdie de cette apparition lorsque la marquise reparut. Elle trouva Blanche debout, mais si pâle et si tremblante, qu'elle était prête à tomber; elle courut à elle et lui demanda ce qu'elle avait; mais celle-ci ne put lui répondre autre chose, sinon : « Le prince! le prince! »

La marquise sourit : « Ah! le prince est venu, dit-elle; mon Dieu! ne vous étonnez pas, il vient souvent ainsi pour conférer avec mon mari des affaires de l'État, et il entre par cette porte secrète afin de n'être point aperçu. Il aura vu que Mont-Dragone tardait à l'aller joindre et il sera

venu le chercher : il vous a vue, tant mieux !
L'intérêt qu'il vous portera, à vous et à votre
mari, n'en sera que plus grand. »

Blanche regarda la marquise de ce regard
triste et profond que le Bronzino lui a donné, et
qui semblait aller chercher ses plus secrètes pensées au fond de son cœur. Puis, s'interrogeant
d'elle-même, elle se couvrit le visage de ses
deux mains ; et, se renversant dans un fauteuil :
« Ah ! madame, lui dit-elle, vous me perdez !...
— J'en prends d'avance le péché sur moi, »
lui répondit la Mont-Dragone en l'enveloppant
de ses bras et en la baisant au front.

Blanche tressaillit comme si elle eût senti
l'étreinte d'un serpent.

La jeune femme revint dans la pauvre maison
de la place Saint-Marc ; et cette misère, à laquelle
elle faisait à peine attention la veille, ce soir-là
lui serra le cœur. Elle était partie du palais Mont-
Dragone résolue de tout dire à son mari : son
mari rentra, et elle ne lui dit rien. Huit jours
après, Pierre Bonaventuri n'avait plus rien à
craindre ; mais aussi Blanche Cappello n'avait
plus rien à perdre.

A partir de ce moment, le prince trouva mille
moyens de venir au secours de la pauvre famille ;
le premier qu'il employa fut de donner à Pierre
Bonaventuri un emploi de valet de chambre.
Pierre ne s'en étonna point ; car, à l'exception
des entrevues de sa femme avec le prince, il savait tout ; et comme chacun connaissait l'influence des Mont-Dragone sur le jeune grand-
duc, il trouva tout naturel que François, ayant
trouvé une occasion de faire le bien, l'eût saisie
avec empressement. Le pauvre Bonaventuri en
était à l'âge où l'on croit encore que les hommes
font le bien pour le seul plaisir de le faire.

Une grande douleur attendait Blanche. Le
jeune grand-duc avait vingt-trois ans, et, avant
même qu'elle n'arrivât à Florence, son mariage
était arrêté avec la princesse Jeanne d'Autriche.
L'époque fixée pour la célébration de ce mariage était arrivée ; il fallait obéir aux lois de la
politique. D'ailleurs Côme Ier vivait toujours, et
les choses qu'il décidait étaient au même instant
écrites sur le livre de fer du destin ; or il avait
décidé que le mariage de son fils avec Jeanne
d'Autriche aurait lieu, et le mariage se fit.

Le jeune grand-duc consola Blanche comme il
put ; il lui assura que si le titre de grande-duchesse était à une autre, son amour était à elle.
Blanche était ambitieuse : elle sentit, pour la
première fois, que ce n'était pas assez de l'amour

d'un prince, à elle qui avait cru pouvoir se contenter de celui d'un simple commis ; mais elle
renferma ce mouvement en elle-même, une première faute lui avait appris à dissimuler.

François lui tint parole ; car, tandis que, par
la charge qu'il occupait, Pierre Bonaventuri était
retenu au palais, le prince sortait à peu près
toutes les nuits, et toutes les nuits voyait Blanche au palais Mont-Dragone. Ces sorties devinrent si fréquentes, que Côme en fut averti, et
qu'il lui écrivit le 25 février 1569 :

« Les promenades solitaires et nocturnes par
les rues de Florence ne sont bonnes ni pour
l'honneur ni pour la sûreté, surtout lorsqu'on se
fait de ces promenades une habitude de chaque
nuit ; et je ne puis vous dire quels sont les mauvais résultats qu'une pareille conduite peut produire. »

Sans doute François trouva que Côme avait raison, car, quelques semaines après son mariage,
sans se donner le peine de dissimuler plus longtemps, il fit préparer pour Blanche un charmant
palais, via Maggio. Restait Bonaventuri ; mais on
le trouva, sur ce chapitre, plus accommodant
qu'on ne s'y était attendu : il avait, de son côté,
un amour par la ville.

En effet, l'air de la cour l'avait rendu présomptueux et insolent ; soutenu comme il se sentait être par le jeune grand-duc, qui ne le laissait jamais manquer d'argent, il passait ses
journées en parties de plaisir et ses nuits en débauches : au milieu de tout cela, il arriva qu'il
devint amoureux d'une des premières dames de
Florence dont l'histoire ne dit point le nom,
mais qui est la même qu'on peut voir peinte
dans la Madeleine de la chapelle des Cavalcanti
au Saint-Esprit. Les parents ne trouvaient point
mauvais que la dame eût un amant, mais ils ne
voulaient point un amant de pareille condition :
aussi s'opposèrent-ils de tout leur pouvoir aux
amours de Bonaventuri. Celui-ci s'était vite habitué à ne pas être contrarié ; et comme il s'était
pris chez lui de querelle avec un des neveux de
la dame, il le frappa au visage, et, prenant un
pistolet qui se trouvait sur une table, il le menaça
de lui brûler la cervelle s'il se mêlait davantage
de ce qui le regardait. Le neveu, qui ne voulait
pas se battre avec un homme de si vulgaire condition, alla porter plainte au grand-duc Côme ; le
grand-duc écouta avec son calme et sa froideur
habituelle, et sans rien répondre fit signe au
plaignant que c'était bien et qu'il pouvait se retirer : huit jours après, Bonaventuri, revenant

de nuit à la maison, fut attaqué par une troupe de gens armés et frappé de vingt-cinq blessures; si bien que le matin on le trouva mort dans un cul-de-sac près du pont de la Trinité, à l'entrée de via Maggio.

Il y avait déjà longtemps que cet amour juvénile, qui unissait les deux fugitifs de Venise, était éteint. Blanche fut donc bientôt consolée de la mort de Bonaventuri; ou, si elle le regrettait au fond du cœur, eut-elle la force de cacher ce sentiment à François; d'autant plus qu'elle connaissait le besoin qu'il avait d'un visage riant après les longs travaux du gouvernement, auquel son père l'avait associé. Le jeune grand-duc n'aimait point sa femme; cette répugnance était venue, non pas d'un défaut physique, la princesse Jeanne était, au contraire, fort belle, mais d'une différence complète de caractère. Élevée à la cour sévère d'Autriche, ayant reçu cette éducation pieuse des princesses allemandes, elle avait vu avec horreur les mœurs dissolues des villes d'Italie, et elle ne pouvait comprendre ces folles joies et ces plaisirs éternels qui sont un besoin pour les cœurs méridionaux. François n'avait donc point eu de peine à tenir parole à Blanche; ses relations avec sa femme s'étaient bornées aux seuls devoirs de la bienséance, et c'était elle seule qui était, de fait, la grande-duchesse de Toscane. Jeanne se plaignait éternellement; ses plaintes, au lieu de lui ramener son mari, l'aliénaient encore; elle alla jusqu'à s'adresser au grand-duc Côme, qui avait eu, avec Éléonore de Tolède et Camilla Martelli, ses deux femmes, plus d'un péché de même guise à se reprocher; il se contenta de répondre à sa belle-fille qu'il ne fallait pas croire à tout ce qu'on lui disait, et que d'ailleurs la jeunesse devait avoir son cours, ajoutant qu'il était bien sûr que son fils n'aurait jamais de mauvais procédés pour elle; de pareilles raisons, comme on le comprend bien, calmèrent mal la colère de l'épouse délaissée : elle eût mieux aimé que son mari fût emporté avec elle et l'aimât : le désir de la vengeance s'amassa donc lentement dans le cœur de la hautaine fille des césars; et comme il ne put pas avoir son effet, il l'étouffa.

Jeanne d'Autriche mourut en couche, après avoir donné à son mari trois filles et un fils; mais, au moment de mourir, elle avait fait venir son mari à son lit de mort, et là, le regardant les yeux brûlants des dernières flammes de tout l'amour qui l'avait dévorée, et voyant qu'il pleurait : « Il n'y a point de remède à mon mal, lui

dit-elle, et d'ailleurs, je suis heureuse de mourir. Je vous recommande mes enfants et tous ceux qui m'ont suivie de la cour de mon père; quant à vous, au nom du ciel! vivez plus chrétiennement que vous n'avez fait jusqu'aujourd'hui, et souvenez-vous toujours que j'ai été votre seule épouse devant Dieu et devant les hommes, et que je vous ai tendrement aimé. » A ces mots elle embrassa et bénit ses enfants, et, faisant un dernier mouvement pour rapprocher ses lèvres de celles de son mari, elle expira les bras passés autour de son cou : c'était le 10 avril 1578.

Cette mort fit sur François une impression profonde; son mouvement fut de suivre les derniers désirs de sa femme; en conséquence, il s'éloigna de Florence, et s'enferma dans un de ses châteaux. Mais le passage de sa vie passée à sa vie présente était trop brusque; sa résolution, par cela même qu'elle était exagérée, ne put tenir longtemps; les lettres de Blanche commencèrent à battre en brèche ses projets de retraite, sa présence fit le reste : à peine l'eut-il revue qu'elle reprit sur lui son empire habituel. Cependant sa conscience le tourmenta; il consulta un religieux en qui il avait toute confiance; le religieux, qui était prévenu, lui donna un excellent moyen d'apaiser ses scrupules : c'était d'épouser Blanche : en effet, le 18 juin 1579, c'est-à-dire quinze mois à peine après la mort de Jeanne d'Autriche, il épousa secrètement, dans la chapelle du palais Pitti, celle qu'il lui avait promis de ne jamais revoir. Depuis cinq ans, Côme était mort.

Ce mariage fut pour le grand-duc une cause de désaffection dans son peuple, et de dissension dans sa famille. On s'était affectionné par pitié à cette pieuse princesse d'Autriche, sur laquelle, au milieu d'une des cours les plus dissolues, la calomnie même des plus plats courtisans du prince n'avait rien trouvé à dire; on l'avait vue pâlir et s'incliner, pauvre fleur du nord, sous un soleil trop brûlant pour elle, et beaucoup de larmes silencieuses et reconnaissantes avaient coulé sur son tombeau; ce complet oubli non-seulement des convenances, mais encore de son serment, parut donc au peuple comme un sacrilège.

C'était quelque chose de plus encore pour le cardinal Ferdinand, qui ne voyait entre lui et le trône qu'un enfant malingre et débile, qui ne devait pas vivre, et qui, selon les prévisions générales, mourut à l'âge de quatre ou cinq ans. Cette mort réveilla toutes les ambitions de Blan-

Puisqu'il ne me reste plus rien que l'honneur, je le mets sous la sauvegarde
de Votre Altesse. — Page 46.

che, qui s'était fait reconnaître publiquement comme grande-duchesse le 1er septembre 1579, et qui déjà, dans la probabilité de cette mort, avait voulu, à quelque prix que ce fût, donner un héritier à la couronne.

Une femme juive, qui ne la quittait presque jamais, y épuisa ses enchantements, ses philtres et ses maléfices, sans qu'elle réussît à rien; elle résolut donc de recourir à des moyens plus efficaces, et de prendre tout fait cet héritier qu'elle ne pouvait pas faire elle-même. Aussi, vers le commencement de l'année 1576, c'est-à-dire

treize ans après ses premières relations avec le duc, se prétendit-elle atteinte de tous les accidents qui accompagnent d'ordinaire les commencements de grossesse. Le duc, au comble de la joie, ne douta point un instant de la réalité de ces symptômes, et fit part de son bonheur à tout le monde.

Pendant neuf mois, avec la même persistance et la même adresse, Blanche joua patiemment la même comédie, feignant des indispositions presque continuelles, et restant des semaines entières au lit, si bien que les plus incrédules finirent par croire : enfin, la nuit du 29 août fut choisie pour l'accouchement.

Dès le matin, Blanche avait paru commencer de souffrir; et à peine les souffrances avaient-elles commencé, que le grand-duc était accouru vers elle, déclarant qu'il ne la voulait pas quitter tant qu'elle serait en travail. Ce n'était point là l'affaire de Blanche; aussi les douleurs se prolongèrent-elles jusqu'à trois heures du matin, moment auquel on obtint enfin du grand-duc qu'il allât prendre quelque repos. A peine avait-il eu le temps de se mettre au lit, que Blanche était accouchée. On courut à sa chambre lui faire part de cette heureuse nouvelle. On s'en doute bien, le nouveau-né était un garçon; on le nomma don Antoine, Blanche attribuant à l'intercession de ce bienheureux cénobite la faveur inespérée qu'elle avait obtenue du ciel.

Voici comment le secret fut révélé : Une gouvernante bolonaise avait conduit toute cette intrigue; mais, au bout d'un an à peu près, ayant donné quelque sujet de défiance à sa maîtresse, celle-ci lui donna une certaine somme d'argent et la renvoya chez elle; dans la montagne, elle fut attaquée, quatre coups de fusil furent tirés sur elle, dont deux la blessèrent mortellement, sans cependant la tuer sur le coup. Transférée à Bologne, interrogée sur l'accident dont elle avait été victime, elle déclara avoir reconnu les meurtriers non point pour des voleurs, comme on pourrait le croire, mais pour des soldats florentins; et, comme elle se doutait de quelle part les soldats étaient envoyés, elle déclara tout : c'est-à-dire que la grande-duchesse n'avait jamais été enceinte, mais avait feint une grossesse; que l'enfant qui passait pour l'héritier du trône était le fils d'une pauvre femme, accouchée la veille au soir, et qui avait été acheté mille ducats et apporté au palais caché dans un luth, si bien que personne ne l'avait vu; mais que, quant à elle, au moment de paraître devant Dieu, elle affirmait que cet enfant n'était celui ni du grand-duc François, ni de la grande-duchesse Blanche. Cette déclaration fut envoyée à Rome au cardinal Ferdinand, qui se promit bien d'en faire son profit.

Cette révélation, que le cardinal communiqua au grand-duc, mais que le grand-duc n'avait pas voulu croire, amena, comme on le pense bien, un refroidissement entre les deux frères; des lettres amères furent échangées, on parla de protestation publique que le cardinal devait faire. Blanche jugea qu'elle était perdue si toute cette affaire était mise au jour; elle résolut de réconcilier les deux frères : le cardinal lui-même lui en donna les moyens.

Ferdinand était prodigue jusqu'à la magnificence : il en résultait que, ne pouvant pas vivre de ses revenus avec la splendeur qu'il croyait convenable à son rang, il avait plusieurs fois demandé à François des avances sur les rentes; tant que les deux frères avaient été bien ensemble, François avait fourni ces avances sans observation aucune; mais, après l'éclat fait par son frère, il avait brutalement refusé de l'aider en rien, de sorte que le cardinal se tenait à Rome fort gêné et ne sachant où donner de la tête, lorsqu'il reçut de Blanche une lettre où elle lui proposait d'être intermédiaire entre lui et son mari, demandant pour prix de sa médiation que le cardinal viendrait les voir à l'automne : le cardinal, qui avait besoin d'argent, promit tout ce qu'on voulut. Blanche, qui n'avait qu'à demander pour obtenir, lui envoya le double de la somme qu'il désirait.

A l'automne, le cardinal vint; la grande-duchesse était avec son mari à sa villa de Poggio Cajano; le cardinal alla les y joindre, et y fut reçu par François et par Blanche comme si aucun nuage ne s'était jamais élevé entre eux. Blanche avait poussé l'attention jusqu'à s'informer des mets que préférait son beau-frère, et elle avait appris qu'entre autres choses il aimait surtout une certaine tourte à la crème, que par hasard elle se trouva savoir admirablement faire.

L'heure du dîner arriva; le grand-duc, la grande-duchesse et le cardinal étaient seuls à table; c'était un dîner de famille, aussi fut-il des plus gais : Blanche le servait elle-même; le cardinal mangeait de tout avec une confiance qui faisait plaisir à voir.

Ferdinand avait au doigt une très-belle opale : c'était un don que lui avait fait Côme son père. Cette opale, grâce à certaines préparations chimiques qu'elle avait subies, avait la faculté de se ternir en s'approchant d'une chose empoisonnée. L'opale demeurait brillante, le dîner continuait d'être gai, et le cardinal mangeait toujours.

Le dessert vint et avec lui la tourte, mets favori du cardinal. François, malgré les signes de Blanche, raconta à son frère que c'était l'ouvrage de la grande-duchesse, qui, connaissant son goût pour cette pâtisserie, avait voulu la confectionner elle-même : Ferdinand s'inclina, se récria sur la gracieuseté de sa sœur, mais déclara qu'il était désolé de ne pouvoir lui faire honneur; il n'avait plus faim.

Ferdinand avait approché l'opale de la tourte, et l'opale avait pâli. « Eh bien ! dit François, puisque tu ne veux pas de ton mets favori, il ne sera pas dit que Blanche l'aura fait pour rien : c'est moi qui le mangerai, » et il en coupa un quartier qu'il posa sur son assiette.

Blanche était prise à son propre piége : si elle arrêtait son mari, et qu'elle avouât tout, elle était perdue; si elle lui laissait manger la tourte, et qu'il mourût, elle était perdue encore, car elle connaissait la haine que lui portait Ferdinand. Elle prit, avec sa résolution ordinaire, la seule résolution noble et généreuse qu'il y eût à prendre : elle se servit un morceau de la tourte, et le mangea.

Le lendemain, François et Blanche étaient morts.

Le cardinal Ferdinand annonça à Florence que son frère et sa belle-sœur étaient morts d'un mauvais air qui courait, jeta le chapeau rouge aux orties, et monta sur le trône.

François fut un pauvre prince, sans tête et sans courage; il avait hérité de son père l'amour des sciences chimiques, et presque tout le temps qu'il ne donnait pas à ses plaisirs il le passait dans son laboratoire : c'était là qu'il travaillait avec ses ministres, dirigeant son grand-duché tout en inventant un procédé pour fondre le cristal de roche, et tout en retrouvant la manière de fabriquer de la porcelaine presque aussi belle que celle de la Chine et du Japon; il avait en outre inventé les bombes et la manière de les faire éclater à temps, et avait communiqué ce secret à Philippe II et à don Juan d'Autriche, qui n'osèrent point s'en servir, de peur qu'il n'arrivât un plus grand dommage à ceux qui employaient cette nouvelle invention qu'à ceux contre lesquels elle était employée; ce fut encore lui qui introduisit à Florence l'art des incrustations en pierres dures, et il en faisait des tables qu'il donnait à ses amis; en outre, il montait très-bien les bijoux, et, (à la manière de Benvenuto Cellini, qui lui avait, tout jeune, donné des leçons) il imitait les pierres véritables avec de fausses pierres, et, comme son père, il composait (à l'aide d'une connaissance approfondie de la botanique) des baumes, des essences, des huiles, des poisons et des contre-poisons.

Quant aux arts, François était d'une époque où il n'était pas permis à un prince d'y être étranger; jusqu'à l'âge de vingt-trois ans, il avait

même fait des progrès rapides dans le dessin et dans les lettres; frère Ignace Danti l'avait instruit dans les lettres et dans la cosmographie; Pierre Vettori lui avait appris, assez couramment pour qu'il pût les parler, les langues grecque et latine; enfin, Jean de Bologne, après lui avoir donné des leçons de dessin et de statuaire (grâce auxquelles il faisait de ses propres mains des vases de verre d'un goût assez riche), était devenu son architecte favori, et avait dessiné pour lui le palais et les jardins de Pratolino. La statue de l'Apennin, qu'on y peut voir encore aujourd'hui, est un échantillon de la décadence du goût de l'époque : quand les colosses arrivent, l'art s'en va. Le colosse de Rhodes, le colosse de Néron, et le colosse de Pratolino, appartiennent aux trois époques de décadence de l'art grec, de l'art romain et de l'art toscan.

François fit poursuivre avec activité la GALERIE DES OFFICES, commencée par son père, et il y ajouta sur les dessins de Buontalenti, son architecte, cette belle salle de la Tribune, que la Vénus de Médicis, la Vénus du Titien et le portrait de la Fornarine ont changée en un sanctuaire.

Si François fût mort seul, peut-être, en se rappelant quelques-unes des bonnes qualités de sa jeunesse, eût-il été regretté des Florentins; mais il mourut en même temps que Blanche, et, grâce à cette circonstance, sa mort devint pour eux presque une fête.

Quant à don Antoine, nous savons qu'il ne fut pas même question de lui comme héritier à la couronne : le pauvre enfant, qui n'avait point demandé à être ce qu'on l'avait fait, souffrit la peine de l'ambition de sa mère. Son apanage lui fut conservé, il est vrai, mais à la condition qu'il renoncerait à toute prétention au trône, et entrerait dans l'ordre de Malte : il mourut à l'âge de vingt-cinq ans des suites de ses débauches.

Nous avons oublié de dire que le grand-duc François Ier était le père de la fameuse Marie de Médicis, qui fut la femme de Henri IV, la mère de Louis XIII, et par conséquent l'aïeule maternelle de la famille d'Orléans qui a régné de 1830 à 1848.

Le règne de Ferdinand fut tranquille; il va sans dire que les Florentins se façonnaient de plus en plus à l'obéissance, et que les derniers restes de l'opposition républicaine, frappés par Côme, agonisants sous François, expirèrent enfin sous Ferdinand; ses seules expéditions guerrières furent donc la prise du château d'If, l'incendie dans le port d'Alger de quelques vaisseaux corsaires, et le siége de Chypre. Il eut donc, pendant son long règne de vingt et un ans, tout le temps de s'occuper d'agriculture, de commerce et d'art.

En agriculture, ce fut lui qui entreprit le premier de dessécher les Maremmes : au sortir d'une disette et d'une épidémie, il attaqua de face cet éternel ennemi de la Toscane, qui, couché sur son rivage, lui souffle chaque été ses mortelles exhalaisons. Les trésors amassés par les exactions du grand-duc François furent mis au jour pour cette grande œuvre à laquelle tous les citoyens furent appelés à concourir; des lois agraires furent publiées, et ces nouveaux champs de l'Erne furent donnés à ceux-là qui les tireraient de l'eau. En même temps qu'il essayait de dessécher les Maremmes, Ferdinand assainissait les territoires de Fucecchio et de Pistoia, détournait l'embouchure de l'Arno, et faisait élever ces grands aqueducs qui, avec leurs eaux fraîches et vives, encore en honneur aujourd'hui par toute l'Italie, apportaient la salubrité à Pise.

En commerce, il s'occupa spécialement de Livourne : cette ville, dont de tout temps les Médicis avaient compris l'importance, avait été successivement protégée et agrandie, et par Clément VII, et par le duc Alexandre, et par le grand-duc Côme, qui, en sondant son port, malheureusement trop peu profond pour de grands bâtiments, y avait rêvé des travaux dignes des anciens Romains, lorsque la mort vint le surprendre comme il en posait les premières pierres. La courte vue, la nonchalance et l'avarice de François avaient fait que, pendant tout le cours de son règne, ce port était resté dans l'état où l'avait laissé Côme. Ferdinand reprit l'œuvre de son père; il résolut de faire de Livourne non-seulement une place forte pour la guerre, mais encore sûre pour le commerce, une station pour les vaisseaux, un magasin dont Pise serait l'entrepôt; tous ces travaux furent suivis avec une persistance admirable, et Livourne commença d'être, sous Ferdinand, cette cité commerçante qui est aujourd'hui une des reines de la Méditerranée.

En art, Ferdinand fut le digne successeur de son père : savant et homme de lettres lui-même, il protégea les sciences et les lettres, non-seulement de son argent, mais encore de sa familiarité; moyen le plus puissant pour un prince de les faire éclore. A Rome, n'étant encore que cardinal, il avait déjà fondé son imprimerie des langues orientales, et envoyé Baptiste Vecchietti en

Égypte, en Éthiopie et en Perse pour recueillir les beaux et précieux manuscrits orientaux qui forment encore aujourd'hui à la bibliothèque des Médicis une des plus riches collections qui existent au monde. Ostilio Ricci, qui fut le premier maître de mathématiques du célèbre Galilei, obtint pour le grand homme la chaire de Pise, qu'il illustra de 1589 à 1592, époque à laquelle l'envie de ses confrères et ses dissentiments avec don Jean de Médicis le forcèrent de s'exiler à Padoue, où il fut recommandé à la république par le grand-duc, qui, reconnaissant la sublimité de son génie, le rappela en Toscane en 1608. Les premiers musées de botanique et d'histoire naturelle datent de cette époque; et celui de Pise, ouvert sous les auspices du grand-duc et enrichi par lui de tout ce qu'il put trouver à acheter qui se rapportait aux différentes parties de cette science, fut le modèle que durent suivre les autres institutions du même genre.

Ce fut aussi à Ferdinand que la musique (et la musique dramatique surtout) dut son progrès : passionné, comme tous les Médicis, pour les représentations théâtrales que Laurent le Magnifique avait introduites en Toscane sous la forme de mystères, et qui du temps de Côme, grâce à Machiavel, s'élevèrent au rang de comédie et de drame, il s'était fait bâtir (grâce au génie imaginatif de Jean de Bologne et de Buontalenti) un théâtre où toutes les ressources de la décoration et tous les secrets de la mécanique étaient employés : ce fut alors que revint au grand-duc le souvenir de ces tragédies antiques qui se chantaient avec un chœur représentant le peuple, et une mélodie continue qui accompagnait ou le dialogue ou le monologue. Il voulut que l'on fît ainsi pour son théâtre de la naissance de l'opéra avec son récitatif, ses airs, ses duos et ses chœurs : le premier essai d'un ouvrage de ce genre fut fait en 1594; c'était la *Daphné*, opéra pastoral d'Ottavio Rinuccini; et le second, qui était l'*Euridice* (du même auteur), eut lieu en 1600, à l'occasion des noces de la reine Marie de Médicis : ce dernier excita un tel enthousiasme et une telle curiosité, qu'il fut imprimé avec les notes musicales, et avec une préface de Jacques Peri, qui contenait l'histoire du récitatif, l'histoire du poëme, et jusqu'à l'histoire des acteurs qui l'avaient joué. Cette représentation fit tant de bruit, que tous les souverains voulurent avoir des musiciens à l'instar de la Toscane; et comme Ferdinand en payait près de trois cents pour sa musique particulière, il en envoya (sur les de-

Il ne sera pas dit que Blanche l'aura préparé pour rien. — Page 51.

mandes de Henri IV et de Philippe III) à la cour de France et à la cour d'Espagne.

Enfin, comme cet athlète qui soutint à lui seul le plafond prêt à tomber, Ferdinand fit tout ce qu'il put pour arrêter l'art de la peinture et de la sculpture dans sa décadence : sous ses auspices, Jean de Bologne et Buontalenti ouvrirent des écoles; sur les dessins de Jean de Médicis, on refit à neuf la chapelle déjà restaurée près de trois cents ans auparavant par Éverard; les pierres les plus précieuses, les plus beaux marbres furent achetés en Orient, et apportés à grands frais à Florence : puis, de ses aïeux descendant à son père, et passant de la vénération à l'amour, il fit faire par Jean de Bologne la statue de bronze de Côme Ier, qui excita un si grand enthousiasme, au moment où elle fut livrée au regard du public sur la place du Vieux-Palais, que Henri IV, jaloux, voulut en avoir une pareille du même artiste sur le Pont-Neuf, qui venait alors d'être achevé.

Ce fut Ferdinand qui changea la destination de la GALERIE DES OFFICES, et qui y fonda un musée en y faisant transporter tout ce qu'il avait recueilli de statues, de médailles et de tableaux pendant son cardinalat à Rome.

Comme son père et comme son frère, Ferdinand ne vécut pas l'âge entier de l'homme : mais son père était mort redouté, son frère était mort méprisé et haï; il mourut, lui, regretté de tous, car sa magnificence, sa bonté et sa justice lui avaient fait de ceux qui l'entouraient des amis respectueux, et de ses sujets des enfants fidèles. Aussi n'eut-il pas une seule fois à craindre, pendant son long règne de vingt et un ans, ni pour sa vie ni pour sa puissance. Côme II, l'aîné des neuf enfants qu'il avait eus de Christine de Lorraine, lui succéda.

Côme II hérita de son père les trois vertus qui, réunies dans un souverain, font le bonheur de son peuple : la générosité, la justice et la clémence. Il est vrai que tout cela était chez lui simple et sans élévation, et plutôt le résultat d'un bon naturel que d'une grande idée; une admiration suprême pour son père le portait à l'imiter en tout; il fit ce qu'il put, mais en imitateur, et, par conséquent, en homme qui, marchant derrière, ne peut aller ni aussi loin, ni monter aussi haut que celui qu'il suit.

Le règne de Côme II, comme celui de son père, fut donc une époque de bonheur et de tranquillité pour le peuple; quoiqu'il fût facile de voir que le nouvel arbre des Médicis avait cédé la plus riche partie de sa sève pour produire Côme Ier, et allait toujours s'affaiblissant, tout fut, pendant l'espace de huit ans que Côme II demeura sur le trône, une pâle copie de ce que pendant vingt et un ans avait été le règne de son père. Il travailla à Livourne comme son père y avait travaillé; il encouragea les sciences et les arts comme son père les avait encouragés; il continua d'assainir les Maremmes comme son père les avait assainies; il envoya à Henri IV et à Philippe III les statues que ces deux souverains avaient commandées à Jean de Bologne. Il envoya enfin au roi de Perse Constantin dei Servi, qui était à la fois peintre, ingénieur et architecte. Au reste, comme son père Ferdinand et comme son grand-père Côme Ier, Côme II fit tout ce qu'il put pour soutenir l'art : dessinant luimême d'une manière distinguée, il affectionnait surtout chez les autres l'art dont il s'était occupé; ce qui ne le rendait injuste cependant ni pour la sculpture, ni pour l'architecture, qu'il honorait au contraire d'une façon toute visible, puisque chaque fois qu'il passait devant la loge d'Organa, ou devant le Centaure et l'Hercule de Jean de Bologne (groupe qui était à cette époque placé sur le coin des Carnesecchi), il faisait aller sa voiture au pas pour les mieux voir, disant qu'il ne pouvait pas rassasier ses yeux de ces deux chefs-d'œuvre. Aussi Pierre Tacca, élève de Jean de Bologne (qui avait fini les statues de Henri IV et de Philippe III, que son maître n'avait pas eu le temps d'achever), était-il en grand honneur à sa cour, ainsi que l'architecte Jules Parigi : mais cependant, comme nous l'avons dit, sa plus grande sympathie était pour les peintres; aussi faisait-il sa société la plus intime et la plus habituelle de Cigoli, de Dominique Passignani, de Christophe Allori et de Matthieu Rosselli, dont les meilleurs tableaux furent placés par lui dans la GALERIE DES OFFICES. Il encouragea fort aussi Jacques Callot, à qui il fit faire une partie de ses gravures; Gaspar Mola, qui excellait à frapper les monnaies, et Jacques Antelli, célèbre pour ses merveilleuses incrustations en pierres dures.

La devise de Côme II était une couronne de laurier avec cet exergue:

NON JUVAT EX FACILI.

Et cependant, malgré les encouragements qu'il donna aux arts et aux sciences, comme on le voit, tout ce qui fut fait sous son règne, en peinture et en sculpture, fut fait par des peintres et des statuaires de second ordre; et en science, la seule découverte un peu importante qui signala son époque, fut la découverte par Galilée des satellites de Jupiter, auxquels ce grand homme (en reconnaissance de son rappel en Toscane) donna le nom d'étoiles des Médicis : c'est que la terre qui avait produit tant de grands hommes de toutes sortes commençait à s'épuiser !

Quoique souffrant déjà de la maladie dont il mourut, le grand-duc Côme II n'en voulut pas moins poser la première pierre de l'aile qu'il faisait ajouter au palais Pitti. On apporta cette pierre dans sa chambre, elle y fut bénie en sa présence, puis le malade, avec une truelle d'argent, la couvrit de chaux, et elle fut déposée au plus profond des fondations creusées, avec une cassette contenant des médailles et des pièces d'or et d'argent frappées à l'effigie du mourant, et trois inscriptions latines, les deux premières composées par André Salvadori, et la troisième par Pierre Vettori le jeune. A peine le mur qui les recouvrait était-il sorti de terre, que Côme II mourut à l'âge de trente-deux ans, plus généralement et plus profondément regretté peut-être qu'aucun prince ne l'a jamais été.

Côme laissa cinq fils et deux filles : l'aîné lui succéda sous le nom de Ferdinand II ; mais, comme il n'avait que onze ans, on lui donna pour régente (pendant sa minorité, qui devait durer jusqu'à dix-huit ans) la grande-duchesse Christine de Lorraine, sa grand'mère, et l'archiduchesse Marie-Madeleine d'Autriche, sa mère. Il était adjoint aux deux tutrices un conseil composé de quatre personnes, et auquel pouvaient être admis les princes du sang, mais sans voix délibérative, à l'exclusion de ceux qui auraient pris service chez quelque prince étranger, ou qui recevraient de ce prince soit une solde, soit une pension.

Les princes qui restaient encore de la maison de Médicis étaient le cardinal Charles, le prince don Laurent, la princesse Claude, et la princesse Madeleine, frères et sœurs de Côme Ier, don Juan, son fils, et don Antoine, cet enfant supposé de François et de Blanche, qui, au reste, allait mourir.

Le premier soin de Ferdinand II, sortant de tutelle, fut, en sa qualité de prince chrétien, et comme fils pieux, d'aller reconnaître à Rome Urbain VIII pour chef de l'Église catholique, et en Allemagne demander la bénédiction de son oncle maternel Ferdinand II ; il s'en revint ensuite prendre le gouvernement de ses États.

C'était chose facile, au reste, à cette époque comme encore aujourd'hui, de régner sur les Toscans : la cité turbulente de Farinata des Uberti, et de Renaud des Albizzi, avait disparu à l'instar de ces villes qui sont ensevelies sous la cendre et sur lesquelles on en bâtit une nouvelle, sans que du fond de leur tombe elles fassent un seul mouvement, poussent un seul soupir ; aussi, à partir de Ferdinand Ier, la Toscane n'a-t-elle pour ainsi dire plus d'histoire. C'est le Rhin qui, après avoir pris sa source au milieu des glaces et des volcans, après avoir bondi à Schaffouse, après avoir roulé sombre, terrible et bondissant sur les gouffres de Bingen, et entre les montagnes de Lore-Leyk et du Drakenfels, s'élargit, se calme, s'épure dans les plaines de Wesel et de Nimègue, et va, sans même se jeter à la mer, se perdre dans les sables de Gorkum et de Voudrichem. Dans la dernière partie de sa course, il est sans doute plus utile et plus bienfaisant, et cependant on ne le visite qu'à sa source, à sa chute, et dans cette partie de son cours, située entre Mayence et Cologne, où il déploie toute l'énergie

de sa lutte contre la tyrannique oppression de ses rivages.

Aussi le long règne du grand-duc Ferdinand se passe-t-il, non pas à maintenir la paix dans ses propres États, mais dans les États de ses voisins : il se place entre la colère de Ferdinand et le duc de Nevers, qu'elle menace ; il s'efforce à conserver les États au duc Odoard de Parme ; il protège la république de Lucques contre les attentats d'Urbain VIII et de ses neveux ; il s'interpose pour réconcilier le duc Farnèse avec le pape ; enfin il est déclaré médiateur entre Alexandre VII et Louis XIV ; de sorte que si quelquefois il se prépare pour la guerre, c'est qu'il veut la paix, et c'est pour cette cause qu'il rétablit la marine, qu'il fait faire des marches et des contre-marches à ses troupes, et enfin qu'il achève les fortifications de Livourne et de Portoferraio.

Tout le reste de son temps est aux sciences, aux lettres et aux arts. Galilée est son maître, Charles Dati est son oracle, Jean de San Giovanni et Pierre de Cortone sont ses favoris ; le cardinal Léopold est son émule ; de toutes parts, savants, littérateurs et peintres sont appelés : et ce n'est pas la faute des deux frères, qui règnent pour ainsi dire ensemble, si l'Italie commence à s'épuiser, parce qu'elle est trop vieille, et si les autres États répondent pauvrement à l'appel qui leur est fait, parce qu'ils sont trop jeunes.

Voici ce que Ferdinand et Léopold firent pour les sciences.

Ils fondèrent l'Académie del Cimento, firent des pensions au Danois Nicolas Stenon et au Flamand Tilman Trutwin ; ils enrichirent Évangiliste Torricelli, le successeur de Galilée, et lui donnèrent une chaîne d'or à laquelle pendait une médaille avec cet exergue : VIRTUTIS PRÆMIA ; ils aidèrent, dans l'impression de ses œuvres, le mécanicien Jean-Alphonse Borelli ; ils firent François Redi leur premier médecin ; ils assurèrent une pension à Vincent Viviani, pour qu'il pût poursuivre librement ses calculs mathématiques sans en être distrait par les misères de la vie ; enfin ils établirent des congrès de savants à Pise et à Sienne, afin que la Toscane, condamnée par sa faiblesse à ne jouer qu'un rôle secondaire dans les affaires européennes, devînt, par compensation, la capitale scientifique du monde.

Voici ce qu'ils firent pour les lettres.

Ils admirent dans leur intimité (ce qui, pour la race désintéressée mais vaniteuse des poëtes, est à la fois un encouragement et une récompense) Gabriel Chiabrera ; Benoît Fioretti, l'au-

Jean Gaston achetait à prix d'or tout ce qu'on lui apportait. — Page 61.

teur des *Proginnasmi poetici*; Alexandre Adimari, l'auteur des *Paraphrases sur Pindare*; Jérôme Bartolommei, l'auteur du poëme de l'*Amérique*; François Rovai, l'auteur d'un volume de *Canzoni*; Laurent Lippi, l'auteur du *Malmantile*; enfin, Antoine Malatesti, Jacques Gaddi, Laurent Panciatichi, Ferdinand del Maestro, que le cardinal Léopold fit ses chambellans. Laurent Franceschi et Charles Strozzi, que Ferdinand fit sénateurs, formaient la société habituelle des deux princes, qui les appelaient souvent, même pendant qu'ils étaient à table, pour se nourrir

(disaient-ils) l'esprit et le corps : ce qui fit dire à Louis Rucellai dans son Oraison funèbre de Ferdinand : « C'était certainement une belle et merveilleuse chose que de voir le cercle choisi de poëtes qui, jusqu'à sa table, l'entourait comme une splendide couronne. Et c'était une chose encore non moins merveilleuse, et non moins belle, que de le voir lui-même, déposant le poids de sa grandeur présente, certain qu'il était de son immortalité future, mêlé à cette foule d'hommes de génie, sans autre distinction parmi eux que l'excellence de sa mémoire, la clarté de son esprit et la promptitude de son jugement, suivant les discours les plus sublimes, s'élevant aux calculs les plus abstraits, et éclairant de la vive lumière de l'expérience la vérité perdue ou obscurcie au milieu de tant de fausses ou douteuses opinions. »

Voici ce qu'ils firent pour les arts.

Ils firent élever, sur la place de l'Annonciade, la statue équestre du grand-duc Ferdinand Ier, commencée par Jean de Bologne et achevée par son élève Pierre Tacca.

Ils firent faire, par ce dernier, une statue de Philippe IV, roi d'Espagne, qu'ils envoyèrent en présent à ce prince.

Ils firent travailler, pour la GALERIE DES OFFICES, Curradi, Matthieu Rosselli, Marius Balassi, Jean de San Giovanni et Pierre de Cortone; ils chargèrent en outre ces deux derniers de peindre à fresque les salles du rez-de-chaussée du palais Pitti.

Ils firent recueillir dans toutes les villes où ils se trouvaient, et au prix que les possesseurs en voulurent, plus de deux cents portraits de peintres peints par eux-mêmes, et commencèrent ainsi cette collection originale que Florence possède seule au monde.

Enfin ils firent acheter à Bologne, Rome, Venise, et jusque dans l'ancienne Mauritanie, tout ce qu'ils purent y trouver de statues antiques et de tableaux modernes, et, entre autres, la belle tête qu'on croyait être celle de Cicéron, l'Hermaphrodite, l'Idole en bronze, et le chef-d'œuvre qui est encore aujourd'hui un des principaux ornements de la Tribune, sous le nom de la Vénus du Titien.

Puis, comme ils avaient régné ensemble, tous deux moururent presque en même temps et au même âge : le grand-duc Ferdinand, en 1670, âgé de soixante ans, et le cardinal Léopold, en 1675, âgé de cinquante-huit ans.

Côme III succéda à Ferdinand : c'était le temps des longs règnes; le sien dura cinquante-trois ans, c'est-à-dire presque autant que celui de Louis XIV : c'est la grande époque de la décadence des Médicis; le vieil arbre de Côme, qui avait produit onze rejetons, sèche sur sa tige, et va mourir faute de séve.

A partir du règne de Côme III, il semble que Dieu a marqué la fin de la race des Médicis : ce n'est plus la foudre publique et populaire qui la menace; ce sont ses orages intérieurs et privés qui la secouent et la déracinent : il y a une fatalité qui les frappe les uns après les autres de faiblesse, les hommes sont impuissants, ou les femmes sont stériles.

Côme III épousa Marguerite-Louise d'Orléans, fille de Gaston. Le fiancé, élevé par sa mère, Victoire de La Rovère (aussi altière, aussi inquiète et aussi superstitieuse que Ferdinand II était affable, franc et libéral), avait tous les défauts de son institutrice, et bien peu des vertus de son père; aussi, depuis dix-huit ans, le grand-duc Ferdinand ne vivait-il plus avec sa femme, à laquelle, dans son indolence naturelle, il avait, comme nous l'avons dit, abandonné l'éducation de son fils; il en était résulté que le jeune grand-duc Côme, élevé dans la solitude et la contemplation, avait (grâce à Côme Volumnio Bandinelli, de Sienne, son précepteur) reçu une éducation de théologien, et non de prince.

La fiancée était une belle et joyeuse jeune fille de quatorze à quinze ans, de cette race bourbonienne ravivée par Henri IV, dont elle était la petite-fille; elle avait été élevée au milieu des rumeurs de deux guerres civiles, l'une qui venait de s'éteindre. l'autre qui allait naître : tout ce qui avait entouré son berceau. noblesse et peuple, était plein de cette force juvénile, particulière aux États qui s'élèvent, et qui, depuis Côme Ier, avait fait place en Toscane à la raison de l'âge viril, puis à la décadence de la vieillesse; c'était le grand-duc Ferdinand qui avait désiré ce mariage, et c'était Gaston, père de la fiancée, qui l'avait conclu avec joie; car, ainsi qu'il le disait lui-même, il était de la maison des Médicis, et, malgré la goutte qu'il tenait d'elle, il s'en regardait comme fort honoré.

Mademoiselle de Montpensier avait accompagné sa sœur jusqu'à Marseille; là elle avait trouvé le prince Mathias, qui l'attendait avec les galères toscanes, et, après les présents de fiançailles reçus et force fêtes d'adieux données, elle était montée sur la galère capitane, et après trois jours d'heureuse navigation était débarquée à Livourne, où l'attendait, sous des arcs de triomphe dressés de cent pas en cent pas, la duchesse de Parme avec un nombreux cortége, dans lequel la jeune princesse chercha inutilement son fiancé : Côme avait été forcé de rester à Florence, retenu qu'il était par la rougeole.

Marguerite-Louise d'Orléans continua donc seule sa route vers Pise, et elle entra dans cette

---

(1) En effet, depuis Côme le Père de la patrie, la goutte était héréditaire dans la double branche des Médicis; et peut-être n'y eut-il pas un de ses membres, ayant dépassé quarante ans, qui n'en eût été attaqué.

ville au milieu des devises, des illuminations et des fleurs; puis elle se remit en route, et enfin rencontra la grande-duchesse et le jeune prince, qui venaient au-devant d'elle, et un peu plus loin le grand-duc, le cardinal Jean-Charles et le prince Léopold : l'entrevue fut une véritable entrevue de famille, pleine de souvenirs du passé, de joie dans le présent et d'espérance pour l'avenir: le mariage, qui devait se rompre d'une si étrange façon, fut donc célébré sous les plus heureux auspices.

Mais à peine deux mois s'étaient-ils écoulés, que la princesse manifesta une répugnance étrange pour son jeune époux : cela tenait à une inclination antérieure qu'elle avait eue à la cour de France, où elle s'était prise d'amour pour Charles de Lorraine, qui était un beau et noble prince, mais sans patrimoine et sans apanage; de sorte que les deux pauvres jeunes gens avaient avoué leur secret à la duchesse d'Orléans, et voilà tout. Or, la duchesse d'Orléans était un faible appui contre la faiblesse de Gaston et la fermeté de Louis XIV. Le mariage décidé, il avait fallu qu'il s'accomplît, et Côme porta la peine de toutes les illusions de bonheur que sa femme avait perdues.

En effet, cette espèce de voile de gaieté, jeté par l'orgueil sur le visage de la fiancée, disparut bientôt : bientôt elle prit en haine l'Italie et les Italiens, raillant tous les usages, méprisant toutes les habitudes, dédaignant toutes les convenances; elle n'avait d'amitié et de confiance que pour ceux-là qui l'avaient suivie de France, et qui, dans sa langue maternelle, pouvaient lui parler des souvenirs de la patrie. Au reste, Côme était peu propre, il faut le dire, à ramener sa femme à des sentiments meilleurs : ascétique, altier, dédaigneux, il n'avait aucune de ces douces paroles qui éteignent la haine et font naître l'amour.

Sur ces entrefaites, le prince Charles de Lorraine arriva à Florence; c'était vers le mois de février 1662. L'aversion de la jeune duchesse parut s'augmenter de la présence de celui qu'elle aimait; et comme tout le monde, au reste, ignorait cet amour, personne (pas même Côme) ne conçut aucun soupçon : il y eut plus, vers la fin de l'année, la princesse s'étant déclarée grosse, la joie la plus vive succéda à cette tristesse continuelle qui, depuis l'arrivée de Marguerite-Louise d'Orléans, s'était répandue sur la cour de Toscane. Il est vrai qu'en même temps sa haine pour son mari s'était augmentée: mais Ferdi-

nand répondit aux plaintes de son fils, que sans doute cette antipathie tenait à l'état même où sa femme se trouvait ; si bien que, quoique cette humeur sombre et presque haineuse fût encore plus visible après le départ de Charles de Lorraine, Côme prit patience, et l'on gagna ainsi le 9 août 1663, époque à laquelle la princesse donna heureusement naissance à un fils qui, du nom de son grand-père, fut appelé Ferdinand.

Comme on le pense, la joie fut grande, mais cette joie fut bientôt contre-balancée par les dissensions domestiques qui ne faisaient qu'augmenter entre les deux époux : enfin les choses en arrivèrent au point que le grand-duc, attribuant toutes ces querelles à la présence et à l'influence des femmes françaises que la princesse Marguerite-Louise avait amenées avec elle, les renvoya toutes en France avec leur suite et des présents convenables, mais enfin les renvoya. Cet acte d'autorité porta au plus haut degré la colère de la princesse; sa douleur approcha du désespoir; il y eut rupture ouverte entre les deux époux. Alors Ferdinand, pour colorer cette séparation, conseilla à son fils un voyage en Lombardie, et écrivit à Louis XIV.

De près comme de loin, Louis XIV avait l'habitude d'être obéi : il ordonna, et l'épouse rebelle eut l'air de se soumettre; si bien que vers la fin de 1666 on annonça officiellement une nouvelle grossesse, mais en même temps on parla d'intrigue avec un Français de basse classe, et le bruit se répandit que la princesse devait fuir avec lui. Il résulta de ce bruit qu'on l'observa plus attentivement, et une nuit on l'entendit par une de ses fenêtres nouer avec un bohémien un plan d'évasion : perdue dans sa troupe, revêtue d'un costume de Gitana, elle devait fuir avec ces misérables.

Une pareille aberration étonna d'autant plus le grand-duc, que la jeune princesse était enceinte de quatre mois à peu près : on redoubla donc de surveillance; mais alors un autre désir la prit, désir étrange pour une mère : c'était celui de se faire avorter : d'abord, ce fut en montant à cheval et en choisissant les chevaux les plus durs au trot; puis, quand on les lui ôtait, ce fut en marchant à pied, et un jour elle fit sept milles dans les terres labourées; puis enfin, quand tous les moyens de nuire à son enfant furent épuisés, elle tourna sa haine contre elle-même, et se voulut laisser mourir de faim; il fallut la prudence et la douce persuasion du grand-duc Ferdinand pour la faire renoncer à ce projet, et pour la conduire à la fin de sa grossesse, où elle accoucha de la princesse Anne-Marie-Louise.

Alors le grand-duc employa un moyen qui lui avait déjà réussi : c'était un second voyage et une autre lettre à Louis XIV; en conséquence, vers le mois d'octobre, lorsqu'il se fut bien assuré que la répulsion de sa femme pour lui était la même, il partit pour faire un voyage incognito en Allemagne et en Hollande : il visite Inspruck, descend le Rhin, parle, à leur grande stupéfaction, le latin le plus pur avec les savants hollandais et allemands, trouve à Hambourg la reine Christine de Suède, la félicite sur son abjuration, et revient en Toscane, où tout le monde le reçoit bien, excepté la grande-duchesse. Il repart de nouveau pour l'Espagne, le Portugal, l'Angleterre et la France; reste un an dehors, ne revient que rappelé par l'agonie de son père, monte sur le trône que sa mort laisse vacant; mais alors l'absence et les ordres de Louis XIV ont produit leur effet, un rapprochement s'opère entre les deux époux, et le 24 mai 1671, anniversaire du jour où Côme est monté sur le trône, la princesse accouche d'un second fils, qui reçoit au baptême le nom de Jean Gaston, son aïeul maternel.

Après la naissance de cet enfant, les dissensions recommencent; mais Côme, qui alors a deux fils et qui ne craint plus de voir éteindre sa race, perd l'espoir de voir la grande-duchesse changer de sentiments à son égard; et, lassé d'elle enfin comme depuis longtemps elle est lassée de lui, il lui permet de retourner en France, à la condition qu'elle entrera dans un couvent : celui de Montmartre, dont Madelaine de Guise est abbesse, est choisi d'un commun accord. Le 14 juin 1676, la grande-duchesse quitte la Toscane, et, à peine de retour en France, déclare que son mari l'a chassée, et qu'elle ne se croit pas obligée de tenir envers lui la promesse de réclusion qu'elle lui a faite, si bien que tout l'odieux de cette affaire retombe sur Côme, que les princes voisins finissent par mépriser à cause de sa faiblesse, et que ses sujets commencent à haïr à cause de son orgueil.

Dès lors toutes choses tournent d'une manière fatale pour Côme : il est évident qu'un mauvais génie pèse sur la race des Médicis, et que cette race, en lutte avec lui, succombera dans la lutte. A peine Ferdinand est-il nubile, qu'il le marie à Violante de Bavière, princesse vertueuse, mais stérile : si bien que cette stérilité devient un prétexte pour le jeune duc à des débauches, au milieu desquelles la mort vient bientôt le surprendre.

A l'annonce de cette stérilité, Côme se hâte de fiancer Jean Gaston, son second fils, et celui-ci part pour Dusseldorf, où il doit épouser la jeune princesse Anne-Marie de Saxe-Lawenbourg; mais en arrivant son désappointement est grand : au lieu d'une femme douce, gracieuse et élégante, comme il se la figurait dans ses espérances, il trouve une espèce d'amazone du temps d'Homère, rude de voix et de manières, habituée à vivre dans les bois de Prague et dans les solitudes de la Bohême, dont les seuls plaisirs sont les cavalcades et la chasse, et qui avait contracté dans les écuries, où elle passait le meilleur temps de sa vie à parler avec les chevaux, un langage inconnu à la cour de Toscane. N'importe, Jean Gaston est bon; ses sympathies à lui ne doivent compter pour rien lorsqu'il s'agit du bonheur de son pays. Il se sacrifie donc, il épouse la nouvelle Antiope; mais celle-ci, qui sans doute prend sa douceur pour de la faiblesse et sa courtoisie pour de l'humilité, prend en mépris un homme qu'elle regarde comme au-dessous d'elle; et Jean Gaston, humilié, commande. La fière princesse allemande refuse d'obéir. Toutes les dissensions qui ont attristé le mariage du père viennent assaillir l'union du fils, qui, lassé de ne s'être fait esclave de son père que pour devenir le martyr de sa femme, se jette (pour faire diversion à ses chagrins) dans le jeu et la débauche, mange à l'un son apanage, ruine à l'autre sa santé, et bientôt Côme reçoit avis des médecins que l'état de faiblesse où est tombé son fils leur ôte tout espoir qu'il puisse jamais donner un héritier à la couronne.

Alors le malheureux Côme tourne les yeux vers le cardinal François-Marie, son frère, qui n'a que quarante-huit ans, et qui, par conséquent, est dans la force de l'âge; il fera reverdir le rameau des Médicis. Le cardinal renonce à ses honneurs ecclésiastiques, consent à se marier, et bientôt ses fiançailles avec la princesse Éléonore de Gonzague sont célébrées; la joie renaît dans la famille, mais la famille est condamnée : les refus que l'ex-cardinal a pris, dans les premiers jours de son mariage, pour les derniers combats de la pudeur, se prolongent au delà des termes ordinaires. François-Marie commence à s'apercevoir que sa femme est décidée à n'accomplir du mariage que les cérémonies extérieures. Il emploie l'autorité paternelle, il appelle à son secours l'influence des prêtres, il prie, conjure, menace lui-même, tout est inutile; et tandis que Ferdinand pleure la stérilité forcée de sa femme, François-Marie écrit à son frère pour lui annoncer la stérilité volontaire de la sienne. Côme incline sa tête blanchie, reconnaît la volonté de Dieu qui ordonne que les plus grandes choses humaines aient leur fin, voit la Toscane placée entre l'avidité d'une puissance et les prétentions d'une autre, veut rendre à Florence (pour la sauver de cette double prétention étrangère) son ancienne liberté, trouve appui dans la Hollande et dans l'Angleterre, mais rencontre des obstacles dans les autres puissances, et surtout dans la Toscane; voit mourir son fils Ferdinand et son frère François-Marie, et meurt lui-même, le 21 octobre 1723, après avoir, comme Charles V, assisté non-seulement à ses propres funérailles, mais encore, comme Louis XIV, à celles de sa race.

Tout ce qui avait commencé de pencher sous le règne de Ferdinand II, croula sous celui de Côme III. Altier, superstitieux et prodigue, ce grand-duc s'aliéna le peuple par son orgueil, par l'influence qu'il donna aux prêtres, et par les impôts excessifs dont il le chargea pour enrichir les courtisans, doter les églises et faire face à ses propres dépenses. Sous Côme III tout devint vénal. Qui avait de l'argent, achetait les places; qui avait de l'argent, achetait les honneurs; qui avait de l'argent, enfin, achetait ce que les Médicis n'avaient jamais vendu, la justice.

Quant aux arts, il arriva d'eux comme des autres choses, ils subirent l'influence du caractère de Côme III; en effet, pour ce dernier grand-duc, sciences, lettres, statuaire et peinture n'étaient quelque chose qu'autant qu'elles pouvaient flatter son immense orgueil et sa méprisable vanité : voilà pourquoi rien de grand ne se produisit sous son règne. Mais, à défaut de productions contemporaines, Paul Falconieri et Laurent Magalotti intéressèrent heureusement son amour-propre à continuer, pour la GALERIE DES OFFICES, l'œuvre de Ferdinand et du cardinal Léopold. En conséquence, Côme réunit tout ce que son père et son oncle avaient déjà disposé à cet effet, y ajouta tous les tableaux, toutes les statues, toutes les médailles dont il avait hérité des ducs d'Urbin et de la maison de la Rovère (chefs-d'œuvre parmi lesquels se trouvait le buste colossal d'Antinoüs), et fit tout porter en grande pompe à ce magnifique Musée, à l'enrichissement duquel chacun applaudissait toujours, quoique les trésors qu'il amassait successivement y fussent versés par la générosité ou par l'orgueil.

Les savants qui fleurirent sous le règne de Côme III furent :

Le physicien Magalotti, l'anatomiste Bellini, le mathématicien Viviani, le médecin Redi, l'antiquaire Noris, et le bibliomane Magliabechi.

Les hommes de lettres furent :

Le père Bandieri, le docteur Antoine Cocchi, et le poëte-sénateur Filicaia.

Les peintres furent :

Dominique Gabbiani, Pierre Dandini, Joseph Nanni et Thomas Redi.

Enfin les sculpteurs furent :

Maximilien Soldani, Jean-Baptiste Foggini et Charles Marcellini.

De tous ces hommes, Filicaia est peut-être le seul qui ait conservé une certaine célébrité : elle lui fut acquise par le chant funéraire dont il salua la chute de l'Italie.

Le grand-duc Côme avait pour devise un navire en mer, guidé par les étoiles des Médicis, avec cet exergue : CERTA FULGENT SIDERA. Il est étrange que cette devise ait été choisie au moment où les étoiles allaient s'éteindre, et où le navire allait sombrer.

Les Toscans voyaient avec quelque crainte Jean Gaston arriver à la toute-puissance : les débauches du jeune prince, si bien cachées qu'elles fussent dans les salles basses du palais Pitti, avaient débordé au dehors, et l'on parlait de voluptés monstrueuses qui rappelaient à la fois celles de Tibère à Caprée et celles de Henri III au Louvre. Comme le tyran antique et comme l'Héliogabale moderne, Jean Gaston avait à la fois un troupeau de courtisanes et un monde de mignons, pris les uns et les autres dans les plus basses classes de la société : tout cela recevait un traitement fixe, mais qui pouvait s'augmenter ou se restreindre selon les voluptés plus ou moins satisfaites de leur maître. Il y avait un nom nouveau créé pour cette chose nouvelle : les femmes s'appelaient Ruspante et les hommes Ruspanti, de la monnaie d'or dont ils étaient payés et qui se nommait Ruspone. Tout cela est si inouï et si antihumain, que tout cela devient incroyable : mais les mémoires du temps sont là, tous uniformes, tous accusateurs, tous enfin constatant dans le style cynique de l'époque les mille épisodes de ces saturnales, que l'on croirait les caprices de la force, et qui n'étaient que le dévergondage de l'épuisement.

Aussi, lorsque Jean Gaston monta sur le trône,

tout était mort autour de lui, et il était mourant lui-même; cependant, pareil à un flambeau qui va s'éteindre et qui rappelle toute sa force pour s'épuiser dans un dernier éclat, il rappela toute sa vie pour réagir contre les fautes paternelles. A peine nommé grand-duc, il chasse de sa cour les vendeurs de places, les prévaricateurs et les espions; la peine de mort, si fréquente sous son père, mais qui n'était terrible qu'aux pauvres, vu qu'à prix d'argent les riches pouvaient s'en racheter, fut à peu près abolie : forcé de renoncer au trône, pour une descendance qu'il avait perdu tout espoir d'obtenir, il fit tout ce qu'il put au moins pour que la Toscane (ainsi que c'était son droit réservé vis-à-vis de Charles V et de Clément VII) pût lui choisir un successeur élu dans son propre sein, et par conséquent se soustraire à la triple domination étrangère qui la menaçait; mais les ministres de France, d'Espagne et d'Autriche brisèrent ce reste de volonté, et, Gaston vivant, lui donnèrent pour successeur, comme s'il était déjà mort, le prince don Carlos, fils aîné de Philippe V, roi d'Espagne, qui semblait effectivement, par son aïeule Marie de Médicis, avoir des droits au trône de Toscane. En vertu de cette décision, le 22 octobre 1731, Jean-Gaston reçut de l'empereur une lettre qui lui annonçait le choix du prince espagnol, et qui mettait le prince don Carlos sous sa tutelle. Jean-Gaston froissa la lettre et la jeta loin de lui en murmurant : « Oui, oui, ils me font la grâce de me nommer tuteur, et ils me traitent comme si j'étais leur pupille. » Mais quelle que fût la douleur de Jean-Gaston, il lui fallait se soumettre; il courba la tête et attendit son successeur, qui, protégé par la flotte anglo-espagnole, entra dans le port de Livourne la soirée du 27 décembre 1731. Jean-Gaston avait lutté neuf ans : c'était tout ce qu'on pouvait demander de lui.

Jean-Gaston reçut le jeune grand-duc dans le palais Pitti et sans quitter son lit, plus encore pour s'épargner les formalités d'étiquette, qu'à cause de souffrances réelles. Don Carlos était un jeune homme de seize ans, beau comme un Bourbon, généreux comme un Médicis, franc comme un descendant de Henri IV. Jean-Gaston, que depuis longtemps personne n'aimait et qui n'avait personne à aimer, s'attacha bientôt à cet enfant, qu'il avait repoussé d'abord : de sorte que, lorsqu'il fut appelé par la conquête de Naples au royaume des Deux-Siciles, Jean-Gaston vit partir avec des larmes de douleur celui qu'il avait vu arriver avec des larmes de honte.

Le successeur nommé à don Carlos fut le prince François de Lorraine : le grand-duché de Toscane lui était accordé comme dédommagement de la perte de ses États, définitivement réunis à la France. Jean-Gaston connut cette décision lorsqu'elle était prise; on ne l'avait pas même consulté sur le choix de son héritier, tant on le considérait comme rayé déjà de la liste des princes; et, en effet, on avait raison, car, courbé par toutes ces douleurs, brisé par toutes ces humiliations, dévoré par son impuissance, Jean-Gaston s'en allait mourant. Depuis longtemps déjà ses infirmités ne lui permettaient plus de marcher; mais, pour retarder autant qu'il était en lui le moment où il devait se coucher, pour ne se relever jamais, il se faisait porter dans un fauteuil d'appartements en appartements.

Cependant, quelques jours avant sa mort, Jean-Gaston se sentit mieux, et, par un phénomène particulier à certaines maladies, ses forces lui revinrent au moment où elles semblaient devoir l'abandonner tout à fait. Jean-Gaston en profita pour se montrer aux fenêtres du palais Pitti, à ce peuple dont il s'était fait aimer et qui s'amassait chaque jour sur la place pour avoir de ses nouvelles. A son aspect inattendu, de grands cris de joie éclatèrent : ces cris étaient un baume au cœur navré du pauvre mourant. Il tendit au peuple, qui lui donnait cette preuve d'amour, ses mains pleines d'or et d'argent, ne pensant pas qu'il pût jamais payer assez cher le moment de bonheur que la Providence lui accordait en récompense de sa bonté. Mais ses ministres, qui déjà économisaient pour son successeur, le réprimandèrent de ces folles dépenses; et alors, ne pouvant plus donner sous peine d'être appelé prodigue, Jean-Gaston dit au peuple qu'il achèterait tout ce qu'on voudrait bien lui apporter; en conséquence, un marché étrange, une foire inconnue s'établit sur la noble place Pitti. Le matin, Jean-Gaston montait à grand'peine le double escalier qui conduit aux fenêtres du rez-de-chaussée, et achetait à prix d'or tout ce qu'on lui apportait, tableaux, médailles, objets d'art, livres, meubles, tout enfin; car c'était un moyen, que son cœur lui avait suggéré, de rendre au peuple une petite portion de cet argent qui lui avait été arraché par les exactions de son père. Enfin, le 8 juillet 1737, il cessa de paraître à cette fenêtre si bien connue, et le lendemain on annonça au peuple que Jean-Gaston venait de rendre le dernier soupir. Dans ce der-

nier soupir venait de s'éteindre la grande race
des Médicis, dont les vices furent de leur époque, mais dont les vertus furent de tous les
temps.

François Ier, de Lorraine, était grand-duc de
Toscane.

Au milieu de toutes les douleurs de famille et
de toutes les tracasseries politiques qui avaient
incessamment tourmenté sa vie, Jean-Gaston
avait eu cependant quelques instants pour penser à l'art : il avait déposé dans la GALERIE DES
OFFICES une collection de plus de trois cents
pierres précieuses admirablement bien gravées,
et il avait donné l'idée de cette belle publication
qui fut achevée, en 1762, sous le titre de *Museum florentinum*, et qui fut dédiée à son successeur.

Peut-être paraîtra-t-il étonnant qu'à propos
d'une introduction à l'histoire de l'art nous
nous soyons si largement étendu sur l'histoire
d'une famille. Mais c'est qu'il faut le dire, l'art a
grandi et est tombé avec cette famille, et (chose
étrange) a subi toutes les variations de grandeur
et d'abaissement que les Médicis ont subies eux-
mêmes.

Ainsi, avec la grandeur ascendante d'Avérard,
de Jean de Bicci et de Côme le Père de la patrie,
l'art monte avec Cimabué, Giotto et Masaccio;
avec Laurent le Magnifique, l'art fait une pause
pour reprendre des forces : Léonard de Vinci,
frère Bartholomée, Michel-Ange, Titien, Raphaël et André del Sarto naissent; sous Léon X,
tout ce qui promettait tient, tout ce qui était
fleurs devient fruits; sous Côme Ier, arrivé au
sommet de la puissance, l'art arrive à son apo-
gée, et ni l'art, ni les Médicis, ne pouvant plus
monter, commencent à descendre, les Médicis
avec Ferdinand Ier, Côme II et Ferdinand II;
l'art avec Vasari, le Barroccio, l'Allori, Jean de
S. Giovanni et Mathieu Rosselli; jusqu'à ce
qu'enfin ils tombent ensemble, l'art avec les
Gabbiani et les Dandini, les Médicis avec Côme III
et Jean-Gaston.

L'histoire des uns se rattache donc plus qu'on
ne le croyait à l'histoire de l'autre.

Mais que les Médicis dorment en paix dans
leurs tombeaux de marbre et de porphyre; car
ils ont plus fait pour la gloire du monde que
n'avaient jamais fait avant eux, et que ne firent
jamais depuis, ni princes, ni rois, ni empereurs.

MAISON DE LORRAINE

FRANÇOIS II ET SES DESCENDANTS

ous le rapport de la noblesse et de l'antiquité, la maison de Lorraine est, certes, supérieure à celle des Médicis : le grand-duc François-Étienne, celui-là même qui céda son duché de Lorraine pour la Toscane, et qui était le soixante-cinquième duc régnant de sa maison, de laquelle descendait Godefroi de Bouillon, roi de Jérusalem, avait réuni, par son mariage avec Marie-Thérèse d'Autriche, les deux branches sorties depuis mille ans d'Éthincon, duc de Souabe et d'Alsace, leur fondateur, et, succédant lui-même à la vieille maison d'Autriche, allait faire tige à la nouvelle.

Aussi de grands préparatifs avaient-ils été faits pour sa réception à Florence : en dehors de la porte S. Gallo, un arc de triomphe, sur le modèle de celui de Constantin, avait été bâti par l'architecte lorrain Giadod. Les sculpteurs qui en avaient taillé les bas-reliefs et les statues étaient Vincent Foggini, Gaëtan Masoni, Jérôme Ticciati, Giannozzo de Settignano, Romolo Malavisti, Gaëtan Bruschi, Victor Barbieri, Nicolas Andreoni, Joseph Piamontini et Michel Parigino. Quant aux inscriptions, elles étaient (dit l'observateur florentin) de Valentin Duval, poëte et philosophe de la cour de Lorraine.

Le nouveau grand-duc, au milieu des acclamations de tout un peuple, fit son entrée à Florence le 19 de janvier 1738. Il trouva la Toscane dans le même état où Côme Ier l'avait prise deux siècles auparavant, c'est-à-dire ruinée, sans commerce, et à peu près sans législation : les routes n'existaient pas, ou étaient dans l'état le plus délabré ; l'agriculture était abandonnée, car la propriété territoriale était en grande partie aux mains du clergé sous le titre de mainmorte; enfin chaque petite commune avait des droits, des priviléges, source éternelle d'interminables procès.

François II attaqua la désorganisation d'une main ferme : les *fidei commissi* furent abolis, les impôts perçus régulièrement, les grandes routes réparées, le commerce et l'agriculture se réveillèrent de leur long sommeil : tout commença de se reprendre à la vie.

François II ne résida jamais en Toscane, ce qui ne l'empêcha point de veiller directement sur sa gloire et sur son bonheur; la GALERIE DES OFFICES fut surtout l'objet de sa sollicitude : il lui donna, en 1750 (c'est-à-dire pendant qu'il était empereur), la belle collection de médailles que Charles Stendardi avait rapportée d'Alger, et celles au nombre de mille qui furent choisies par Antoine Cocchi, comme les plus précieuses, parmi celles qui avaient été trouvées à San-Miniato-al-Tedesco.

Pendant dix-huit ans, la Toscane avait été gouvernée par l'intermédiaire d'une régence, quoique tout émanât du prince, lorsque enfin, le 11 septembre 1765, année de la mort de son père, le second fils de François (qui laissait l'empire à Joseph II son fils aîné) fit à son tour son entrée à Florence, comme grand-duc de Toscane, sous le nom de Léopold Ier.

Léopold Ier suivit la route qu'avait commencé d'ouvrir son père : il donna un nouvel élan au commerce extérieur en déclarant son indépendance; il raviva le commerce intérieur en réparant les vieilles routes et en en ouvrant de nouvelles; il abolit les fiefs, la torture, la peine de mort. L'ancien système pénal semblait dicté par la barbarie et basé sur la vengeance, il y substitua un code plein de douceur et reposant entièrement sur le dommage matériel; il abolit les corporations d'arts et de métiers, et les droits communaux; enfin il déclara que tous les hommes étaient égaux devant la loi, et lorsqu'il fut appelé à l'empire (en remplacement de son frère

Joseph II, mort sans enfant), il fit imprimer et publia un compte rendu de son administration.

Mais la GALERIE DES OFFICES fut l'objet de sa prédilection la plus chère : il commença par acheter pour elle une collection de cent portraits de peintres, à peu près, qui étaient chez l'abbé Pazzi, graveur florentin, et la joignit à la première collection qu'avait déjà recueillie le cardinal Léopold de Médicis; puis successivement il lui donna les statues de Niobé, la Vénus qui sort de la mer, l'Apollino, la Sibylle samienne, deux tableaux du Guerchin, le Festin de Balthasar de Martinelli, le Massacre des Innocents de Daniel de Volterre, la Présentation de fra Bartholomée, maintenant à Vienne, le Jésus d'André del Sarto, maintenant au palais de Pitti, les collections étrusques appartenant aux familles Galuzzi et Buccelli; enfin, il fit plus, il donna la Galerie à elle-même, ou plutôt à la nation, en la déclarant, non plus un bien de famille, mais une propriété de l'État.

Léopold mourut en 1792; mais déjà, depuis un an, il avait pourvu au bonheur de la Toscane en lui envoyant son second fils, le grand-duc Ferdinand III, qui y régna jusqu'en 1800. C'était le moment des grands mouvements européens : au milieu du bouleversement général, des trônes disparaissaient engloutis, d'autres surgissaient tout à coup; d'autres, ébranlés, tremblaient longtemps, et finissaient par se raffermir ou crouler. Dans ce grand tremblement d'empires, le grand-duché de Toscane fut rayé de la carte des États européens, et le royaume d'Étrurie s'éleva à sa place.

Le chevalier Puccini était alors directeur du Musée des offices : craignant que les chefs-d'œuvre qui lui étaient confiés ne fussent enlevés à la Toscane, il fit charger sur une frégate anglaise, la *Flore*, la Vénus de Médicis, ainsi que plusieurs autres chefs-d'œuvre de la sculpture antique. On sait que ce diamant de la Tribune revint de Paris, ainsi que plusieurs monuments artistiques et littéraires, en conséquence des traités des puissances alliées.

Ferdinand reprit ses États en 1814 : il mourut sans avoir pu accomplir tout ce qu'il désirait; mais, en mourant, il légua à son fils, Léopold II, le bien qu'il n'avait pas pu faire lui-même.

Jamais legs ne fut plus religieusement reçu et plus scrupuleusement accompli. La Toscane doit à Léopold II :

La réforme du système hypothécaire;

La réforme judiciaire;

double amélioration qui, sans être entièrement copiée de la France, lui emprunte ses fondements principaux et ses règles générales.

Le desséchement des Maremmes attira à son tour l'attention du prince : grâce aux nouveaux progrès de la science, il a déjà fait plus à lui seul pour cette grande œuvre que n'ont fait tous ses prédécesseurs.

Ce fut lui qui, appréciant les congrès scientifiques, offrit Pise pour celui qui eut lieu la première fois en Italie.

Enfin il fit pour la GALERIE DES OFFICES tout ce qu'à cette heure il est possible de faire : elle a été enrichie par lui de différents monuments anciens, de médailles et de monnaies, d'une collection choisie de monuments égyptiens, et d'une série de vases étrusques retrouvés dans le territoire de Chiusi.

Enfin aujourd'hui il protège de son patronage la publication nouvelle de la GALERIE DES OFFICES, comme le pauvre Jean-Gaston avait protégé du sien le MUSEUM FLORENTINUM.

On a dû remarquer que, depuis François II jusqu'à Léopold II, de la maison régnante, nous n'avons cité que des faits : ce n'est pas notre faute si ces faits sont des louanges.

www.ingramcontent.com/pod-product-compliance
Lightning Source LLC
Chambersburg PA
CBHW050006100426
42739CB00011B/2527